SOBRE
NATURAL

SOBRE
NATURAL

Por qué creemos
en lo increíble

BRUCE M. HOOD

Traducción
Olga Martín Maldonado

 Sefirá

Hood, Bruce M.
    Sobrenatural: por qué creemos en lo increíble / Bruce M.
Hood; traductora Olga Martín Maldonado. -- Bogotá: Grupo
Editorial Norma, 2009.
    360 p.; 23 cm.
    Título original: Supersense. Why We Believe in the
Ublelievable.
    ISBN 978-958-45-2343-3
    1. Superstición 2. Creencia y duda 3. Psicología de la religión
I. Martín Maldonado, Olga, tr. II. Tít.
001.96 cd 21 ed.
A1233060

    CEP-Banco de la República-Biblioteca Luis Ángel Arango

Título original:
SuperSense
Why We Believe in the Unbelievable
de Bruce M. Hood
Copyright © 2009 por Bruce Hood
Publicado por HarperOne

Copyright © 2009 para Latinoamérica
por Editorial Norma S. A.
Avenida El Dorado No. 90-10, Bogotá, Colombia

www.librerianorma.com

Impreso por Cargraphics S.A.
Impreso en Colombia — Printed in Colombia
Octubre de 2009

Fotografía de cubierta,
Diseño de cubierta, Paula Andrea Gutiérrez
Diagramación, Nohora E. Betancourt Vargas

Este libro se compuso en caracteres Minion

ISBN: 978-958-45-2343-3

Contenido

Prólogo
¿Por qué demolemos las casas del mal?

LA CASA SITUADA en el número 25 de Cromwell Street, en Gloucester, Inglaterra, ya no está ahí. En octubre de 1996, el ayuntamiento ordenó la remoción de todos los rastros físicos de la residencia de los West, donde Fred y Rosemary violaron, torturaron y asesinaron a varias jóvenes en la década de 1970. Fred se había valido de sus habilidades de constructor para ocultar los cadáveres en la casa familiar de tres pisos. Primero los enterró bajo el suelo del sótano, pero, cuando necesitó más espacio, recurrió al jardín. Su propia hija de dieciséis años, Heather, estaba sepultada bajo el patio recientemente instalado. Durante la investigación, corrió el rumor de que se habían robado algunas de las losas de la escena del crimen. Vecinos inescrupulosos se habían apoderado de las piedras y un lugareño que desconocía la historia de la casa era ahora el orgulloso propietario de una barbacoa hecha con las baldosas utilizadas para esconder los horrores de Cromwell Street.[1] Nick, un casero de cincuenta y tantos años y dueño de otras casas de la calle, me dijo que este rumor era un mito. Él estuvo allí. El ayuntamiento había sacado todos y cada uno de los ladrillos, que habían pulverizado y esparcido en vertederos de ubicación desconocida.

Bajo el sol radiante del Jueves Santo de abril de 2007, pisé el lugar exacto donde habían estado enterrados muchos de los cadáveres. Nick me ayudó a ubicarlo. Ahora es un paso peatonal entre la hilera de casas que aún existen y una iglesia adventista del Séptimo Día. Como no estaba enterado de esta singularidad del trazado urbano, quedé impresionado por lo cerca que pueden estar el cielo y el infierno en la Tierra. ¿Habrían podido imaginar los miembros de la congregación lo que sucedía en la casa contigua mientras rezaban? ¿Acaso esta cercanía a la iglesia acentuaba el sentido de depravación de los West?

Me quedé observando una media hora mientras los jóvenes de Gloucester usaban el práctico pasaje para dirigirse a donde quiera que fuesen. La mayoría iba al parque cercano. Aquel día de abril, de un calor inusual para la época, había dado pie a los holgados ropajes veraniegos, las risas despreocupadas y el ímpetu en el paso de la juventud. Algo muy inusitado para esta sombría ciudad inglesa, bastante alejada de la flor de su vida. Mientras avanzaban alegremente junto al profesor de psicología, vestido con suma elegancia e insólitamente absorto ante el pasaje peatonal, eran ajenos al sufrimiento humano y las atrocidades cometidas treinta años atrás en ese preciso lugar. ¿Y por qué no? No era más que un espacio vacío.

¿Por qué demolemos y acabamos con las casas relacionadas con asesinatos atroces? Lo mismo sucedió con los Oxford Apartments, en Milwaukee, Wisconsin, donde vivió Jeffrey Dahmer, y con la casa donde Ian Huntley asesinó a dos niñas en Soham, Inglaterra. La residencia de Dahmer ahora es un estacionamiento, y la casa del número 5 en College Close se ha convertido en un apacible prado. Las casas relacionadas con asesinos famosos son difíciles de vender. La residencia de Colorado donde encontraron el cadáver de la niña modelo JonBenét Ramsey ha estado en el mercado una y otra vez, para terminar por venderse siempre por un valor inferior al comercial. Estos inmuebles, que los agentes inmobiliarios suelen denominar "residencias estigmatizadas", representan un reto considerable. En Estados Unidos, las leyes de divulgación de información varían dependiendo del estado. En Massachusetts, si uno no pregunta, no tienen que decírselo. En Oregon, los vendedores no tienen que revelar nada, mientras que en Hawai los agentes están legalmente obligados a poner de manifiesto cualquier cosa que pueda afectar el valor de un inmueble, hasta los fantasmas.[2] En el Reino Unido, es obligación declarar si se ha tenido alguna pelea con los vecinos, pero no hay ningún requisito

FIG. 1: El pasaje peatonal situado en el número 25 de Cromwell Street, donde los West enterraron a muchas de sus víctimas. Imagen del autor.

legal que obligue a revelarles el historial criminal de una casa a los potenciales compradores. El engaño es algo común, pues la mayoría de la gente preferiría que estos lugares fuesen borrados de la existencia y de la memoria.

¿Podría vivir en una casa donde alguna vez se cometió un crimen? ¿Es usted de los que cruzan la calle para no pisar el sitio donde el mal tuvo lugar, o le entusiasmaría la idea? ¿Por qué sentimos la necesidad de reemplazar algo con nada?

Una construcción física es un poderoso recordatorio que puede desatar emociones y recuerdos dolorosos. Quizá yo no me diferencie de la estela de visitantes morbosos que Nick había visto pasar por Cromwell Street a lo largo de los años. Si no hay nada que ver, ¿no debería esto mantener alejados a los bichos raros? Por lo menos, la remoción del recordatorio visual le ayuda a la comunidad a sanar y olvidar. Pero la demolición del edificio físico, el reducir a polvo los escombros y transportarlos a lugares secretos bajo el juramento de los demoledores de que no revelaran su destino final, parece un poco exagerado.[3]

¿Qué llevaría a un cazador de *souvenires* a desear tener un ladrillo o cualquier objeto físico relacionado con un asesino? Lo mismo podemos preguntarnos respecto a los coleccionistas de *memorabilia* nazi. La página web más grande de remates, *eBay*, ha prohibido la venta de estos artículos y cualquier cosa que exalte el odio, la violencia o la intolerancia. Pero ¿qué hace que la gente se sienta atraída hacia estos objetos? Quizá sea la emoción de ser subversivo. Cualquier padre de un adolescente rebelde sabe que lo macabro es una fuente de fascinación para estos adultos en ciernes. La necesidad de expresar la individualidad a través de declaraciones de rebelión hace parte del crecimiento. Los temas tabúes, por su naturaleza, intrigan a los jóvenes que quieren ser escandalosos en su esfuerzo por impactar.

¿Y los coleccionistas de objetos menos insidiosos? Hay adultos maduros que pagarían un buen dinero por artículos personales que alguna vez pertenecieron a personas famosas. A veces se trata de objetos comunes y corrientes, pero los coleccionistas los codician por su conexión con las celebridades. De lo contrario, ¿por qué alguien ofertaría dinero en *eBay* por un fragmento de la ropa de cama en la que alguna vez durmiera Elvis Presley? ¿Por qué pagar dos mil dólares por una muestra de la tela del vestido de novia de la princesa Diana?[4] En la web de beneficencia www.clothesoffourback.com —organizada por Jane Kaczmarek, de la serie de televisión *Malcolm in the Middle*, y Bradley Whitford, de *West Wing*—, se subastan vestidos usados por los famosos para beneficio de obras de caridad para niños. Muchos de estos artículos ha sido utilizados en ceremonias como los premios Óscar o los Emmy, espectáculos que se realizan bajo el foco de los medios de comunicación, y hasta las estrellas con más probabilidades de ganar deben sudar un poco ante la expectativa de la apertura del sobre. Sin embargo, sus esmoquins y vestidos sucios son muy deseados por el público general. La organización benéfica solía ofrecer a los ganadores una opción de tintorería pero, con el tiempo, retiró el servicio puesto que nadie quería las prendas lavadas. Quizá los postores pensaban que podrían mandar a lavar las piezas por un precio más económico, pero si el dinero estaba destinado para un fin benéfico, esto parece poco probable. ¿Por qué no lavar la ropa de segunda mano? Después de todo, solemos lavar nuestras propias prendas cuando huelen a sudor. Creo que la respuesta podría ser que los coleccionistas no pretendían usarlas realmente, sino que querían poseer algo íntimo y personal de sus ídolos, y cuanta más conexión, mejor. Es un fetiche, en el sentido original de la palabra: la creencia en que un objeto tiene poderes sobrenaturales.[5]

Los fetichistas y coleccionistas de objetos de *memorabilia* se comportan de un modo muy particular, pues atribuyen a los objetos físicos propiedades invisibles que los hacen únicos e irremplazables, pero se trata de un tipo de razonamiento equivocado. Por un lado, los objetos importantes pueden falsificarse. Ese ladrillo, ese esmoquin o esa ropa de cama puede ser una falsificación. En la Edad Media, las reliquias cristianas se vendían como pan caliente a las legiones de peregrinos que recorrían Europa en busca de un santuario sagrado al siguiente. Las reliquias podían ser cualquier tipo de objeto íntimamente asociado a las celebridades religiosas. Los huesos de los santos y los mártires eran especialmente populares, así como cualquier artículo relacionado con Jesús. Pedazos de la cruz o trozos del sudario eran fáciles de falsificar, y había un comercio muy dinámico. Si pudiéramos juntar todos los fragmentos de la cruz de la crucifixión, probablemente tendríamos suficientes como para construir un arca. El escéptico profesional James Randi cuenta cómo, en su infancia en Montreal, visitó el santuario del Oratorio de San José donde vivió el beato André Bessette. El hermano André era conocido como el hacedor de milagros del Mount Royal. Los peregrinos acudían al santuario en busca de la sanación sobrenatural de toda clase de afecciones y podían acercarse a tocar el recipiente que contenía el corazón del monje, conservado en una vitrina detrás de una reja metálica. Randi recuerda cómo los dueños del Oratorio de San José pidieron a su padre y a su padrino que cortaran en cuadraditos un rollo de tela de gabardina negra comprada en una tienda de la ciudad para luego venderlos como trozos de la bata utilizada por el monje en su lecho de muerte. Una experiencia temprana que quizá haya tenido una influencia profunda en el escepticismo de Randi.[6]

Incluso si un objeto no es auténtico, muchas personas tratan estos artículos como si tuvieran alguna cualidad heredada del dueño anterior; una cualidad que desafía cualquier medición científica. Algunos creen que esos objetos albergan una realidad o esencia íntima que los hace únicos e irremplazables. Es cierto, son casas y objetos con historia, y puede que nos evoquen personas y acontecimientos, pero muchos creen o, más aún, *actúan* como si esas esencias fueran realidades físicas y tangibles. Algo que debemos tocar o evitar. Pero, por supuesto, no es así. Bien puede que el sudor y la sangre contengan ADN, no así los ladrillos y el cemento de una casa. Más bien hay algo que sentimos en estos objetos. Algo sobrenatural.

SUPERSENTIDO

Este libro trata sobre el origen de las creencias sobrenaturales, por qué son tan comunes y por qué es tan difícil deshacernos de ellas. Yo creo que la respuesta a todas estas preguntas está en la naturaleza humana y, concretamente, en el desarrollo de la mente infantil.

Los humanos tenemos una inclinación natural hacia las creencias sobrenaturales. Muchos individuos inteligentes y cultos experimentan una sensación poderosa de que hay estructuras, pautas, fuerzas y energías que actúan en el mundo y que son negadas por la ciencia porque están más allá de los límites de los fenómenos naturales que entendemos actualmente. Lo que es más importante aun, no hay pruebas confiables que corroboren dichas experiencias, razón por la cual son *sobre*naturales y acientíficas. Nuestro supersentido es la tendencia o inclinación a creer que son reales.

¿Por qué los humanos estamos tan dispuestos a considerar la posibilidad de lo sobrenatural? Como veremos, la mayoría de las personas creen en lo sobrenatural porque piensan que han experimentado acontecimientos sobrenaturales en persona, o han oído testimonios fidedignos de aquellos en quienes confían. Yo plantearía que tendemos a interpretar nuestras experiencias, o lo que nos cuentan otras personas, dentro de un marco sobrenatural porque es un marco intuitivamente atractivo. Es un marco que concuerda con nuestra idea de que en el mundo actúan toda clase de pautas y mecanismos ocultos. Y si esto es cierto, entonces tenemos que preguntarnos de dónde viene este supersentido.

Hay quienes sostienen que el origen más evidente de las creencias sobrenaturales está en los distintos tipos de religión; desde las ideologías tradicionales a las diversas formas del misticismo nueva-era que apelan a dioses, ángeles, demonios, fantasmas o espíritus. Todas las religiones del mundo glorifican las creencias acerca de entidades que tienen poderes sobrenaturales. Ya sean curas predicando en el púlpito o paganos danzando en las praderas, todas las religiones incluyen algún tipo de creencia sobrenatural.[7] Pero no hay que ser religioso o espiritual para albergar un supersentido. En el caso de los no religiosos, pueden ser creencias en capacidades paranormales, poderes psíquicos, telepatía o cualquier fenómeno que desafíe las leyes naturales. Quienes no rezan en iglesias o templos quizá prefieran sintonizar cualquiera de las cadenas de televisión dedicadas a las investigaciones paranormales, o llamar a una de las muchas cadenas telefónicas de servicios parapsicológicos, en busca de respuestas. Incluso la creencia en la suerte y el destino se apoya en nuestro supersentido. ¿Por qué otra razón publicarían horóscopos los periódicos si sus lectores no les prestaran atención? La religión, la actividad paranormal y pensamiento ilusorio son tres puntos del fluir del pensamiento sobrenatural. Puede que usted considere solo uno o quizá los tres terrenos de la creencia, pero todos dependen del supersentido de que son reales.

El supersentido está también detrás de las conductas extrañas o supersticiones con las que intentamos controlar los resultados mediante una influencia sobrenatural. A las actividades que se desarrollan en torno a estas supersticiones las llamamos rituales ceremoniales. Cuando son personales, las llamamos rarezas personales. Las religiones están llenas de rituales para apaciguar a los dioses, pero fuera de la iglesia o el templo la gente recurre a toda clase de rituales seculares para ejercer control sobre su vida. Estos van desde las supersticiones sencillas y que se transmiten culturalmente como tocar madera, hasta los singulares rituales idiosincrásicos que realizamos para atraer la suerte. Por ejemplo, una de las supersticiones del ex primer ministro británico Tony Blair era usar los mismos zapatos cada vez que respondía a las preguntas de los políticos en el parlamento.[8] En Estados Unidos, John McCain es abiertamente franco sobre su catálogo de supersticiones, que consiste en llevar siempre una pluma y una brújula de la suerte, así como tres monedas de la suerte: una de un centavo, otra de cinco y otra de veinticinco. Si ahondamos un poco, descubriremos que muchos de nosotros, hasta nuestros líderes nacionales, tienen un supersentido. En el caso de John McCain, este asciende a "31 *supercentavos*" en el bolsillo.[9] De otro lado, el presidente Barak Obama confiaba en los partidos de baloncesto que jugaba en los días de elecciones para llegar a la Casa Blanca.

A veces, nuestro supersentido no es nada evidente, pero acecha en lo profundo de nuestra mente, susurrándonos dudas y advirtiéndonos que tengamos cuidado. Puede ser esa sensación incómoda que experimentamos al entrar en una habitación o la convicción de ser observados por unos ojos ocultos donde realmente no hay nadie. Puede ser la inquietud que sentimos al tocar ciertos objetos o al entrar en ciertos lugares que creemos que tienen una conexión con alguien malo. Pueden ser los alimentos y pociones que ingerimos porque creemos que cambiarán nuestros cuerpos y mentes mediante poderes mágicos. O bien, puede ser el valor sentimental que conferimos a un objeto cualquiera y que lo hace único e irremplazable.

Este libro trata de todo lo anterior y más. Aquí expongo una amplia gama de creencias y conductas humanas que van más allá de las nociones tradicionales de lo sobrenatural. No es simplemente un libro acerca de fantasmas y demonios, sino más bien acerca del pensamiento y el comportamiento sobrenatural en nuestras actividades humanas cotidianas. De este modo, espero mostrarle que solemos inferir la presencia de aspectos ocultos de la realidad y basar nuestra conducta en supuestos que tendrían que ser sobrenaturales para ser ciertos. Cada vez que nuestras creencias apelan a mecanismos y fenómenos que van más allá de la comprensión natural, entramos en el territorio de la creencia sobrenatural. Y aunque es evidente que hay muchas cosas que no podemos explicar, el hecho de que no podamos comprenderlas no implica que sean sobrenaturales. Por ejemplo, pensemos en un problema que experimentamos todo el tiempo: ¿Cómo hace nuestra mente para controlar el cuerpo? ¿Cómo es posible que algo que no tiene dimensiones físicas influya en algo físico como el cuerpo? Esta compleja relación entre el cuerpo y la mente la trataremos en el capítulo 5. Quizá la ciencia no comprenda aún el dilema de la mente y el cuerpo y puede que nunca lo haga, pero esto no implica que sea algo sobrenatural, pues podemos estudiar la mente con procedimientos científicos para probar si los resultados concuerdan con las predicciones.

Las pruebas de lo sobrenatural, en cambio, son esquivas. Cuando intentamos reunir evidencias de lo sobrenatural, estas desaparecen sin dejar rastro. Casi siempre son anecdóticas, poco sistemáticas o tan débiles que apenas puede decirse que realmente están allí. Los experimentos acerca de lo sobrenatural no arrojan resultados concluyentes. De lo contrario, se trataría de una reescritura de los manuales científicos con nuevas leyes y observaciones. Por eso, la mayoría de los científicos convencionales no se toman la molestia de investigar lo sobrenatural. Pero la ausencia de credibilidad científica hace muy poca mella en la creencia, pues la mayoría de nosotros tiene un supersentido que nos dice que las pruebas están allí y que deberíamos hacer caso omiso de la ciencia y mantener una mente abierta. El problema con la mente abierta es que todo se vale, incluso nuestra razón.

Este libro trata sobre la ciencia que está detrás de nuestras creencias, no sobre si son o no verdaderas, y gracias a él es posible que usted cambie su modo de juzgar a las otras personas. Una vez comprenda el supersentido, entenderá mejor sus propias creencias y, lo que es más importante, entenderá por qué los demás albergan creencias sobrenaturales. Incluso puede llevarlo a ver la religión y el ateísmo de otro modo y a darse cuenta de que todos somos propensos a las creencias sobrenaturales. Le mostraré que hay creencias sobrenaturales comunes que actúan en nuestros razonamientos cotidianos, sin importar cuán racionales y razonados creamos ser. Quizá debería anunciar que este libro le cambiará la vida y sus actitudes ante las creencias, pero no estoy tan seguro de ello, pues lo que sea que esté a punto de contarle entrará por una oreja y saldrá por la otra. Esa es la naturaleza de la creencia. ¿De dónde vienen, en primer lugar, estas ideas tan obstinadas?

Como parte de la cultura humana, estamos tan absortos en el arte de contar historias que es fácil tender a suponer que todas las creencias provienen de otras personas que nos dicen qué pensar. Esto es particularmente cierto cuando se trata de cosas que no podemos ver con nuestros propios ojos, pues, basados en la confianza, creemos en lo que nos dicen las otras personas. No obstante, este libro ofrece otra posible explicación de por qué creemos en lo increíble, y mi propuesta es enfocarnos en los niños para encontrar la respuesta.

La perspectiva alternativa sobre el origen de las creencias sobrenaturales que quiero proponer es una perspectiva natural y científica, basada en el diseño mental, es decir, al modo estructurado de interpretar el mundo que responde al funcionamiento de nuestro cerebro. Es cierto; la cultura nutre de historias las mentes de todos los niños, pero la creencia significa mucho más que la mera divulgación de ideas. Como dijo el precursor de la ciencia moderna Francis Bacon, preferimos creer lo que preferimos que sea cierto. Yo añadiría que lo que creemos que es cierto puede venir de nuestro modo de ver el mundo en la infancia. En otras palabras, el marco mental de cada niño lo lleva a creer en lo sobrenatural.

Si el supersentido hace parte de nuestro modo natural de comprender el mundo, seguirá reapareciendo en todos los niños nacidos con esta herencia cultural. De ser así, entonces parece improbable que cualquier esfuerzo por deshacernos de lo sobrenatural surta efecto. Al menos será una batalla difícil de ganar. El supersentido estará allí siempre, rondando nuestra mente. Incluso quienes cuenten con una educación científica pueden seguir albergando esas nociones infantiles y profundamente arraigadas que permanecen latentes en su mente adulta. ¿Acaso deberíamos tratar siquiera de deshacernos de ellas?

VALORES SAGRADOS

Es probable que la especie humana realmente tenga necesidad de un supersentido, no solo porque promete algo más que lo que tenemos disponible en esta vida, como una manta con la cual protegernos de la idea de lo que nos sucede cuando morimos, sino porque además nos permite percibir *valores sagrados* mientras estamos vivos.[10] Todos necesitamos valores sagrados en nuestra vida, y estos pueden radicar en un objeto, un lugar o incluso en una persona. Podemos encontrar lo sagrado en una palabra o en un acto. Si usted es una persona religiosa, su mundo está lleno de sacralidad: lugares adonde debe ir, objetos que debe venerar, individuos a los que debe rendir culto, palabras que debe decir y actos que deben seguir rituales sagrados. ¿Y si no es una persona religiosa? ¿Acaso es inmune a los valores sagrados? No estoy muy seguro.

Los humanos somos animales sociales, y para participar en la sociedad, tenemos que compartir ciertas convenciones: cosas que todos reconocemos que tienen un valor común. Estas son las cosas que pueden mantener unido a un grupo. Algunas convenciones son cotidianas y mundanas, como la convención del dinero, es decir el intercambio de papeles o de metal por mercancías. Otras son más profundas. Ciertos documentos, como la Declaración de Independencia de los Estados Unidos o la Carta Magna, son más que simple papel. Son objetos sagrados. Representan aspectos importantes de la civilización, pero los veneramos como objetos en sí mismos. Son algo más que las palabras escritas en ellos. Un objeto sagrado también podría ser un libro o un cuadro. Un manuscrito de Mozart o un original de Vermeer. Ambos pueden ser copiados y duplicados, pero lo que más valoramos son los originales. Asimismo, un edificio o un sitio puede ser sagrado. Obviamente, los santuarios e iglesias son sagrados para los devotos, pero todos podemos compartir un sentido más profundo del valor de un lugar. Si usted es aficionado a los Chicago Cubs, el Wrigley Field es un lugar sagrado; si es hincha del Manchester United, lo es el Old Trafford. Estos estadios son más que campos deportivos; para los aficionados, son campos sagrados con tanto valor sagrado como un templo.[11]

La sociedad necesita los valores sagrados; algo que consideramos especial y único más allá de cualquier cantidad de dinero. No podemos ponerle precio a un valor sagrado, o al menos no deberíamos estar dispuestos a ello. Dado que no pueden reducirse a un análisis científico o racional, los valores sagrados representan un conjunto colectivo de creencias que une a todos los miembros de un grupo y se aplica a todos ellos. Sin los valores sagrados, la sociedad degeneraría en una batalla en la que cada cual lucha por sí mismo. Cuando

nuestras sociedades tienen valores sagrados, todos nos vemos obligados a reconocer y adaptarnos al consenso colectivo de que hay cosas
que simplemente no deben ser compradas, poseídas o controladas
por otro miembro del grupo. Los valores sagrados confirman nuestra
disposición a ser parte de nuestro grupo y a compartir sus creencias,
aun cuando carezcan de pruebas suficientes.

A lo largo de los capítulos siguientes, espero mostrarle cómo nuestras creencias sobrenaturales pueden dar sentido a nuestros valores
sagrados. Pero no se conforme solo con lo que yo digo, pues eso sería
comer cuento. Cada lector debería, más bien, desarrollar su propia
opinión basada en las pruebas expuestas en las siguientes páginas.
Por tanto, y con el fin de que pueda orientarse más claramente en el
camino que le espera, permítame mostrarle el mapa de ruta.

En el primer capítulo, empiezo con el concepto de "diseño mental"
—es decir, organizado en la manera como interpretamos el mundo
que nos rodea— y cómo este produce algunas creencias sorprendentes. Casi todos estamos dispuestos a aceptar que nuestra mente puede
equivocarse, pero todos creemos que podemos superar esos errores si
recibimos la información correcta. Esto se debe a que todos creemos
que somos seres racionales. ¿Alguna vez ha oído a alguien que reco-
nozca ser poco razonable? Pese a nuestra confianza en nuestra razón,
nuestra capacidad de ser racionales se ve debilitada a veces por nuestras reacciones viscerales, que pueden brotar con tal velocidad que
no es fácil refrenarlas con cabeza fría. Pensemos en el ejemplo del mal
y nuestra creencia en que puede ser físicamente real. Si no me cree,
piense en cómo se sentiría si tuviera que darle la mano a un asesino
múltiple, como planteo en el segundo capítulo. ¿Por qué nos molesta
esta idea? ¿Por qué tratamos la maldad como algo contagioso?

Luego, quiero dirigir su atención hacia los orígenes. Al rastrear
la primera prueba de las creencias sobrenaturales en los inicios de
la cultura, le mostraré cómo, aunque la ciencia ha hecho progresos
considerables durante los últimos cuatrocientos años, lo sobrenatural sigue siendo algo muy común. Después, quiero que se imagine los

orígenes en el ámbito individual y el desarrollo de las creencias en los niños. Uno de los principales planteamientos que quiero desarrollar en este libro es que los niños, por naturaleza, razonan acerca de los aspectos invisibles de su mundo, y esto los conduce a veces a las creencias que forman la base de los posteriores conceptos sobrenaturales. Sobre todo el modo como los niños pequeños razonan acerca de las cosas vivas, así como sobre lo que es y lo que puede hacer la mente, indica claramente el comienzo de ideas que se convierten en la base de las creencias sobrenaturales adultas. Estas aparecen mucho antes de que a los niños se les diga qué pensar, lo que me lleva de vuelta a otro de los temas principales del libro: las creencias sobrenaturales son producto del pensamiento natural.

Luego, en capítulos posteriores, examino este pensamiento natural y cómo los niños organizan el mundo en distintos tipos de categorías. Al hacerlo, lo más probable es que los niños piensen que el mundo físico está habitado por cosas o esencias invisibles, y aunque puede que la educación científica los instruya acerca de las cosas reales que conforman el mundo, tales como el ADN y los átomos, la lógica infantil esencial sigue influyendo en el modo como razonan y se comportan los adultos. Y esta actitud es tan evidente como la que adoptamos frente a los objetos sagrados, pues los consideramos especiales en virtud de su esencia única que nos permite conectarnos, según creemos, con otras personas importantes; bien pueden ser padres, amantes, cantantes, deportistas, reyes o santos, cualquier persona con la que sintamos la necesidad de conectarnos.

Los demás capítulos del libro se centran en el sentimentalismo y los miedos irracionales que podemos detectar fácilmente en los demás, pero nos cuesta reconocer en nuestro propio razonamiento. Y antes de concluir, analizo los últimos planteamientos acerca de una base cerebral por la cual encontramos diferencias individuales del supersentido. Algunas personas están mucho más dispuestas a albergar creencias sobrenaturales, aun cuando sean muy cultas. ¿Cómo se explica esto? Aquí, consideramos los mecanismos cerebrales que podrían ser responsables de generar y controlar las creencias, y cómo estas pueden cambiar a lo largo de la vida o durante una enfermedad.

Para cuando llegue al final del libro, espero que el lector comprenda que el desarrollo de la mente infantil en la mente adulta no es solo cuestión de aprender más hechos y datos acerca del mundo. También implica aprender a hacer caso omiso de las creencias infantiles, lo cual requiere un esfuerzo mental. Y aunque ayuda, la educación no lo es todo, pues todos tenemos que aprender a controlar nuestras creencias infantiles. También considero brevemente por qué puede haber una relación entre el supersentido y la creatividad. Tal vez la creatividad dependa de la capacidad de brincarse la lógica y despertar nuevos modos de ver viejos problemas; en cuyo caso la creatividad y el supersentido podrían ser más fuertes en quienes estén menos anclados en la realidad y más inclinados a percibir pautas y conexiones que los demás pasan por alto o simplemente descartan. Están allí siempre, en el fondo de nuestra mente, empujándonos hacia lo sobrenatural.

En las páginas finales, recojo todas estas cuestiones y regreso al supersentido y al concepto de los valores sagrados con una explicación sobre por qué la sociedad humana necesita creer que hay cosas en la vida que deben ser consideradas únicas y profundas. En la mente moderna, no solo hay espacio para esas creencias, sino que bien puede que sean inevitables.

Lo que cada uno decida hacer con sus creencias es otro asunto, y la cuestión de si las religiones son buenas o malas es un debate acalorado que prefiero dejar a otros. Yo creo simplemente que las creencias sobrenaturales son inevitables, y el hecho de saber al menos de dónde vienen y por qué existen nos ayuda a comprender las creencias sobrenaturales como parte del ser humano.

Así, pues, demos comienzo a esa búsqueda científica del supersentido.

CAPÍTULO UNO

¿Qué secreto comparten John McEnroe y David Beckham?

TODO EL TIEMPO SUCEDEN COSAS raras. Hace algunos años, antes de casarnos, Kim y yo viajamos a Londres. Era nuestro primer viaje a la capital, y decidimos utilizar el metro. El metro de Londres transporta a más de tres millones de pasajeros todos los días, por lo que nos sentimos aliviados de encontrar dos puestos juntos en uno de los atestados vagones. Al acomodarnos, alcé la mirada para leer uno de los diversos anuncios, como suele hacer uno para no establecer contacto visual con otros pasajeros, pero advertí que el joven que estaba sentado enfrente me resultaba vagamente familiar. Le di un codazo a Kim y le dije que el tipo era parecidísimo a su hermano, del que lo último que sabíamos era que estaba de viaje por Suramérica. Hacía años que no lo veíamos. Kim se quedó mirándolo fijamente y, en ese instante, el tipo alzó los ojos del periódico que estaba leyendo para mirarla fijamente. Durante lo que pareció un largo rato, los dos se sostuvieron la mirada antes de que la expresión burlona del joven se convirtiera en una sonrisa y preguntara: "¿Kim?". Ninguno de los dos hermanos podía creer su encuentro casual.

Casi todos hemos experimentado algo parecido. En las cenas, los invitados intercambian historias acerca de acontecimientos extraños y coincidencias que les han ocurrido ya sea a ellos o, lo que es más común, a alguien que conocen. Hablan de sucesos que son peculiares o que parecen estar más allá de una explicación racional. Describen ejemplos de momentos en que saben o sienten cosas antes de que sucedan o a grandes distancias en el espacio y el tiempo. Hablan de percibir energías o auras relacionadas con personas, lugares o cosas que les hacen sentir escalofríos. Hablan de fantasmas y de sentir a los muertos. Precisamente porque son unas experiencias tan extrañas es que salen a relucir en las conversaciones. Pierre Le Loyer captó muy bien esta idea hace cuatrocientos años al escribir lo siguiente acerca de los espíritus y lo sobrenatural: "Es el tema que las personas están más prestas a discutir y con el que más se entretienen debido a la abundancia de ejemplos, porque es un tema selecto y agradable, y la discusión es la menos tediosa que pueda encontrarse".[1]

Muchos hemos vivido estas experiencias extrañas. ¿Alguna vez se ha encontrado en el lugar menos pensado con un amigo a quien había perdido de vista? ¿Con cuánta frecuencia ha pensado en alguien para, de repente, recibir una llamada de esa misma persona? A veces, parece como si el pensamiento fuera una cosa física que pudiera saltar de una mente a otra. ¿Cuántas veces no sucede que dos personas se quedan desconcertadas y exclaman: "¡Estaba pensando exactamente lo mismo!"? Cuando esto pasa, muchos de nosotros sentimos que pasa algo raro. Los humanos parecemos sincronizarnos en ocasiones, como si estuviéramos unidos por lazos invisibles. A veces, tenemos la sensación de que en el mundo actúan fuerzas misteriosas que nos conectan pero que no podemos explicar. ¿Cómo darles sentido a todas estas experiencias comunes?

Muchos creen que estos acontecimientos son prueba de lo sobrenatural. Las creencias pueden resultar verdaderas o falsas, pero las creencias sobrenaturales son especiales. Para ser verdaderas, tendrían que violar las leyes naturales que rigen nuestro mundo. De ahí que sean *sobre*naturales. Por ejemplo, yo puedo creer que el Servicio Secreto Británico mató a la princesa Diana en un accidente automovilístico en París. Esa creencia puede ser verdadera o falsa. Tal vez la asesinaron, tal vez no. No es imposible. Para ser verdadera, mi creencia no tendría que violar ninguna ley natural. Lo único que se habría necesitado es un plan muy elaborado y una maniobra para encubrirlo. De modo que es posible que el Servicio Secreto Británico asesinara a la princesa Diana..., pero poco probable. Sin embargo, si creo que alguien puede comunicarse con la princesa muerta, se trataría de una creencia sobrenatural porque viola nuestra comprensión natural del modo como funciona la comunicación entre dos personas. Por lo general, ambas deben estar vivas. Como dice Michael Shermer: "Podemos hablarles a los muertos; lo difícil es que ellos nos hablen a nosotros".[2]

Podemos ser plenamente conscientes de que nuestras creencias son sobrenaturales y aun así seguir creyendo. ¿Por qué creemos en cosas que van contra las leyes naturales? No puede ser simple cuestión de ignorancia.

La respuesta está en los hechos. La experiencia personal es la razón principal dada por la gente que cree en lo sobrenatural.[3] Por supuesto que las otras personas también influyen en lo que pensamos, pero la experiencia directa nos da una razón poderosísima para creer. Como dicen: "ver para creer", y cuando le pasa a uno, es prueba de lo que sospechaba todo el tiempo.

Para los creyentes, los ejemplos de lo sobrenatural son tan abundantes y convincentes que hacer caso omiso de todas las pruebas es hacer como el avestruz. ¿Pero realmente hay tal abundancia de ejemplos de lo sobrenatural? Uno de los mayores problemas es, sencillamente, que no somos buenos para calcular la frecuencia con que suceden las cosas extrañas. Tendemos a sobreestimar la probabilidad de los sucesos que son muy raros, como morir en un accidente aéreo, y al mismo tiempo subestimamos la probabilidad de los acontecimientos que son muy comunes en realidad. Por ejemplo, ¿cuál es la probabilidad de que dos desconocidos que están en una fiesta cumplan años el mismo día? Digamos que usted es una persona sociable y va más o menos a una fiesta por semana. Adivine cuántas personas tienen que asistir a una fiesta para que dos de ellas tengan la misma fecha de cumpleaños en la mitad de las fiestas a las que usted asiste durante un año. Me imagino que la mayoría dirá un número bastante grande. ¿Puede creer que las estadísticas dicen que la cifra mínima es tan solo veintitrés? Si usted asiste a una fiesta diferente todas las semanas, con al menos veintitrés personas nuevas en cada una, en promedio dos personas tendrán la misma fecha de cumpleaños en la mitad de las veces. Para explicarlo de otro modo, entre los treinta países que participarán en el Mundial de Fútbol de 2010 en Sudáfrica, la mitad de los equipos de veintitrés miembros participantes incluirán dos jugadores con la misma fecha de cumpleaños.[4] ¿Qué podría ser menos probable? Ahora piense en cuánto más común es el que dos personas sean del mismo signo astrológico, cuando solo hay doce signos comparados con los 365 cumpleaños que hay en el año. Las personas suelen sorprenderse al encontrarse con alguien de su mismo signo y tienden a verlo como una suerte de coincidencia profética. Nuestra mente no está preparada para pensar con gran exactitud en las probabilidades y, por tanto, interpretamos estas coincidencias como si hubiera algo sobrenatural en juego. Cuando oímos hablar de ejemplos que parecen insólitos, los tratamos como algo sospechoso. Pero lo que pasa con las coincidencias es que no son la excepción sino la regla. Como han señalado Martin Plimmer y Brian King:

Escudriñamos todo lo necesario hasta encontrar afinidades. Somos como nadadores sincronizados en busca de una rutina. Nos entusiasmamos ante cualquier conexión, y los humanos somos una especie con muchísimos vínculos. Si fuera posible trazar un mapa con las actividades que todos realizamos, las líneas entre amigos y familiares, salidas y llegadas, mensajes enviados y recibidos, deseos y objetivos, pronto visualizaríamos un denso y complejo entramado de líneas con millones de intersecciones.[5]

Aunque marcan quiebres en nuestra vida, las circunstancias extrañas parecen inusuales y más allá de cualquier explicación. Las tratamos como algo significativo y profundo, lo que nos lleva a pensar que debe haber poderes sobrenaturales en juego. En general, albergamos estas creencias aun cuando las neguemos. Voy a mostrarle que tanto los adultos racionales y cultos como los más supersticiosos nos comportamos como si en el mundo actuaran fuerzas y energías sobrenaturales. A lo largo del libro, presentaré una teoría que explica por qué creemos y por qué algunos somos más propensos a creer que otros. Me concentraré en el individuo más que en la cultura porque creo que la respuesta puede encontrarse en cada uno de nosotros.

ALGO MÁS EN LA REALIDAD

El gran filósofo estadounidense y pionero de la psicología William James escribió hace más de cien años que las personas comunes y corrientes tendemos a creer no solo en la realidad de la existencia, sino además en la presencia de "algo", algo intangible que estamos obligados a inferir por encima y más allá de lo que detectan nuestros sentidos normales.

Pero nuestra lista de ejemplos nos lleva a una conclusión semejante a esta: es como si en la conciencia humana existiese un sentido de la realidad, un sentimiento de presencia objetiva, una percepción de lo que podemos llamar "algo" más profundo y general que cualquiera de los "sentidos" especiales y particulares mediante los cuales la psicología actual supone que se revelan originalmente las realidades existentes.[6]

Aquí, James está diciéndonos que es natural pensar que hay algo más en la realidad. Ese algo es desconocido, oculto e inmensurable, y más allá de las explicaciones naturales. Es sobrenatural. Es más, ese sentido de algo más es la base de todas las religiones del mundo, las cuales coinciden en que el "más" existe, pero mientras que unas afirman que existe en forma de dios o dioses personales, otras lo conciben como una corriente de una tendencia ideal inserta en las estructuras eternas del mundo. Aun así, todas coinciden en que, además de existir, actúa, y que es cualquier corriente ejercida en sentido positivo desde el momento en que el hombre deja su propia vida en sus manos.

¿Por qué pensamos así? ¿Por qué tendemos a creer que en la naturaleza hay algo más que lo que podemos medir? ¿De dónde nos vienen estas ideas? ¿De dónde sacamos nuestras creencias sobrenaturales? Hay dos escuelas de pensamiento: ora son ideas que nos cuentan otras personas ora son ideas que vienen en parte de nuestro interior. Examinemos las dos propuestas. Primero, es posible que vengamos al mundo para creer cualquier cosa que nos digan los demás. Por tanto, las creencias no son más que los cuentos que nos contamos mutuamente, y sobre todo los que les contamos a nuestros hijos. Otra posibilidad es que vengamos al mundo para creer, y lo que creemos que podría ser posible es un reflejo de nuestro propio modo de ver el mundo.

Analicemos la primera explicación. Los niños creen lo que les dicen los adultos. A los adultos nos encanta hablarles a los niños de personajes fantásticos, como Papá Noel, el Ratón Pérez e incluso del Coco cuando se portan mal: "Si te portas bien, Papá Noel te traerá un PlayStation" o "Si te portas mal, vendrá el Coco y te llevará". Los cuentos se han usado desde hace siglos como una manera de enseñarles a nuestros hijos a comportarse. Todos los personajes de estas historias son mágicos: gatos que hablan, brujas que vuelan, etcétera. Los personajes con poderes sobrenaturales son vistos como especiales y, por tanto, más fáciles de recordar. Al ser tan poco comunes, surten efecto. Pero ¿no le parece irónico que sumerjamos a nuestros hijos en estas fantasías cuando están edad preescolar, para luego decirles que se dejen de tonterías y "crezcan" al llegar a la edad escolar?

El psicólogo Stuart Vyse sostiene que la cultura ejerce la influencia más importante en lo que respecta a lo sobrenatural: "No nacemos tocando madera; aprendemos a hacerlo. No somos creyentes innatos en la astrología; nos hacemos creyentes".[8] Yo estoy parcialmente de acuerdo. Es cierto que muchos rituales se transmiten a manera de costumbres y tradiciones; algunos son tan viejos que hemos olvidado por qué los hacemos. Todos los años, en Occidente, los niños participan en las ceremonias y los rituales arcaicos relacionados con el *Halloween* y la Navidad, sin ser conscientes, en su mayoría, de sus verdaderos orígenes.[9] En la víspera de Todos los Santos [*All Hallow's Eve*], la costumbre de disfrazarse con trajes asustadores estaba pensada para desterrar a los demonios malignos de las aldeas. Besarse debajo del muérdago y encender el leño de Navidad eran, en un principio, ritos paganos de fertilidad que terminaron siendo incorporados en las actividades cristianas. Hoy en día, celebramos estos rituales porque se han convertido en tradiciones transmitidas culturalmente. Pero una explicación puramente cultural deja de lado un aspecto importante. ¿Por qué somos tan propensos a participar en ceremonias y rituales? Algunas personas pueden tratar estos festivales como algo divertido, pero muchas siguen creyendo en verdaderos fenómenos sobrenaturales. ¿Y por qué los aceptamos con tanta naturalidad?

La respuesta evidente es que creer lo que nos dicen los demás nos reporta un beneficio real. Comunicarnos y compartir ideas con los demás amplía nuestro conocimiento, de modo que no tenemos que descubrirlo todo por nuestra cuenta. Y no hay mejores personas de quienes aprender que los miembros más viejos y sabios de la tribu. Si ellos dicen que ciertas plantas tienen poderes curativos o que algunas cuevas son peligrosas, es sensato creerles. Así, las creencias pueden pasar fácilmente de una generación a la siguiente. Si la cultura y la sociedad propagan creencias, entonces deberíamos tener cuidado con lo que les contamos a nuestros hijos. Si esta es la raíz del pensamiento sobrenatural, entonces quizá deberíamos ser tenidos como los responsables de informar a los jóvenes ingenuos e ignorantes.

Por eso, el biólogo Richard Dawkins piensa que la religión es una forma de abuso infantil. Él quiere un mundo sin Dios, sin religión o cualquier forma de concepción de lo sobrenatural. En lo referente a la comprensión de la naturaleza, afirma, solo hay espacio para la ciencia. Dawkins acusa a las iglesias de adoctrinar a nuestra juventud con creencias supersticiosas. Los niños son "orugas de información" con "ojos y oídos bien abiertos, y mentes receptivas y confiadas para absorber el lenguaje y otras formas de conocimiento". Se lo tragan todo crédulamente debido a una predisposición a confiar en lo que les digan sus padres y mayores.[10]

Esto me lleva a la segunda explicación de las creencias, sobre la cual quiero enfocar su atención. El problema de la perspectiva de la credulidad está en que la mayoría de los investigadores que estudian el desarrollo de la mente no ven a los humanos como tablas rasas sobre las cuales pintar cualquier idea o creencia. La mayor parte de los estudios sobre el pensamiento de los niños pequeños muestra, más bien, que antes de estar en capacidad de recibir instrucción los preescolares ya están profundamente entregados a una cantidad de ideas erróneas. Y yo creo que esas ideas erróneas son el verdadero origen de las ideas sobrenaturales adultas. Es cierto que la cultura y la iglesia son determinantes, pero no actúan solas. Más bien proveen un marco para darles sentido a las creencias que nos planteamos por nuestra propia cuenta.

Incluso si las ideas son transmitidas culturalmente, tenemos que responder dos interrogantes fundamentales: ¿Dónde se originaron las primeras ideas sobrenaturales? y ¿por qué tantas culturas aisladas comparten las mismas malinterpretaciones básicas? Los tipos comunes de creencia y razonamiento compartidos por culturas distantes, separadas durante mucho tiempo y muy distantes geográficamente, sugieren que hay algo intrínseco en el modo de pensar de los humanos. Por ejemplo, casi todas las culturas tienen mitos de creación para explicar los orígenes del mundo y la diversidad de la vida que por lo general suponen la existencia de dioses. Igualmente, los dioses y agentes espirituales son vistos como responsables de los acontecimientos imprevistos. Cada vez que nos encontramos con estas creencias y conductas universales, deberíamos preguntarnos por qué se parecen las explicaciones de los orígenes. Así como el instinto del lenguaje encontrado en todas las sociedades desde los inicios de la civilización, ¿es posible que el supersentido también sea parte del legado humano? ¿Acaso todos empezamos con una inclinación natural hacia lo sobrenatural que solo unos pocos superan? ¿Por qué nos resulta tan difícil ser científicos en nuestro modo de pensar?

Creo que las creencias sobrenaturales funcionan tan bien porque parecen verosímiles, y parecen verosímiles porque encajan con lo que queremos creer y creemos que es posible. Además, dan sentido a las circunstancias insólitas y extrañas que salpican nuestra vida. Es muy probable que las creencias y las ideas se transmitan, pero solo las que concuerdan con lo que consideramos posible pueden arraigarse y tener sentido. Este es un aspecto muy importante que suele pasarse por alto. Todos aceptamos las ideas o las rechazamos, pero rara vez nos preguntamos por qué. Las ideas tienen que encajar con lo que ya sabemos. De lo contrario, no tienen sentido.

Para probarlo, voy a proponerle una nueva idea en la que quiero que crea. No es una idea sobrenatural, pero ejemplifica lo que he dicho sobre el funcionamiento de las ideas. Si le dijera que "las ideas verdes incoloras duermen furiosamente", ¿me creería? Piénselo un momento e intente procesar la idea. Al principio parece correcto, pero poco a poco nos damos cuenta de que es absurdo. En realidad, se trata de una oración famosa entre los estudiosos del lenguaje y el pensamiento. En 1957, el lingüista Noam Chomsky construyó esta frase gramaticalmente perfecta pero absurda para demostrar que la estructura sintáctica, de por sí, no es suficiente para expresar ideas.[11] El contenido de la oración sigue todas las reglas gramaticales, pero no cuaja en nuestra mente en tanto que idea. Por lo que ya sabemos acerca del color, las ideas, el sueño y la furia, la frase no tiene sentido. Algo no puede ser verde e incoloro al mismo tiempo. Las ideas no duermen. El sueño no suele ser furioso. Son conceptos que ya existen en nuestra mente, y puesto que se contradicen mutuamente, determinan que la oración de Chomsky no tiene sentido. Por tanto, cualquier idea nueva tiene que encajar en los marcos de conocimiento existentes. Por eso, algunas ideas son tan difíciles de comprender. La ciencia, por ejemplo, está llena de ideas que parecen extrañas por el simple hecho de que no estamos acostumbrados a ellas. No es que la gente sea estúpida, sino, más bien, que muchas ideas científicas son demasiado difíciles de entender para la mayoría de nosotros. Las creencias populares sobre lo sobrenatural, en cambio, parecen bastante posibles y por eso es más fácil imaginarse un fantasma que una onda de luz compuesta de fotones. No hemos visto ninguno, pero los fantasmas parecen posibles, mientras que la estructura de la luz no es algo en lo que podamos pensar fácilmente.[12]

DISEÑO MENTAL

El diseño mental es la razón por la cual ciertas ideas son obvias mientras que otras son oscuras. Por diseño mental me refiero al modo organizado como está configurado nuestro cerebro para comprender e interpretar el mundo. El cerebro, como todas las demás partes del cuerpo humano, ha evolucionado a lo largo de millones de años. Las manos están diseñadas para manipular objetos. Las piernas están diseñadas para la locomoción bípeda. El hígado está diseñado para realizar toda clase de trabajos. Asimismo, el cerebro ha sido diseñado a través del proceso de la evolución. La mayoría de los científicos coinciden en que el cerebro tiene muchos mecanismos intrínsecos y especializados que nos preparan para procesar el mundo de la experiencia. Estos mecanismos no son aprendidos ni enseñados por otros, sino que conforman un paquete de herramientas mentales con el que todos estamos equipados como parte de nuestro diseño mental. Pero es un diseño que no requiere diseñador. No necesitamos a un dios para explicar de dónde vino el diseño. Es simplemente el modo como la adaptación gradual de los sistemas biológicos, a través del proceso de evolución, ha producido un complejo solucionador de problemas. La selección natural es nuestra diseñadora.

El cerebro no cayó del cielo, completamente equipado para lidiar con el mundo,[13] sino que fue evolucionando paulatinamente para solucionar los problemas que tenían que enfrentar nuestros antepasados. El complejo cerebro moderno es el resultado de la acumulación de cambios pequeños y sutiles en su estructura y transmitidos de generación en generación. Este es el campo de la psicología evolutiva, y como precisa Steven Pinker, uno de sus principales defensores, la mente es lo que hace el cerebro. Nuestra mente está activa continuamente, intentando dar sentido al mundo al comprender cómo funciona. Esto se debe a que el mundo es confuso y complejo y está repleto de información faltante. Cuando de comprender se trata, cada uno de nosotros es un detective que intenta completar el rompecabezas, encontrar al culpable y resolver el misterio.

Lo que hacemos natural y espontáneamente, en el nivel más elemental, es estar en una constante búsqueda de estructuras, imaginando la existencia de fuerzas y causas ocultas. Hasta la manera como vemos el mundo está organizada por mecanismos cerebrales que buscan estructuras y constantes. A comienzos del siglo XX, los psicólogos alemanes de la *Gestalt* demostraron que los humanos vemos estructuras, de manera natural, al organizar con ciertas reglas no-aprendidas la información que recibimos. Lo que estos pioneros de la psicología advirtieron es que el mundo está lleno de información desordenada, confusa o, simplemente, ausente. Y el único modo en que la mente puede ordenar este revoltijo es haciendo suposiciones sobre lo que realmente hay "allí afuera".

Por ejemplo, una figura compuesta por cuatro semicírculos, estilo *pacman*, suele verse como un cuadrado blanco sobre cuatro círculos negros. La mente rellena incluso los bordes del cuadro entre los círculos, pero el cuadrado no existe en realidad. Nuestro cerebro crea algo a partir de la nada. Y, lo que es más impresionante, puede medirse actividad en las zonas del cerebro que estarían activas si el cuadrado existiera realmente. Esta zona, conocida como la corteza visual, es una capa de tres milímetros más o menos del tamaño de una tarjeta de crédito localizada en la parte posterior de la cabeza. A diferencia de la falsa idea popular, no son los ojos sino el cerebro el que ve. Las células cerebrales de esta región están todas relacionadas con la visión de un modo u otro. Por tanto, en esta zona, el cerebro registra lo que *realmente* hay allí afuera en el mundo, toma una decisión sobre lo que *debería* haber y luego genera su propia actividad

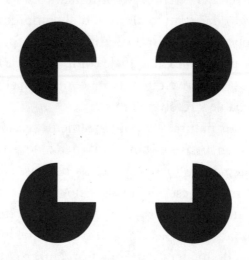

FIG. 2: En la típica figura de Kanizsa, tanto los niños como los adultos ven un cuadrado blanco imaginario. Imagen del autor.

cerebral *como si* lo que ha decidido que debería haber allí afuera estuviera allí realmente.[14] Incluso cuando una percepción es un truco de la mente, se muestra como una verdadera actividad cerebral. Este proceso de "llenado" revela cómo nuestro cerebro está diseñado para darle sentido a la información ausente. Los bebés de cuatro meses también ven el cuadrado fantasmal.[15] Lo sabemos por una conducta muy sencilla: los bebés se aburren cuando les mostramos una misma figura una y otra vez. ¿No se aburriría usted también? Por tanto, si les mostramos el cuadrado fantasmal a los bebés, estos dejan de mirarlo al cabo de un rato. Si luego les mostramos un cuadrado de verdad, permanecen aburridos, mientras que se reaniman y emocionan si les mostramos algo distinto, como un círculo. En otras palabras, deben haber visto el cuadrado imaginario, se cansaron de observarlo al cabo de un rato y el cuadrado de verdad les pareció igual al que su mente había creado de la nada. Estos estudios indican que el cerebro de los bebés está diseñado para llenar la información faltante y darle sentido al mundo.

Como ha señalado mi colega Richard Gregory, las ilusiones como la figura del cuadrado ausente revelan que la mente no es perezosa. Al buscar la mejor explicación, la mente intenta darle sentido al mundo activamente. Por ejemplo, si alguien cogiera un puñado de granos de café y los esparciera sobre una mesa frente a usted, empezaría a ver figuras inmediatamente. Al contemplar el despliegue de los granos, empezaría a diversos grupos enseguida. ¿Alguna vez, en un día soleado, ha visto cómo las nubes se convierten en rostros y animales? Es algo inevitable, pues la mente ha evolucionado para ver pautas y organizarlas. La facilidad con que vemos rostros, especialmente, ha llevado a la idea de que nos inclinamos a ver personajes sobrenaturales en cualquier momento. Todos los años, algún panecillo, una tostada, una papa frita o incluso una ecografía de un feto que muestra el rostro de alguna deidad se utiliza como prueba de los milagros divinos.

También buscamos pautas en los acontecimientos. Nuestro diseño mental nos fuerza a ver orden donde puede que no lo haya. Cuando sucede algo inusual o inesperado, buscamos orden y causas de inmediato. No podemos soportar la posibilidad de que algunas cosas suceden al azar y por casualidad. Puede que incluso a la mente le sea imposible pensar en términos de secuencias o sucesos aleatorios. Si le pidiera que produjera una secuencia aleatoria, esto le resultaría increíblemente difícil. Inténtelo con un teclado. Ponga la mente en blanco y presione las teclas "1" y "0" cuantas veces quiera, de la manera más fortuita posible. He aquí mi intento, en el que oprimí las teclas 48 veces:

1 0 0 1 1 0 0 1 0 1 0 0 0 1 1 1 0 0 1 0 0 1 0 1 1 0 1 1 0 0 1
0 1 0 1 1 0 1 0 0 1 0 1 1 0 0 1 1

Yo creí que lo estaba haciendo al azar, y, a primera vista, parece bastante desorganizado. Pero si contamos la cantidad de veces que oprimí el "1" resulta que es exactamente la mitad (veinticuatro). Ahora analicémoslo por pares.

10 01 10 01 01 00 01 11 00 10 01 01 10 11 00 10 10 11 01
00 10 11 00 11

Hay cinco pares de 00, siete de 01, siete de 10 y cinco de 11. Si la secuencia fuese realmente aleatoria, estos pares deberían ser iguales, pero estuve más inclinado a alternar (catorce veces de 10 o 01) que a oprimir la misma tecla dos veces (diez veces de 00 o 11). La diferencia puede parecer pequeña, pero se hace muy importante a medida que seguimos ensayando. Si rompemos la secuencia en los ocho tríos posibles, las secuencias se hacen aun más evidentes.

El cerebro tiene sus ritmos naturales, a los que le gusta acostumbrarse. Así es como ganan los mejores jugadores de piedra, papel o tijera, aquel juego entre dos jugadores en el que, después de contar hasta tres, cada uno debe escoger entre piedra (puño), papel (mano abierta) o tijeras (el dedo índice y el corazón abiertos). Las tijeras le ganan al papel, el cual le gana a la piedra, la cual le gana a las tijeras. El objetivo de este juego es adivinar qué escogerá el contrincante. Para ganar, hay que ser lo más aleatorio posible. Los campeones mundiales (existen) no son videntes;[16] son expertos en detectar y producir sus propias secuencias aleatorias, pero esta habilidad requiere mucha energía mental, sobre todo de la parte frontal del cerebro, encargada de controlar la planificación.[17]

Pensar y actuar voluntariamente al azar es tan difícil como percibir un mundo aleatorio. Puesto que nuestra mente está diseñada para ver el mundo organizado, con frecuencia detectamos pautas que en realidad no existen; lo que es especialmente cierto si creemos que estas deberían estar allí en primer lugar. Así, alguien que cree que en el mundo actúan fuerzas sobrenaturales vive a la caza de ejemplos de fenómenos extraños e inexplicables y hace caso omiso de la multitud de circunstancias mundanas que no cuadran con su interpretación. Olvidamos todas las llamadas telefónicas comunes y corrientes, pero recordamos la inesperada porque nos llama la atención. La otra cara del diseño mental es que tampoco nos damos cuenta de que las cosas que creemos muy improbables no son tan improbables en realidad, como conocer en una fiesta a dos personas que cumplen años el mismo día. Con la tendencia a detectar pautas y estructuras, alguien inclinado a creer en lo sobrenatural tiene abundantes oportunidades de ver pruebas de importantes cadenas de acontecimientos donde no las hay. Esto es producto de nuestro diseño mental, y hay pruebas considerables de que todos nos diferenciamos en lo que respecta al grado de orden o caos que vemos en el mundo. Más adelante, analizaré la idea de que la diferencia entre los creyentes y los no-creyentes podría deberse al modo de interpretar el mundo más que a lo que les han hecho creer.

Además de organizar el mundo según pautas, el diseño mental nos lleva a buscar causas ocultas y profundas que actúan en el mundo. Buena parte de lo que controla el mundo está oculto a nuestra mirada directa y, por tanto, la mente ha evolucionado para inferir la existencia de cosas que no podemos ver. Hacemos un gran esfuerzo para comprender las consecuencias de acontecimientos que han sucedido y no sabemos cómo sucedieron. Por ejemplo, imagine que regresa a casa y encuentra un plato roto en el suelo de la cocina. *¿Cómo habrá sucedido esto?*, se pregunta y empieza a reconstruir el orden de los hechos. El plato estaba en el mesón cuando usted salió de casa esta mañana. ¿Habrá estado allí alguien más? ¿Habrá habido un temblor? Cual detectives, ordenamos el tiempo en retrospectiva para reconstruir el porqué de lo sucedido. Así es como interpretamos y entendemos una cadena de sucesos. Sin embargo, este tipo de razonamiento también puede conducir a errores. Una mente humana que enlaza sucesos de este modo está siempre está en riesgo de cometer el error del *post hoc, ergo propter hoc*, "después de esto, por tanto debido a esto", lo que significa que tendemos a agrupar los sucesos de un modo causal. Vemos el primer suceso como causante del segundo. Y aquí hay dos problemas. Primero, que inferimos la acción de fuerzas donde puede que no las haya, y segundo, que tendemos a conectar sucesos que ni siquiera están relacionados.

Al conectar los sucesos, vemos secuencias en términos de causa y efecto. Por ejemplo, pensemos en un acontecimiento sencillo que implica objetos que chocan entre sí, como en un juego de billar. Si vemos una bola blanca que golpea una roja, vemos un suceso que causa otro. Lo mismo sucede con los bebés. Si mostramos a bebés de siete meses sucesos de colisión similares, ellos interpretan que la primera bola ha ocasionado el movimiento de la segunda, porque, si revertimos la secuencia, verán el suceso revertido como diferente.[18] Al igual que los adultos, ven la bola roja empujando a la blanca. Y esto no tiene nada de raro, pensará usted. Es más, podría decir que es una manera muy sensata de interpretar el mundo. Sin embargo, el filósofo escocés del siglo XVII David Hume señala que tales intuiciones son una ilusión porque no podemos ver la causa directamente. No podemos ver las fuerzas en acción. Solo vemos un suceso y luego otro. Esto puede parecer exagerado, hasta que pensamos en los dibujos animados. Cuando vemos una bola de dibujos animados que golpea otra, inferiremos la misma fuerza causal, pero, por supuesto, no hay tal. Se trata simplemente de un conjunto de dibujos. Nuestra mente interpreta la secuencia como si una bola estuviera chocando con otra. Es una ilusión que nos ayuda a entender el mundo en términos de fuerzas reales, porque con frecuencia no las vemos o no podemos verlas en acción.

De modo que el diseño mental nos lleva a ver pautas y a pensar que algo ocasionó la formación de esas pautas. Inferimos que ciertos sucesos que podrían no guardar ninguna relación en absoluto están conectados de algún modo. Cosas que suceden una después de la otra parecen haber sido ocasionadas por fuerzas que quizá no existan; lo que es aun más cierto cuando el resultado es impredecible, como en los juegos de azar. Cuando sucede algo inesperado, buscamos instintivamente qué hizo que sucediera. Este tipo de pensamiento explica el comportamiento supersticioso: repetir acciones o adoptar ciertas conductas en un esfuerzo por controlar las consecuencias. Por ejemplo, si tiene un día especialmente exitoso en la cancha de tenis o en la mesa de póquer, puede sentir una fuerte inclinación a duplicar las acciones realizadas ese día en un esfuerzo por revivir dicho éxito. Pueden ser conductas como utilizar una prenda de vestir particular o sentarse en una silla favorita. En poco tiempo, estas conductas pueden convertirse en obsesiones y rutinas indispensables.

Los deportistas son famosos por sus rituales supersticiosos.[19] Estos suelen empezar como costumbres inocentes —algo que todos tenemos—, pero al asociarlos a consecuencias importantes (como ganar un partido), pueden apoderarse de la vida de un individuo. Quizá la más complicada en sus rituales fuera la gran tenista Jena Dokic, o al menos la más sincera y abierta al respecto. Primero, evitaba pararse sobre las líneas blancas en la cancha. (John McEnroe hacía lo mismo). Prefería sentarse a la izquierda del árbitro. Hacía rebotar la pelota cinco veces antes del primer servicio y dos veces antes del segundo. Mientras esperaba el servicio, se soplaba la mano derecha. Los recogebolas tenían que pasarle la bola con un lanzamiento bajo. Dokic se aseguraba de no leer el tablero de clasificación más de una vez por ronda. Por último —y esto va para los coleccionistas de objetos deportivos— usaba siempre la misma ropa a lo largo de cada torneo. ¡*Puaj*!

Jelena no es la única. Todos los años, durante los exámenes, veo a una cantidad de adultos jóvenes e inteligentes que adoptan diversas rutinas (uno tenía que darle tres vueltas a la mesa) o utilizan una multitud de amuletos y muñecos de la suerte que creen que les ayudarán a mejorar su desempeño. Incluso si usted no cree en estos rituales y amuletos, ¿qué daño le hace intentarlo? Pues ninguno, a no ser que absorban su vida y le impidan alcanzar sus metas, como lo ilustra Neil el Hippie, de la comedia británica de la década de 1980 acerca de la vida estudiantil, *Los jóvenes*:

> Me senté en el enorme salón y puse mi paquete de mentas sobre la mesa. Y mi lápiz de repuesto y mi muñeco de la suerte. Y mi chicle y mi bolígrafo adicional. Y mis mentas adicionales y mi amuleto de la suerte. Y mi tajalápiz con forma de galleta. Y otros tres muñecos de la suerte con un paquete de mentas cada uno. Y minas para mi portaminas. Y mi portaminas. Y unas minas adicionales para mi portaminas. Y chicle y lápices y bolígrafos y más muñecos de la suerte, y el tipo dijo: "Dejen de escribir, por favor". [20]

Las supersticiones son comunes en las situaciones en que los factores que controlan los resultados son impredecibles o las consecuencias de que algo salga mal son fatales. No obstante, los rituales también son comunes entre individuos de grandes ambiciones en situaciones en que la atención a los detalles puede conducir al éxito. Harrison Ford, Woody Allen, Michelle Pfeiffer y Winona Ryder son solo unos pocos actores famosos que, según cuentan, adoptan comportamientos rituales. En una reciente entrevista de televisión, el futbolista David Beckam describió algunos de sus insólitos rituales:

> Tengo un trastorno por el cual necesito tener todo en línea recta o en pares. Si al guardar mis latas de Pepsi en la nevera hay una de más, entonces tengo que ponerla en un armario. Cuando llego a la habitación de un hotel, antes de relajarme, tengo que recoger todos los folletos y libros y meterlos en un cajón. [21]

Estos comportamientos reflejan una obsesiva atención a los detalles, y puede suceder que aquellos que tienen una personalidad caracterizada por una necesidad de disciplina y control sean más propensos a alcanzar el éxito profesional en su búsqueda de la perfección. Todos conocemos a alguien que parece prestarle una atención exagerada a los detalles y al orden. En cerca de dos de cada cien personas, el comportamiento ritual que controla la vida de un individuo se convierte en un problema médico conocido como trastorno obsesivo-compulsivo. Quienes lo padecen necesitan adoptar conductas rituales y son incapaces de salir de estas rutinas; son conscientes de que son conductas extrañas, pero esa conciencia no les ayuda. La ironía está en que si algo les impide realizar sus rituales, no tienen el mismo desempeño debido a la ansiedad producida por la idea de que la suerte no los acompaña. Estos rituales les dan una sensación de control en situaciones en que el control es importante. Por tanto, quienes tienen un trastorno obsesivo-compulsivo no son necesariamente irracionales, pues esta "ilusión de control" es psicológicamente reconfortante en comparación con una ausencia absoluta de control.[22]

Sin embargo, la creencia en que los rituales funcionan es sobrenatural. Podemos negar que los rituales estén basados en creencias sobrenaturales y afirmar que muchos de ellos, tales como echar sal por encima del hombro cuando se ha regado sobre la mesa, no son más que costumbres tradicionales inofensivas cuyo origen ya no recordamos, como sucede con los rituales cristianos anteriormente mencionados. Pero si creemos que no hacen nada, ¿por qué vemos un incremento en estas conductas en los momentos de crisis? Durante la primera guerra de Irak en 1991, Saddam Hussein lanzó misiles *scud* sobre Tel Aviv. ¿Qué más estresante que buscar refugio durante un ataque aéreo, sin saber si su familia está a punto de morir? En entrevistas subsiguientes, se les preguntó por sus experiencias a los habitantes de las zonas de mayor riesgo, y durante las conversaciones se observó que "tocaban madera" bastante más que los de las zonas de bajo riesgo. No está claro de dónde viene la costumbre de tocar madera para ahuyentar la mala suerte; podría estar relacionada con la costumbre pagana de dar un toque en los árboles para advertir su presencia a los espíritus del bosque, o tal vez sea una referencia a la cruz cristiana. ¿Quién sabe? Sea cual sea su origen, la amenaza de peligro provocaba una conducta supersticiosa.[23] Podemos negar el supersentido, pero este sigue pendiente en el fondo de nuestra mente, a la espera de una oportunidad para entrar en escena en los momentos de crisis, cuando la racionalidad puede abandonarnos con mucha facilidad.

Las creencias que yacen detrás de las prácticas supersticiosas pueden ser sobrenaturales, pero he aquí lo interesante: funcionan para reducir el estrés ocasionado por la incertidumbre. Los rituales producen una sensación de control, o al menos la idea de que tenemos el control aun cuando no lo tengamos. La ilusión de control es un mecanismo tremendamente poderoso para inmunizarnos contra el daño, sobre todo si es impredecible. No solo nos resulta difícil pensar al azar, sino que no nos gustan los castigos impredecibles. Todos sabemos lo que es esperar que suceda algo malo. Solo queremos salir de eso lo más pronto posible. Ya que pasé mi infancia en Escocia, recuerdo lo que era estar afuera de la oficina del director del colegio esperando a que me diera con el cinto por haberme peleado con alguien en el recreo. Creo que era mi acento extranjero lo que me convertía en el centro de atención. Para esa edad, las historias sobre el Coco ya no daban resultado, y el castigo corporal era considerado como el más disuasivo. Se usaba una brutal correa de cuero diseñada específicamente para azotar las manos; una costumbre que ha sido prohibida. Pero lo insoportable no era el dolor sino la espera y la sensación de indefensión. Yo no tenía ningún control sobre la situación. Los estudios sobre los umbrales del dolor revelan que los humanos pueden tolerar choques eléctricos muy altos si creen que pueden detener el castigo en cualquier momento en comparación con aquellos que no creen tener esta opción.[24] Hacer algo, o creer que podemos hacer algo, hace más tolerable lo desagradable. La incapacidad de actuar es angustiante.

No solo las rutinas supersticiosas refuerzan la ilusión de control. Muchos las ven como una explicación del poder de la mente y el pensamiento ilusorio. El psicólogo de Harvard Dan Wegner ha mostrado que el mismo mecanismo causal puede conducir a la "causalidad mental": la creencia de un individuo en que sus pensamientos han hecho que sucedan cosas cuando estas están estrechamente ligadas en el tiempo. Imagine que le desea el mal a alguien y, en efecto, a esa persona le pasa algo malo poco tiempo después. Estas coincidencias deben de darse muy a menudo, pero es muy difícil no pensar que se es responsable de algún modo. Wegner y sus colegas descubrieron que los sujetos que pensaban mal de alguien que se comportaba como un idiota creían que habían ocasionado su posterior dolor de cabeza. De hecho, el "idiota" era cómplice de los realizadores del experimento y se trataba de un montaje. No obstante, los adultos vinculaban las dos circunstancias inmediatamente como si hubieran maldecido a la "víctima".[25] Esto es aun más evidente en los niños pequeños, quienes aún no están seguros de la diferencia entre los pensamientos y las acciones. Ellos creen que el deseo puede hacer que las cosas sucedan en realidad. Sin embargo, la investigación de Wegner indica que muchos adultos siguen albergando estas ideas erróneas aun cuando saben que no deberían pensar así. Por ejemplo, en juegos de azar, como las apuestas, la gente actúa como si tuviera el control, aunque no lo tenga; por eso, cree que tiene más probabilidades de ganar la lotería si escoge los números, etc. Esta conducta sería completamente absurda si no creyéramos, en el fondo, que tenemos alguna influencia en lo que sucede. Y esto se debe al diseño mental.

Más adelante, analizo cómo el diseño mental aparece en los estadios tempranos del desarrollo cuando los niños empiezan a comprender y predecir el mundo físico, el mundo viviente y el mundo mental. Veremos estudios que demuestran cómo los niños reflexionan acerca de las propiedades invisibles de los objetos, las cosas vivientes, su propia mente y la de los demás. Mostraré que los niños piensan en la gravedad, el ADN y la conciencia —invisibles todos a simple vista—, y que lo hacen mucho antes de que los profesores hayan tenido oportunidad de llenarles la cabeza de ideas. Mostraré que este tipo de razonamiento es muy poderoso para la compresión de los niños, pero también puede defraudarlos, pues este modo de razonar sobre las propiedades invisibles del mundo natural a veces conduce a explicaciones sobrenaturales. Al crecer, los niños pueden aprender que esas nociones sobrenaturales son erradas; pero ¿qué sucede si esas ideas infantiles nunca desaparecen?

La mayoría de los adultos creen que al aprender algo nuevo que contradice lo que creían anteriormente están superando las malinterpretaciones anteriores. Sin embargo, no es evidente que esto suceda del todo: las nociones infantiles pueden perdurar en la mente madura. Pensemos en un ejemplo del mundo de los objetos. Pensemos en dos balas de cañón exactamente del mismo tamaño. Una está hecha de madera ligera y la otra de hierro sólido, cien veces más pesado. Si las dejara caer desde la torre inclinada de Pisa al mismo tiempo, ¿qué sucedería?[26] Los niños creen que los objetos más pesados caen mucho más rápido que los más ligeros; y los más pesados sí caen antes que los más ligeros, pero solo por poco, y esto se debe a la resistencia del aire. Si dejáramos caer las balas de cañón en un vacío, caerían exactamente al mismo tiempo. Cuando era niño, yo no creía en esto hasta que un profesor de física demostró que una pluma y una moneda caen exactamente a la misma velocidad en el vacío. La mayoría de los estudiantes universitarios cometen este mismo error.[27] Lo sorprendente no es que los estudiantes adultos caigan en el error, sino que son estudiantes a los que se les han enseñado las leyes de Newton y deberían saberlo. Por alguna razón, el conocimiento científico que han aprendido tan concienzudamente pierde terreno ante su intuición natural acerca del peso y la caída de los objetos.

El ejemplo de las balas de cañón es importante porque revela que tal vez nunca abandonemos del todo nuestras malinterpretaciones infantiles al hacernos mayores y aprender nuevos datos acerca del mundo. Y algunos somos más vulnerables que otros a estas ideas erróneas. Piense en lo difícil que nos resulta abandonar creencias que tienen que ver con lo sobrenatural. Si albergamos nociones infantiles sobre los mecanismos ocultos de la realidad, entonces la diferencia entre los creyentes y los no-creyentes puede tener menos que ver con lo que nos han dicho y más con nuestra propensión a nuestras propias malinterpretaciones infantiles. Si es usted una persona con tendencia a creer que en el mundo actúan fuerzas sobrenaturales, interpretará toda clase de sucesos a la luz de esta forma de pensar. No habrá acontecimientos azarosos. La suerte y el destino explicarán por qué suceden las cosas. Usted inferirá la presencia de agentes sobrenaturales, y el bien y el mal se convertirán en fuerzas tangibles.

¿Y AHORA, QUÉ?

Los acontecimientos extraños sobresalen en nuestra vida. ¿Cómo darles sentido? Con demasiada frecuencia, recurrimos a explicaciones que apelan a alguna suerte de actividad sobrenatural aun cuando no podamos ver o estudiar directamente las pruebas de tal actividad. Solo nos queda la creencia. ¿Y de dónde vienen estas creencias? Una explicación se basa en la idea de que las creencias sobrenaturales se propagan por lo que nos dicen las otras personas. Esto puede ser cierto en lo que respecta al contenido de una creencia —el nombre de un espíritu o la naturaleza de los rituales que han de realizarse—, pero ¿y la base de la creencia? ¿Por qué tantos de nosotros estamos tan dispuestos a creer? Una razón podría estar en que el suponer que hay una dimensión sobrenatural en la realidad, ese "algo" del que habló William James, hace parte de nuestra forma natural de pensar.

La religión es la cara más conocida de este tipo de creencia sobrenatural: en la mayoría de las religiones, hay deidades y otros seres sobrenaturales que no están limitados por las leyes naturales. Incluso mucha gente que no cree en Dios está dispuesta a albergar la idea de que hay fenómenos, constantes, energías y fuerzas que actúan en el mundo y que no pueden explicarse por las leyes naturales. Puede que sea necesario albergar una creencia sobrenatural para creer en Dios, pero no hay que creer en Dios para albergar una creencia sobrenatural.

En el próximo capítulo, desarrollaré un poco más esta idea al mostrar cómo la mayoría de nosotros podemos albergar creencias sobrenaturales incluso si no somos totalmente conscientes de hacerlo.

Y para eso necesito un suéter viejo.

CAPÍTULO DOS

¿Podría ponerse el suéter de un asesino?

A LA HORA DE TOMAR DECISIONES, casi todos estamos convencidos de que evaluamos las pruebas objetivamente, sopesamos los pros y contras y actuamos según la razón. De lo contrario, tendríamos que reconocer que nuestras decisiones son irracionales, cosa que pocos individuos están dispuestos a admitir. Pero lo cierto es que la psicología humana está plagada de ejemplos de un razonamiento errado, y por eso los científicos están tan interesados en estudiar nuestros sesgos y los errores que cometemos, pues parecen ir contra la razón y sugerir que debe haber mecanismos subyacentes responsables de controlar nuestros procesos de pensamiento. Este es el diseño mental del que hablé en el capítulo anterior, y el aspecto del diseño mental que me interesa es el que nos conduce a inferir la presencia de pautas, fuerzas y energías que actúan en el mundo cuando puede que no haya ninguna. A esto me refiero al hablar de un supersentido. Incluso si negamos tener un supersentido, podemos ser susceptibles a su influencia porque los procesos que conducen al pensamiento sobrenatural no están necesariamente bajo un pensamiento consciente o deliberado. Y como veremos más adelante, algunos investigadores cuestionan incluso la existencia de un pensamiento consciente y deliberado.

En mis conferencias sobre el origen del pensamiento sobrenatural, me gusta ilustrar este punto hablando de nuestras reacciones ante los objetos de *memorabilia*, que son el mejor ejemplo porque la mayoría de los asistentes entienden enseguida a lo que me refiero al considerar el poder oculto de simples objetos inanimados. Para demostrar la impresión psicológica creada por estos objetos, saco una pluma estilográfica negra de la década de 1930 que alguna vez perteneciera a Albert Einstein. Bueno, lo cierto es que miento acerca de la procedencia de la pluma, pero con la idea basta. La reverencia y el sobrecogimiento producidos por la pluma son palpables. Todos quieren cogerla. Todos se sienten bien al tocarla. Luego pregunto a los asistentes si estarían dispuestos a ponerse el suéter que he traído. Dada la singularidad de la pregunta y el mal estado de la prenda de cachemir, los asistentes se muestran comprensiblemente desconfiados. Después de pensarlo un rato, por lo general, cerca de un tercio de los asistentes alza la mano. Entonces ofrezco un premio. Se alzan más manos. Y entonces les hablo de la calle Cromwell a medida que la amenazante imagen de Fred West empieza a aparecer en mi presentación de *PowerPoint*. En cuanto se enteran de que el suéter perteneció a Fred West, la mayoría de las manos bajan de inmediato, a lo que le sigue una oleada de risas nerviosas. La gente reconoce que ese cambio de parecer refleja algo extraño.

Siempre hay excepciones, por supuesto. Algunos mantienen la mano alzada con firmeza. Por lo general, se trata de hombres decididos a demostrar su control racional, o que sospechan, con razón, que he mentido acerca del dueño del suéter. Lo más sorprendente es que algunos de los asistentes que están sentados cerca de alguno de estos sujetos se apartan visiblemente del vecino que se muestra tan dispuesto a ponerse el suéter de un asesino. ¿Cómo es posible que alguien considere siquiera la posibilidad de tocar una prenda tan atroz? Es un truco, claro está; una treta planeada deliberadamente para crear una sensación de asco en un público desprevenido.

El año pasado, este truco me reportó cierta fama en Norwich, Inglaterra.[1] Entonces estaba presentando mi teoría sobre el origen del supersentido y por qué la ciencia y la racionalidad no harán que la gente abandone fácilmente estas creencias. La presentación se llevó a cabo en una importante feria británica de las ciencias, y puesto que todos los periódicos importantes habían enviado a un corresponsal científico, hice circular un artículo en el que explicaba resumidamente mis ideas para que hubiera un buen número de asistentes en la rueda de prensa. Allí planteaba que los humanos nacemos con cerebros que infieren fuerzas y estructuras ocultas en el mundo real, y que algunas de estas inferencias nos conducen, de manera natural, a creer en lo sobrenatural; razón por la cual no podemos atribuir toda la responsabilidad de la propagación de la creencias sobrenaturales a las religiones y las culturas, que simplemente capitalizan nuestro supersentido.

El ejemplo del suéter estaba pensado para ilustrar ante un público culto, inteligente y racional (si bien incluía periodistas, quienes están siempre a la caza de un anzuelo) que nuestras creencias pueden ser realmente sobrenaturales a veces, pero no tienen nada que ver con el adoctrinamiento religioso. Hasta los ateos tienden a mostrarse asqueados ante la idea de tocar el suéter de Fred West. Si es cierto que nuestras creencias pueden ser sobrenaturales pero sin guardar ninguna relación con la religión, entonces también debe ser cierto que los humanos no nos desarrollaremos necesariamente en una especie racional, pues una mente diseñada para producir explicaciones naturales también produce explicaciones sobrenaturales.

Las noticias sobre el truco del suéter y mis comentarios se extendieron como un virus por la prensa electrónica del mundo entero. Concedí una entrevista tras otra, y el asunto provocó comentarios en páginas de Internet tanto religiosas como seculares con una mezcla de ridiculización y elogio. A algunos colegas no les gustó mi teatralidad, pero lo cierto es que había puesto a pensar a la gente. Algunos estaban furiosos. Había puesto el dedo en una llaga. Era una treta sacrílega, pese a no haber ofendido a ninguna religión en particular. Pero ¿qué había demostrado que pudiera disgustar tanto al público? ¿Qué demostraba realmente el hecho de ponerse el suéter de un asesino? ¿Acaso era una demostración de irracionalidad? ¿Cómo prueba esto que los humanos no desarrollarán una mente racional?

Creo que el suéter del asesino ilustra la existencia del supersentido, que es común a todos. Dice algo acerca de los valores sagrados del grupo. También dice algo acerca de nosotros, tanto como individuos y como miembros de un grupo. La repulsión ante el suéter podría reflejar una común creencia sobrenatural en que las esencias invisibles pueden contaminar el mundo y conectarnos a todos mutuamente, casi como una especie de pegamento humano, esa sensación de que hay algo tangible que nos une. En la psicología social académica, "pegamento social" es el término usado para describir los mecanismos de la conexión social del grupo.[2] Cualquier conducta que haga que los miembros de un grupo se sientan más conectados puede actuar como pegamento social. Esto es evidente en los espectáculos deportivos, donde los aficionados, de todas las profesiones y condiciones sociales, se unen en uno solo. Cientos de desconocidos que no tendrían la menor interacción en circunstancias normales, de repente, se convierten en un colectivo muy unido y organizado. En 1896, el sociólogo francés Gustav Le Bon describió así este fenómeno: "Para las multitudes, los sentimientos, las ideas y las emociones poseen un poder contagioso tan intenso como el de los microbios".[3] En efecto, es como si algo físico infectara tales grupos. Para desgracia del fútbol inglés, con mucha frecuencia el poder de esta mentalidad de las multitudes puede abrumar a individuos que, aunque en circunstancias normales son respetuosos de la ley, se ven abocados al *hooliganismo* y las peleas con los equipos rivales. Hace más de cien años, Le Bon señaló que el pegamento social explica por qué los hinchas no sienten una responsabilidad individual por sus actos y afirman que simplemente se dejan llevar por la corriente.

Yo también veo el funcionamiento de este pegamento en el ámbito individual. Todos podemos sentir una conexión especial e íntima con otro individuo, y yo creo que este mecanismo puede actuar a nivel de una esencia interior percibida. Una esencia es una cualidad subyacente e invisible que define la verdadera naturaleza de algo. No existe realmente, pero pensamos y nos comportamos como si hubiese algo íntimo dentro de las personas que las hace ser quienes son. A lo largo del libro, analizo más a fondo esta idea, que explica mucho de nuestra conducta para con los demás y sus objetos. Para ello, estudio las investigaciones recientes sobre el pensamiento esencialista en los niños y muestro que este tipo de pensamiento puede llevarnos no solo a percibir una propiedad invisible que habita en los individuos, sino además a transferir esa propiedad a sus objetos. El hecho de creer que hay una conexión esencial, o pegamento, que puede unirnos o apartarnos de los otros puede ser natural, aunque se trataría de una conexión sobrenatural. Por eso, creo que el truco del suéter revela que algunas personas creen que la esencia de Fred West ha contaminado la prenda.

Este pegamento esencial podría suministrar un útil método heurístico para la interacción con los otros. La heurística es un sencillo método de razonamiento que respalda la toma de decisiones más complejas, y nos valemos de ella continuamente cuando juzgamos a las otras personas. ¿Alguna vez ha sentido un rechazo instantáneo hacia una persona? ¿Cuál fue el motivo? A menudo, desconocemos el porqué; se trataba simplemente de una sensación. Cuando conocemos a alguien por primera vez, tomamos una buena cantidad de decisiones de manera inconsciente. *¿Quién es esta persona? ¿Qué sé yo de ella? ¿Qué sensación me produce?* Bien podemos reflexionar acerca de una o todas estas preguntas, pero solemos responderlas sin ser conscientes de ello. Nos basamos en inferencias y heurísticas inconscientes. Los psicólogos sociales han demostrado que, con un mínimo de información, la gente puede hacer juicios acerca de los otros rápidamente y sin el menor esfuerzo. Y aun así, estas impresiones fugaces pueden tener un efecto profundo en nuestras decisiones. Por ejemplo, los estudiantes pueden predecir con precisión la puntuación de la evaluación de un profesor, basándose tan solo en dos segundos de un video mudo de una de sus clases. Pueden predecir incluso qué cirujanos serán demandados por negligencia, basándose en unos cuantos segundos de una conversación apagada. Hay algo en la calidad de los movimientos y los sonidos que revela una información sorprendentemente rica acerca de sus capacidades sociales.[4] Los humanos somos sumamente sensibles para juzgar a los demás, aunque solemos ser incapaces de decir qué es exactamente lo que percibimos.

RAZONAMIENTO INTUITIVO

Este pensamiento inconsciente forma parte de lo que yo llamo razonamiento intuitivo, lo que suena como un oxímoron para la mayoría de los oídos educados. ¿Cómo puede ser intuitivo el razonamiento? Con "intuitivo" me refiero a "no-aprendido". Como veremos más adelante, hay pruebas considerables de que los niños piensan de manera espontánea y natural acerca de las propiedades invisibles que gobiernan el mundo. Infieren fuerzas para explicar sucesos que no pueden ver directamente, entienden que las cosas vivientes tienen una energía vital y razonan en términos de esencias cuando piensan en la verdadera naturaleza de los animales. Y, por supuesto, empiezan a comprender que las otras personas tienen su propia mente. Se trata de procesos que no se les enseñan a los niños. Ellos razonan aunque no esté claro si pueden reflexionar acerca de por qué o cómo llegan a sus decisiones. Por eso, su razonamiento es intuitivo.

A la intuición suele llamársele también "sensación visceral". A veces, sentimos una especie de "vibra", como decían los *hippies* de la década de 1960, que hablaban de las buenas o las malas vibraciones para referirse a las sensaciones viscerales o instintivas. El neurocientífico Antonio Damasio le llama a esto el *indicador somático*, que indica cómo las emociones afectan el razonamiento de un modo veloz y con frecuencia inconsciente. El término "somático" viene del griego y significa corpóreo o corporal. En su extraordinaria investigación, Damasio y su esposa Hanna han demostrado que el razonamiento funciona al combinar la información de experiencias y encuentros anteriores para incorporarla a la toma de decisiones relacionada con la situación en cuestión. El aprendizaje anterior está almacenado en lo profundo de los centros emocionales del cerebro conocidos como el sistema límbico. También conocido como el "cerebro reptil" (debido a la historia evolutiva que compartimos con los reptiles), este sistema transmite señales a las zonas del lóbulo frontal encargadas de la toma de decisiones. Si una parte de este circuito se ve afectado por alguna herida, el razonamiento puede verse perjudicado. En un estudio, pacientes con daño en los lóbulos frontales participaron en un experimento con apuestas en el que tenían que escoger cartas entre una de cuatro barajas diferentes. Dos de las barajas pagaban poco, mientras que las otras dos pagaban altas cantidades. Sin embargo, y esto no lo sabían los jugadores, había más cartas de castigo en las barajas que pagaban más que en las que pagaban menos. Y en comparación con los jugadores normales, los pacientes con daño en el lóbulo frontal tenían menos capacidad para aprender a evitar las barajas de alto riesgo.

Normalmente, cuando nos enfrentamos al peligro, sudamos. Es una señal reveladora de la emoción. Para entender el papel que desempeñan las emociones en el aprendizaje implicado en el experimento de las apuestas, los Damasio midieron cuánto sudor producía cada jugador, mediante unos electrodos puestos en la piel. Esta medida, conocida como la respuesta galvánica de la piel, detecta cambios en la conductividad de la piel como medida de la excitación subyacente; el mismo principio de los detectores de mentiras. Y lo que descubrieron fue asombroso. Tanto los jugadores con daño en el lóbulo frontal como los normales mostraban la misma conductividad de la piel antes de destapar las cartas al principio del juego. Sin embargo, a medida que el juego avanzaba y los jugadores normales iban descubriendo que algunas barajas eran más riesgosas que otras, se emocionaban cada vez más justo antes de escoger una carta de esas barajas. Empezaban a percibir las pautas. En su sistema emocional había todo un alboroto de luces y campanas para advertirles que era una decisión equivocada. Esto sucedía incluso antes de que fueran conscientes de que tenían pocas posibilidades de ganar. La intuición estaba diciéndoles que tuvieran cuidado. Pero lo que es aun más sorprendente es que los pacientes con daño en el lóbulo frontal no mostraban ninguna emoción anticipatoria ni nada parecido. Los aprendizajes y experiencias pasados pueden ser imprecisos e inconscientes, pero proporcionan ese indicador que les permite a los individuos sentirse seguros de sus decisiones. En el estudio de los Damasio, los pacientes con daño en el lóbulo frontal, que carecían de este indicador, quedaban paralizados cuando tenían que tomar una decisión o no les importaban las posibles consecuencias de sus acciones. No podían "sentir" la respuesta.[5]

El truco del suéter de Fred West reveló, de manera espectacular, que la intuición rápida y automática de mis espectadores actuó antes de que tuvieran tiempo de pensar por qué no se lo pondrían. Los asesinos sádicos nos producen asco a casi todos, y sin siquiera pensarlo, no querríamos tener contacto físico con ellos ni con sus posesiones. Sin embargo, no todos sentimos lo mismo. Los psicópatas y sociópatas no sienten ninguna conexión con sus prójimos, lo que les permite hacer las cosas inhumanas que hacen. Ellos no muestran la misma excitación emocional que el resto de nosotros.[6] Sin embargo, no todos los que se muestran dispuestos a ponerse el suéter son psicóticos. Algunos tienen simplemente una relación menos sentimental con los objetos. Bien puede que rehúsen la invitación a ponerse el suéter, pero solo porque no quieren destacar dentro de la masa. Ya sea que sintamos la presencia de Fred West o que simplemente no queramos parecer diferentes, por lo general, rechazamos la invitación. Cualquiera que insista en ponerse el suéter puede alegar la naturaleza ilógica de la asociación, pero de todos modos perderá unos cuantos amigos. ¿Se relacionaría usted con alguien a quien no le molesta hacer algo que a la mayoría considera repugnante?

Creo que la razón principal de la irritación de los críticos que leyeron acerca del asunto fue que probablemente sintieron el mismo choque entre intuición y lógica experimentado por los asistentes. Primero, pensaron en cómo habrían reaccionado siguiendo el proceso intuitivo y luego, siguiendo el pensamiento racional, advirtieron la inconsistencia lógica de una respuesta tanto afirmativa como negativa. Pues lo cierto es que no existe una respuesta correcta a la pregunta, lo que hace aun más irritante el asunto. ¿Se pondría usted el suéter de un asesino por 1 dólar? ¿Y por 10 000? Hay un punto en el que la mayoría de la gente cambiaría de parecer, pero ¿qué es lo que está en la base que hace tan indeseable la idea de tocar artículos que pertenecieron a personas malas o de vivir en casas donde se cometieron asesinatos? ¿Por qué casi todos tenemos estas reservas?

La idea del truco del suéter de Fred West surgió a partir del trabajo de Paul Rozin en la Universidad de Pensilvania.[7] Los experimentos de Rozin componen unos de los ejemplos más interesantes y provocadores de la naturaleza peculiar del razonamiento humano. Buena parte de su trabajo se centra en la compleja conducta del asco, una reacción humana universal desencadenada por ciertas experiencias que provocan una fuerte respuesta corporal. Todos podemos reconocer esa sensación repugnante y nauseabunda que nos embarga cuando nos sentimos asqueados. Es una reacción poderosa e involuntaria que puede ser difícil de controlar.

El asco es interesante porque todos desarrollamos reacciones de náusea ante cosas específicas, como los excrementos humanos y los cadáveres putrefactos. No obstante, también hay ascos aprendidos: ciertas sustancias y conductas pueden ser consideradas asquerosas si otros dicen que lo son. La diversidad en las cuestiones de comida, higiene personal y costumbres sexuales entre las distintas culturas lo demuestra. Es bien sabido que la cocina asiática incluye insectos y reptiles que son considerados desagradables según los estándares occidentales. Menos conocida es la bebida *Kopi Luwak*, un singular café gourmet de Indonesia, hecho a base de granos pasados por el sistema digestivo de una civeta palmera, una criatura gatuna que vive en los árboles y habita en el sureste de Asia. El *Kopi Luwak* se vende principalmente a los japoneses en cerca de seiscientos dólares la libra, lo que lo convierte en el "cacafé" más costoso del mundo. O pensemos en las flemas. Hay pocas cosas más desagradables que la cremosa mucosidad de otra persona. En el periodo previo a los juegos olímpicos de Beijing en 2008, los oficiales municipales intentaron proscribir la costumbre china comúnmente aceptada de escupir flema en público, una costumbre repugnante para la mayoría de los occidentales. Irónicamente, la costumbre occidental de sonarse en un pañuelo para luego guardarlo, con dicho contenido, en el bolsillo, podría producirles arcadas a muchos japoneses, quienes consideran repugnante el hecho de llevar consigo ese tipo de fluidos. Supongo que los occidentales pensaríamos lo mismo acerca de otros excrementos corporales guardados en el bolsillo. O pensemos en el sexo con animales. Como muchos otros, yo pensaba que el bestialismo era un tabú universal hasta que descubrí que el coito con burros es aceptable en el pueblo de San Antero, al norte de Colombia, donde los adolescentes son supuestamente alentados a hacerlo. Incluso tienen un Festival del Burro, en el que unos burros especialmente atractivos desfilan con pelucas y disfraces.[8] (Sigo esperando que este último ejemplo sea una broma rebuscada).

En el norte de Inglaterra, hay un refrán que dice: "No hay nada más raro que la gente", y estos pocos ejemplos demuestran cómo la sociedad y la cultura pueden determinar qué consideramos desagradable y qué aceptable. Más adelante, veremos que todos experimentamos sentimientos de desagrado. Nuestras reacciones ante algunas cosas desagradables son automáticas y no-aprendidas, pero la gente que

nos rodea determina otras cuantas, como por ejemplo la violación de
tabúes. Así, el asco nauseabundo puede ser provocado para prevenir
conductas que amenazan los valores sagrados de nuestra sociedad.

¿POR QUÉ NO QUEREMOS PONERNOS EL SUÉTER?

El trabajo de Rozin sobre la contaminación muestra que los adultos no quieren establecer contacto físico con objetos desagradables,
incluso después de lavados. (Uno de los ejemplos que utiliza es un
suéter de Hitler; y no se necesita mucha ingenuidad para adaptarlo
para un público moderno con el suéter de Fred West, pues el principio sigue siendo el mismo). Rozin identificó al menos cuatro motivos
por los que nos negamos a tocar objetos malignos, y descubrió que
los adultos aprueban todas estas razones en grados distintos.

1. No queremos que nos vean haciendo algo que la mayoría evita-
    ría.
2. Cualquier objeto relacionado con un asesino es negativo y, por
    consiguiente, ponérselo produce asociaciones con el acto de
    matar.
3. Creemos que hay una contaminación física en la ropa.
4. Creemos que hay una contaminación espiritual en la ropa.

La conformidad social —la primera explicación— es razonable,
pero solo cuando pensamos en lo que los otros pensarían de nosotros. En otras palabras, ¿por qué la sociedad considera tan inaceptable
el acto de tocar ciertas prendas de vestir? ¿Por qué el contacto físico es
peor que el hecho de pronunciar el nombre o dibujar un cuadro del
culpable? La respuesta está entre las otras tres razones.

Muchos críticos de Internet alegaron que mi truco del suéter demostraba tan solo la mera asociación y que no había necesidad de
hablar de contaminación. Sin embargo, una explicación basada en

la asociación me suena falsa. ¿Cómo y por qué habría un suéter de representar la asociación negativa con un asesino? Si hubiera escogido un cuchillo o una soga, la explicación de la asociación habría sido aceptable, pero un suéter no es un objeto usualmente relacionado con los asesinos. Es algo que ofrece calor, abrigo y, lo que es más importante para mi demostración, intimidad. Esta combinación estaba pensada para desconcertar e impactar. La célebre foto de un Fred West malencarado, tomada en el momento de su arresto, produce una fuerte asociación, pero los objetos personales como la ropa provocan reacciones negativas aun más fuertes. Las imágenes son poderosas, pero los objetos lo son aun más. Y la ropa íntima más todavía. Por eso, nunca vemos ropa interior en venta en una tienda de segunda mano, por más que la hayan lavado y esterilizado. Esto es lo que ha mostrado Rozin en muchos experimentos similares, en los que presenta a sujetos adultos objetos que han sido contaminados. Pese a todos los esfuerzos por esterilizar los objetos, los adultos siguen sintiendo asco. Hay algo que permanece en las prendas. Muchas personas preferirían ponerse un suéter que ha caído en excrementos de perro y ha sido lavado posteriormente, que uno que también ha sido lavado pero usado por un asesino.

¿Y la explicación basada en el contacto físico? Sobra decir que nadie quiere acercarse realmente a un asesino en serie. Quizá temamos por nuestra vida, o tal vez veamos el mal como una contaminación física que puede transmitirse por el contacto. No tocar algo contaminado por el mal podría ser otro método heurístico para evitar que nos sucedan cosas malas. A lo mejor la Madre Naturaleza nos haya provisto de una rápida y sencilla regla general: "Si algo es malo, no lo toque. Podría contagiarse". Después de todo, no sabemos por qué alguien se convierte en un asesino psicópata. Podría ser que algo que comió o que tocó lo haya desequilibrado. En septiembre del 2000, Jacob Sexton, de veintitrés años, mató a una estudiante japonesa de intercambio en Vermont tras una orgía de LSD de dos meses.[9] Después de matarla a golpes con sus propias manos, se tendió delante del auto de la policía y confesó que había sentido deseos de asesinar porque "quería reunir almas". En su defensa, se alegó demencia temporal debida a una psicosis inducida por las drogas. Las sustancias físicas como las drogas pueden alterarnos la mente y llevarnos a hacer cosas absurdas. Sexton había ingerido la droga de manera voluntaria, pero Albert Hoffman, quien sintetizó LSD por primera vez a mediados del siglo XX, también experimentó viajes alucinantes al absorber el compuesto a través de la piel de los dedos. Su mente se alteraba con el simple hecho de tocar la droga. Con el contacto de la piel, pueden absorberse muchas toxinas, y una mínima cantidad de partículas nocivas puede presentar una amenaza invisible. En Estados Unidos, no solo hay que declarar los asesinatos y supuesta presencia de fantasmas al poner en venta una casa estigmatizada, sino que en muchos estados se exige que a las casas que hayan contenido laboratorios de metanfetaminas se les practique una limpieza certificada, debido a la amenaza residual de contaminación. Por tanto, cuando actuamos como si las casas o la ropa pudieran transmitir la psicosis, no estamos siendo del todo irracionales.

Sin embargo, el miedo a la contaminación no requiere algo físico. La sola idea de hacer algo inmoral puede hacernos sentir sucios físicamente. No tiene que tratarse de un asesinato. En un estudio reciente con adultos, al pedirles que pensaran en engañar a alguien, sentían la necesidad de lavarse las manos posteriormente.[10] Los investigadores descubrieron que las zonas del cerebro que se activaban cuando los sujetos sentían asco ante cosas físicas como la suciedad o los gérmenes eran las mismas que se activan al pensar en actos inmorales. Este "efecto Macbeth" revela que los ardides de la mente pueden ser tan poderosos como la cosa real. Por tanto, pensar que algo puede constituir una contaminación física parece una buena razón para no tocarlo. Es como si sospecháramos que del objeto pudiera saltar algo como un choque eléctrico. Y esta es la razón por la cual el truco del suéter de Fred West provoca principalmente la sensación de una contaminación espiritual, no física. No podemos lavar esa contaminación como si fuera mugre, pero en una especie de equilibrio entre el bien y el mal, podemos cancelarla o "exorcizarla" por el contacto con alguien bueno como la Madre Teresa. La Universidad del Vaticano, la *Athenaeum Pontificium Regina Apostolorum*, ha creado un curso de dos meses sobre cómo realizar un exorcismo. Según tengo entendido, estos ritos de exorcismo siguen estrechamente los pasos representados en la clásica película de terror *El exorcista*:[11] una combinación de oraciones, rituales y órdenes para que los demonios salgan de la víctima. El rito del exorcismo suele realizarse en casos de posesión individual, y a veces la casa del aquejado también debe limpiarse con agua bendita y bendiciones.

En resumen, creo que el público responde de tal modo a la demostración del suéter de Fred West porque casi todos lo trataríamos como si estuviera impregnado del mal. Así como veneramos lugares sagrados, santos y reliquias, también rechazamos lugares, personas y objetos que son tabú. Para ello, sin embargo, tenemos que atribuirles algo más que las meras propiedades físicas. Tienen que trascender lo natural y volverse sobrenaturales para provocarnos una reacción de desagrado.

CONVERSACIONES DE CORREDOR

Hace poco, terminé de leer *Rarología*, del psicólogo británico Richard Wiseman,[12] una agradable colección de curiosidades y hechos acerca de la conducta humana, desde la búsqueda del mejor chiste del mundo hasta estudios sobre la mejor frase inicial para las "citas rápidas". El libro está lleno de ejemplos recogidos en experimentos psicológicos sobre el curioso tipo de material que a la gente le encanta comentar en las llamadas "conversaciones de corredor".

Al final de libro, Wiseman presenta el resultado de una serie de cenas "experimentales" en las que se les pedía a los convidados que calificaran una lista de hechos descritos a lo largo del libro en una escala del 1 ("Me es indiferente") a 5 ("¿Cuándo sale en edición de bolsillo?"), e identifica los diez más interesantes. Aquí citamos los tres primeros. En tercer lugar estaba:

La mejor forma de detectar una mentira es escuchar, más que observar: los mentirosos dicen menos, dan menos detalles y usan la palabra "yo" menos que quienes dicen la verdad.

En segundo lugar:

La diferencia entre una sonrisa sincera y una falsa está en los ojos: en una sonrisa sincera, la piel que rodea los ojos se arruga; en una falsa, permanece inalterada.

¿Sabe cuál era el número uno?

La gente prefiere ponerse un suéter que ha caído en excrementos de perro y no ha sido lavado, que uno que ha sido lavado en seco pero pertenecía a un asesino múltiple.

Ahora ya sabe por qué la gente considera este como uno de los hechos más curiosos de la naturaleza humana.

¿Y AHORA, QUÉ?

Dicen que la sabiduría de la experiencia nos da una visión 20/20 (es decir, perfecta), y a la cruda luz del día es fácil calificar de irracionales nuestras reacciones ante suéteres y plumas estilográficas cuando tenemos todos los datos a la mano. Sea que toquemos madera, usemos unos zapatos especiales, creamos haber oído un fantasma o evitemos el contacto con objetos que puedan estar contaminados por el mal, muchos de nosotros podemos albergar el supersentido.

Algunos somos mejores que otros para controlar estos pensamientos e impulsos, pero deberíamos reconocer que son naturales. Yo pienso que quienes tienen un fuerte supersentido creen que el cuerpo humano es algo más que lo físico y que hay un alma o una esencia espiritual que puede salir del cuerpo. Se trata de *supersentidores* autodeclarados que hablan de fantasmas y espíritus y consultan médiums. Sin embargo, muchos de nosotros simplemente nos sentimos incómodos con la mera mención de lo sobrenatural. Quizá sea un impulso que por lo general llevamos dentro y que debemos reprimir.

En mi opinión, la creencia puede actuar con el mismo razonamiento intuitivo que nos ayuda a entender el mundo natural al permitirnos tomar decisiones rápidas que sentimos como correctas. El supersentido tiene que ver con esas ideas y conductas, y con la manera como conectan a los individuos mediante una creencia en la existencia de fuerzas o esencias invisibles. No todas tienen que ver con experiencias de otro mundo. Podemos usar el supersentido para relacionarnos mutuamente. La tendencia a volver físico lo espiritual explica nuestra necesidad de contacto con quienes queremos establecer una relación íntima, pero también explica nuestra capacidad de censurar a otros como impuros.

En los capítulos siguientes, presentaré hechos desagradables que le resultarán repulsivos y lo harán sentirse intranquilo. Estas reacciones negativas revelan que nos comportamos y pensamos como si pudiéramos conectarnos con los otros a un nivel físico, y esto, a su vez, produce sentimientos y emociones que tienen consecuencias en nuestra conducta. En algunas sociedades, obligamos a otros a sentarse en sillas diferentes en los autobuses o mantenemos una cierta distancia. La segregación y el *apartheid* han encarnado los vergonzosos intentos de algunas sociedades de incitar creencias sobrenaturales sobre los miembros sometidos. No obstante, este modo de pensar también nos permite sentirnos vinculados con nuestros familiares y antepasados, lo que nos da una sensación de origen y de norte. Y también explica por qué las reliquias y los lugares de nacimiento son objetos y sitios que nos dan una sensación profunda de continuidad con el pasado. Yo creo que hacemos todas estas cosas raras porque somos animales sociales unidos por nuestra sensación de conexión física. Nuestras ideas y conductas extienden nuestro ser individual hacia el grupo porque ser un animal social requiere buscar a y reunirse con los otros. Dar regalos, intercambiar objetos, tener posesiones y realizar peregrinaciones son ejemplos de nuestra necesidad de establecer contacto físico con los demás. Estas conexiones no son todas permanentes, pero creo que cuentan con la ayuda del pensamiento sobrenatural a medida que creamos nuevos vínculos y rompemos otros. Y es una conexión tan básica que no estoy seguro de que el razonamiento racional logre hacernos abandonarla algún día.

Esta manera de pensar provee un terreno fértil para la creencia en los fenómenos sobrenaturales. Si usted cree en lo sobrenatural de manera voluntaria, no es el único. En una encuesta Gallup realizada en junio del 2005, se les preguntó a más de mil adultos si "creían, no estaban seguros o no creían" en los diez fenómenos citados a continuación.[13] (El porcentaje de creyentes aparece entre paréntesis). ¿Cree usted que alguno de estos fenómenos es real?

Percepción extrasensorial (41%)

Casas encantadas (37%)

Fantasmas (32%)

Telepatía (31%)

Clarividencia (26%)

Astrología (25%)

Comunicación con los muertos (21%)

Brujas (21%)

Reencarnación (20%)

Posesión espiritual (9%)

En conjunto, la mayoría de adultos estadounidenses (73 por ciento) creía en al menos en uno de estos fenómenos, mientras que solo una cuarta parte (27 por ciento) no creía en ninguno. Estas cifras no han cambiado casi durante los últimos quince años, y son más o menos iguales a las obtenidas en las encuestas de 1990, 1991, 1996 y 2001. Mi predicción es la siguiente: las cifras seguirán siendo muy parecidas dentro de cinco años, y cinco años después. Incluso estaría dispuesto a apostar una buena cantidad de dinero, no porque sea adivino, sino porque la gente es sorprendentemente sistemática y predecible.

Para probarlo, permítame demostrarle mi poder psíquico para leerle la mente. Apuesto a que el lector también cree en al menos uno de los puntos de la lista. Adelante, sea sincero. ¿Que cómo lo sé? Primero, porque hay una buena probabilidad de que pertenezca al 73 por ciento de la población general que cree. Además, los escépticos no suelen tomarse la molestia de leer libros como este; a diferencia de los creyentes y de quienes no están muy seguros, que quieren saber si hay algo de verdad en alguna de estas ideas. Ellos saben que sus creencias suelen considerarse raras y quieren saber si hay prueba de cosas que parecen tan posibles.

Y entonces tiene dos motivos para seguir leyendo. Primero, el supersentido está en todos nosotros, y espero demostrárselo en las siguientes páginas. Segundo, la idea de que las creencias sobrenaturales son producto de nuestro diseño mental hace necesario repensar el origen de las creencias. Al examinar las pruebas provenientes en su mayoría de la psicología del desarrollo, podemos ver cómo tales creencias podrían surgir durante la infancia y cómo podrían seguir influyendo en nuestro pensamiento adulto incluso cuando la ciencia nos dice que hagamos caso omiso de ellas. Esto es importante porque el desarrollo de estas nociones está relacionado con la afirmación de que la cultura y las religiones son las principales responsables de la creación de las creencias sobrenaturales.

Pero no se preocupe. Este libro no pretende hacerlo sentirse insensato ni alentarlo a abandonar su supersentido. Muchas facetas de nuestras conductas y creencias no tienen una base racional. Piense en todo lo que nos hace humanos; pronto se dará cuenta de que hay muchas más cosas que ponen en duda nuestra capacidad de ser racionales. El amor, los celos, el humor, la obsesión, por ejemplo, están presentes en todos nosotros, y aunque sabemos que las acciones y creencias que provengan de ellos pueden ser desequilibradas, no querríamos perder nuestra capacidad de experimentarlos. Lo mismo puede decirse del supersentido. Así que asúmalo, descubra de dónde viene y entienda por qué se resiste a abandonarnos.

Ah, y si es usted un escéptico, gracias por llegar hasta aquí.

CAPÍTULO TRES

¿Quién creó el creacionismo?

La esencia de ser humano es una incómoda dualidad de tecnología "racional" y creencia "irracional". Todavía somos una especie en transición.

—David Lewis-Williams,
La mente en la caverna (2005), p. 19

¿QUIÉN NOS EXPLICA ESE "ALGO" del que habla William James? ¿Cuándo empezamos a pensar que hay una dimensión oculta pero verdadera en la realidad? ¿Es cuestión de religión? ¿O acaso la religión simplemente reconoce y satisface ese impulso de la psique humana que es tan fuerte que nos lleva a buscar a aquellos que explican por qué nos sentimos como nos sentimos para consolarnos con sus historias? ¿De dónde nos viene la extraña idea de que hay algo más en la existencia? Para responder esto, tenemos que empezar por el principio.

Dos veranos atrás, mi esposa Kim y yo organizamos un viaje familiar a la cueva de Niaux en los Pirineos franceses, una de las últimas cuevas neolíticas que siguen estando abiertas y donde pueden verse pinturas prehistóricas originales; la mayoría de las grutas están cerradas actualmente para protegerlas de la humedad destructora y otras propiedades corrosivas del aliento humano. Dado que las visitas están estrictamente limitadas, tuvimos que reservar con meses de anticipación. Probablemente, no sea algo que esté en su lista de cosas por hacer antes de morirse, pero si quiere hacerse una idea de la verdadera magnitud de la escala de su propia existencia frente a los orígenes de la humanidad, difícilmente puede haber una experiencia más emocionante que admirar el arte prehistórico en las entrañas de una montaña.

El sistema de grutas de Niaux se extiende a lo largo de un kilómetro aproximadamente desde la entrada, que está encaramada en la pared de un acantilado pirenaico. Por fuera, la temperatura era de unos húmedos veinte grados centígrados, pero en el interior bajó a unos doce. El camino era irregular, húmedo y resbaloso, pero la característica más perturbadora de la cueva era la oscuridad absoluta. El trayecto oscilaba entre pasajes claustrofóbicos y amplias extensiones creadas por cauces de antiguos ríos subterráneos, que fueron labrando el interior con el correr de millones de años. A todos los miembros de la expedición (yo me sentía como un Jules Verne viajando al centro de la Tierra) nos dieron una linterna de mano que funcionaba como un sable para surcar el denso velo de ébano. Mi hija de cinco años llevaba unos de esos zapatos con luces en los talones que se encendían con cada paso que daba. Y como pertenece a la estirpe de los intrépidos, se lanzó a la cabecera del grupo con nuestro guía francés, abriéndose paso por el túnel con una soltura insólita, mientras que los demás, inseguros de cada paso que dábamos, luchábamos por seguir los titilantes destellos rosados que desaparecían entre las entrañas de la Tierra.

Ahora entiendo por qué hay personas que ponen en peligro su vida para explorar cavernas subterráneas. Los antiguos cauces habían esculpido un paisaje extraterrestre de protuberancias bulbosas y tersas que se alzaban desde el suelo y goteaban desde el techo. Por fuera, la escarpada entrada había sido abierta con dinamita, pero el interior de la montaña parecía orgánico y vivo. Los depósitos de mica y otros minerales que centelleaban a la luz de la linterna me desataron recuerdos infantiles de las grutas de Disney y los siete enanitos explotando piedras preciosas en sus minas. A la mitad de nuestro descenso, nos encontramos con la intervención del hombre. Mezclado con los grafitis dejados allí por intrépidos jóvenes franceses durante los últimos trescientos cincuenta años, había un dibujo repetido ocasionalmente y compuesto de puntos y líneas paralelas que era mucho más antiguo, según nos dijeron. Nuestro guía nos alentó a especular, pero, al igual que los expertos que dataron la obra mediante la técnica del carbono, fuimos incapaces de descifrar las marcas hechas con ceniza de madera y puestas allí de manera deliberada con un propósito largamente olvidado.[1]

Después de más o menos una hora, llegamos a una sala tipo catedral, el *salon noir*, y con nuestros sables de luz pudimos reconocer las imágenes, increíblemente bien conservadas, de animales y dibujos dejados en las paredes de la caverna hace más de trece mil años. Ese era, claramente, el centro focal de la actividad, aun cuando no se haya encontrado ningún rastro de asentamiento humano. Ni huesos ni piedras ni restos de ningún almuerzo. Solo perduró el arte. Traté de imaginar la escena iluminada por el parpadeo de unas simples antorchas de grasa animal. Era un lugar mágico. Con cuánta frecuencia damos por sentado nuestra vida moderna con toda la tecnología que tenemos disponible, y con qué facilidad olvidamos cuán rápido y cuán lejos hemos llegado. Esta reveladora experiencia en las profundidades de la montaña fue un momento alucinante para este científico del siglo XXI.

En el libro *La mente en la caverna*, David Lewis-Williams, un estudioso de las pinturas y los artefactos prehistóricos, argumenta que el arte subterráneo no estaba destinado para el público general.[2] De lo contrario, habría más ejemplos en lugares menos remotos y más accesibles. Lewis-Williams sugiere que la actividad desarrollada en estas cuevas refleja, en cambio, antiguos intentos religiosos de conectarse simbólicamente con la tierra en sus grietas más profundas.

Estos lugares eran sagrados. El arte era creado deliberadamente en torno a las propiedades físicas de cada cueva; se dibujaban animales a partir de las figuras naturales de las piedras del mismo modo, como vemos caras en las nubes en un día de verano. Esta capacidad humana de ver estructuras y significados en el mundo natural no es solo un talento de la mente artística, sino una cualidad esencial del talento espiritual. Las imágenes cobraban vida gracias a la combinación de las sombras titilantes de las antorchas de sebo y el poder de la imaginación humana. Algunos espacios decorados tenían apenas el espacio necesario para un individuo solitario, y las pinturas geométricas allí encontradas podrían comprender la primera evidencia de los estados alterados de conciencia que se cree que alcanzaron los antiguos chamanes. Lewis-Williams conjetura que el chaman, arrebujado en esas angostas grietas, buscaba documentar el paso al mundo subterráneo con imágenes y símbolos. Puede ser pura especulación, pero lo que es incuestionable es que el arte prehistórico representa una mezcla de imágenes naturales y sobrenaturales. Se representaban animales como caballos y toros, al igual que especies extintas como los uros y mamuts, pero también criaturas mitad humanas-mitad animales.

El ejemplo más deslumbrante no es un dibujo sino una estatuilla de Alemania, el hombre-león de Hohlenstein-Stadel. Al principio, nadie sabía qué era, pues estaba roto en doscientas piezas y mezclado dentro de diez mil fragmentos de huesos que fueron recuperados en una cueva prehistórica al sur de Alemania justo antes del estallido de la Segunda Guerra Mundial. En 1997, fue reensamblado cuidadosamente. ¿Quién podría haber predicho lo impresionante que sería este descubrimiento? La figura tiene un cuerpo humano con cabeza de león, mide unos treinta centímetros y está tallada en marfil de mamut. No está claro si se trata de un león con propiedades humanas o al revés, pero demuestra que el hombre prehistórico no solo tenía imaginación sino también una idea de lo irreal. No solo se trata de uno de los ejemplos más bellos del arte humano, sino uno de los primeros, pues data de hace unos treinta y dos mil años. Trate de

FIG. 3: El "hombre-león", estatuilla tallada en marfil de mamut que data de hace unos treinta y dos mil años, descubierta en una cueva en Hohlenstein-Stadel, Alemania. Imagen de Thomas Stephan, © Ulmer Museum.

imaginarse esa fecha durante un momento. A la hora de pensar en lo mucho que han perdurado la cultura y el arte, tendemos a ser sumamente miopes en nuestra perspectiva.

Puede que no tengamos registros escritos de este periodo de la humanidad, pero las pruebas de las prácticas sobrenaturales pueden rastrearse en la actividad humana más lejana. Algunos de los primerísimos entierros de hace al menos cuarenta y cinco mil años muestran indicios de rituales. No sabemos con exactitud qué motivó a los humanos prehistóricos a pintar sus cuevas, a enterrar a sus muertos con objetos simbólicos o a hacer estatuillas femeninas (las "Venus") con bustos y estómagos enormes, pero esta conducta refleja algunas de las costumbres ceremoniales más antiguas en la historia de la civilización. Las ceremonias y los rituales han estado presentes desde el principio. La experiencia cotidiana debe haber producido preguntas en una mente suficientemente sofisticada como para organizar cacerías, elaborar joyas, pintar y comunicarse. *¿A dónde vamos cuando soñamos? ¿Qué sucede cuando morimos?* Ellos también debieron de haber pensado que hay algo más en la existencia cotidiana. ¿Por qué invertir tanto esfuerzo en celebrar una cultura en las profundidades recónditas de una cueva si no es por la creencia en que hay algo más en la realidad? Desde el principio, los humanos hemos tenido una mente preparada para lo sobrenatural.

LA MENTE MODERNA EN LA CAVERNA

En la sociedad moderna, ya no deberíamos tener la necesidad de chamanes para establecer la comunión con los espíritus subterráneos. Armados con la ciencia y la tecnología moderna, podemos predecir y controlar nuestra vida sin la ayuda de sacerdotes en trance. Incluso podemos hacer explotar una montaña entera con solo oprimir un botón. No tenemos que rezar o hacer sacrificios para controlar nuestro futuro. Podemos medir, examinar y documentar el mundo. Quizás el hombre prehistórico creyera en lo sobrenatural, pero entonces no contaba con la ventaja de la ciencia moderna para explicar lo que no podía entender. La humanidad ha salido de la oscuridad a una era luminosa, tecnológica y científica. A estas alturas, ya deberíamos haber dejado atrás la mente en la caverna.

Claramente, esto no ha sucedido. Durante los últimos cuatro-cientos años, hemos presenciado una pasmosa explosión de nuestra comprensión del universo, algo semejante a un *"big bang"* de la comprensión científica. En ningún otro periodo de la historia humana, la humanidad ha avanzado de un modo tan impresionante en lo referente a la explicación de tantas facetas del mundo natural. Dese un paseo por los pasillos de los departamentos de ciencias de cualquier universidad grande y descubrirá expertos en los detalles más minús-culos de la naturaleza. Nos hemos acercado a las galaxias más lejanas y hemos penetrado en el ámbito de lo subatómico por medio de la ciencia, que debería ser el cimiento de nuestro conocimiento y sabi-duría; sin embargo, las creencias en lo sobrenatural —que son anti-naturales y acientíficas— siguen siendo muy comunes.

Si la ciencia es tan exitosa, ¿por qué la mayoría de la gente hace caso omiso de lo que dice acerca de lo sobrenatural? ¿Por qué por lo general no se hace caso a los científicos que dicen que tales creencias son infundadas? Aquí quiero dirigir su atención hacia el hecho de que las creencias sobrenaturales suelen ser de dos tipos. Hay creen-cias sobrenaturales religiosas (Dios, los ángeles, los demonios, la reencarnación, el cielo, el infierno, etc.) y creencias sobrenaturales seculares (la telepatía, la clarividencia y la percepción extrasensorial, por ejemplo). Todas las religiones están basadas en creencias sobre-naturales, pero no todas las creencias sobrenaturales se basan en la religión. Es una distinción importante, pues en lo que respecta a las diferencias entre la religión, la ciencia y lo sobrenatural, hay *lobbies* y argumentos muy poderosos.

Como vimos en el capítulo anterior, una encuesta Gallup de 2005 reveló que tres de cada cuatro estadounidenses adultos albergan al menos una creencia sobrenatural secular. Pero incluso es un cálculo demasiado bajo, por la sencilla razón de que la creencia sobrenatural está en el corazón de todas las religiones conocidas. En Estados Uni-dos, cerca del 90 por ciento del público general es religioso, compa-rado con el 10 por ciento de ateos.[3] La diferencia entre la creencia sobrenatural religiosa y la secular se hace decisiva cuando pensamos en la manera como deberíamos tratar a cada tipo. Las creencias sobrenaturales religiosas son consideradas sacrosantas y más allá del campo del análisis científico. Son milagrosas. Trascienden lo mundano y lo profano. Esa es la gracia. Las religiones deben ofrecer miradas idealistas a la realidad, y no basadas en las leyes naturales. De lo contrario, no serían atractivas para las personas que están buscando algo más que lo natural y ordinario. La religión debe recurrir a lo *sobre*natural y lo *extra*ordinario. Los creyentes necesitan ese "factor X" espiritual de su religión. Las creencias sobrenaturales seculares, en cambio, son consideradas como verdaderos fenómenos que la ciencia no ha sido capaz de reconocer. Los fenómenos sobrenaturales seculares de todo tipo han sido estudiados experimentalmente y, como veremos más adelante, suelen ser rechazados por la ciencia convencional. Sin embargo, en ambos casos, los creyentes tienden a desestimar lo que dice la ciencia. ¿Por qué?

Como señalamos anteriormente, la razón principal por la que la gente cree en lo sobrenatural está en su propia experiencia personal. No hay explicación científica capaz de sacudir los cimientos de estas creencias. La ciencia no parecer hacer ninguna mella en nuestro supersentido. Una razón de ello está en la creciente brecha entre los científicos y la gente común y corriente en lo que respecta a la comprensión. Todos estamos dispuestos a aceptar las tecnologías que surgen de la ciencia, como el Internet, los teléfonos celulares, los medicamentos, etc., pero solemos permanecer ignorantes en cuanto al funcionamiento de la misma. Segundo, la ciencia tiene una imagen deficiente en cuestión de relaciones públicas. Desde el momento en que se juzgó a los científicos por juguetear con la madre naturaleza, se les ha responsabilizado por toda clase de problemas de la humanidad. Los actuales titulares de prensa sobre los "*frankenfoods*", en referencia a los cultivos genéticamente modificados, reflejan la misma idea de la abominación magistral que provocó Frankenstein, el monstruo de Mary Shelly. Aun cuando el Departamento de Agricultura de Estados

Unidos acaba de aprobar la leche y la carne provenientes de animales clonados, el 50 por ciento de los consumidores estadounidenses considera peligrosos estos productos.[4]

Mientras el planeta parece pasar de una catástrofe apocalíptica autoinducida a la siguiente, de la amenaza del holocausto nuclear al calentamiento global, muchos ven como responsable al progreso incesante de la ciencia, y no a la tecnología que hemos usado de manera tan codiciosa. Culpamos a los científicos y no a nuestra propia naturaleza humana. En su usual prosa preciosa, el psicólogo Nick Humphrey resume nuestro temor a la ciencia:

> La ciencia, con sus motosierras y sus buldóceres de la razón, ha talado las selvas húmedas de la espiritualidad. Ha sembrado la destrucción ecológica en el país de las hadas. Ha extinguido los duendes, los elfos y los gnomos. Ha ocasionado un cambio global en el clima de la imaginación. Ha convertido nuestro Edén en una bola de polvo y ha producido una sequía interior. Y todo ello no para traer más paz y felicidad, sino para satisfacer nuestra hambre de *Big Macs* tecnológicos.[5]

Los nostálgicos vuelven la vista atrás con lentes teñidos de rosa y recuerdos de una era que parece más sana y menos amenazante que el incierto futuro actual. Recurrimos a las culturas antiguas en busca del conocimiento precientífico, la vida sencilla y el enriquecimiento espiritual. Queremos retornar a la naturaleza. Y olvidamos o ignoramos cómodamente la cruel observación de Thomas Hobbes de que la vida en aquellas épocas era "pobre, desagradable, salvaje y corta".[6]

Muchos consideramos la ciencia moderna como un mal necesario. Estamos dispuestos a cosechar las ventajas de la tecnología que produce, pero desconfiamos profundamente de su modo de funcionamiento, que puede ser opaco y distante, y hablar un idioma que no tiene sentido para el resto de la sociedad. Cualquier científico que haya sido el centro de atenciones por poco tiempo tiene que aprender a explicar su trabajo de un modo comprensible para el resto de la sociedad. Incluso los científicos de una disciplina pueden ser completamente incomprensibles para los de otra. Una vez participé en un popular programa de radio de la BBC con dos astrofísicos.[7] Yo hablaba de los orígenes de las creencias sobrenaturales mientras que ellos discutían sobre la estructura del universo. Y debo confesar que sentí un profundo grado de inferioridad intelectual, pues mientras luchaba por entender su desacuerdo acerca las once o doce dimensiones del universo, mi contribución parecía trivialmente simplista. Expresiones como "la materia oscura", "la teoría de las cuerdas" y los "multiversos" me producían pálidos y ocasionales destellos de comprensión, pero como carecía de la habilidad y la experiencia necesarias en matemáticas, bien podrían haber estado hablando en venusiano. Supongo que esto es lo que siente la mayoría del público ante los científicos en general. Al resumir su teoría, el astrofísico Neil Turok dijo que "creía" que se probaría que su teoría era correcta. Por fin, un terreno común que me permitía entrar en la discusión. Los científicos también tienen creencias. No siempre tienen todos los datos. También tienen que dar saltos de lógica para proponer un mejor modelo para explicar el mundo. La diferencia entre las creencias sobrenaturales y las creencias científicas es que estas últimas producen hipótesis probables. Un buen científico propone una idea, y si no resiste el examen riguroso, debe abandonar la hipótesis y seguir adelante. Así es como progresa la ciencia, siempre hacia adelante. Los creyentes sobrenaturales, en cambio, no cuestionan sus creencias ni ignoran la ausencia de pruebas. No avanzan. En pocas palabras, la diferencia principal entre las creencias científicas y las sobrenaturales es que los científicos y los creyentes abordan el problema desde posturas completamente opuestas en lo referente a la evidencia. Los científicos rechazan las creencias hasta que son probadas más allá de la duda razonable. Los sobrenaturalistas, por su parte, aceptan las creencias hasta que son refutadas más allá de la duda razonable. Como es lógico, no podemos afirmar categóricamente que algo no existe y que nunca existirá en el futuro. No podemos probar que lo sobrenatural no existe. Por esta razón, la mayoría de los científicos convencionales tachan de acientíficas a las creencias sobrenaturales.

La otra lección importante que aprendí ese día en la emisora es que la ciencia suele ser especializada; en cambio, casi todos tenemos alguna opinión acerca de lo sobrenatural. Después de la transmisión, fuimos a tomarnos una copa con el equipo de producción, y no hablamos de astrofísica, sino de lo sobrenatural. Quizá mis colegas científicos decidieron salvarme gentilmente de la vergüenza de no poder discutir acerca de la estructura del universo, pero parecían sinceramente interesados en el apetito general por lo sobrenatural. Mientras conversábamos, se me ocurrió que la mayoría estamos dispuestos a dejar en manos de los científicos lo relacionado con los campos del conocimiento que están más allá de nuestras capacidades. Mis matemáticas son realmente mediocres, y en lo que a las dimensiones del universo se refiere, estoy dispuesto a aceptar que los astrofísicos saben de qué están hablando. Y debe ser igual con las demás disciplinas especializadas. En todo caso, cuando se trata de lo sobrenatural, todos creemos algo y tenemos algo qué decir. Ya sea que seamos religiosos o que creamos en los sucesos sobrenaturales, la ciencia no tiene el monopolio de las explicaciones. Además, si el público puede ver que los científicos discrepan dentro de sus propias áreas de conocimiento, entonces es lógico que no puedan saberlo todo acerca de lo sobrenatural.

¿Y la creencia en general? La creencia desempeña un papel en la ciencia, la religión y lo sobrenatural. Si los científicos, los sacerdotes y los médiums tienen creencias, ¿quién tiene la razón? Todos ellos se ocupan de lo invisible, pero se basan en distintas fuentes de evidencia. La ciencia tiene el método científico de la experimentación y la observación. Lo sobrenatural se basa en la experiencia personal y la intuición. La religión se basa en la cultura, el testimonio y las experiencias individuales. La ciencia, la religión y lo sobrenatural suelen tratarse por separado, pero es necesario considerar cómo coexisten y cómo se yuxtaponen a veces en una misma mente. Yo conozco científicos religiosos que creen en lo sobrenatural. Para explicarlo, aluden a un diagrama de Venn que muestra tres círculos de creencias: algunos individuos se ven a sí mismos firmemente afincados en un círculo, pero el resto estamos esparcidos por los tres círculos. En tanto que sistemas de creencias, la ciencia, la religión y lo sobrenatural no están claramente separados, sino que más bien se entremezclan y desdibujan en los bordes, y cada uno de nosotros selecciona cuidadosamente lo que más le sirve. Es importante tener esto presente cuando intentamos comprender las batallas por el territorio y las tensiones producidas en los últimos años en lo referente a la creencia.

LA RELIGIÓN COMO VIRUS

En *El espejismo de Dios*, Richard Dawkins denuncia todos lo sobrenatural, pero centra su ataque estratégicamente en las principales religiones organizadas.

Censuro el sobrenaturalismo en todas sus formas, y el modo más eficaz de proceder será concentrarse en la forma que es probable sea más familiar a mis lectores, la forma que afecta de manera más amenazadora a todas nuestras sociedades. [...] El mío es un ataque a Dios, a todos los dioses, cualquier cosa y todo aquello sobrenatural, donde y cuando quiera que haya sido inventado.[8]

Todas las religiones tienen un componente sobrenatural, pero no todo sobrenaturalismo es religioso. Yo podría ser ateo y aun así creer que tengo aptitudes que van más allá de la naturaleza, pero sin la necesidad de creer en Dios. Esto es importante porque mientras todas las religiones vienen de la cultura, no es este el caso de todas las creencias sobrenaturales. Esta distinción puede ayudarnos a entender mejor de dónde vienen las creencias sobrenaturales, por qué son tan fáciles de transmitir y tan difíciles de abandonar.

Es probable que las creencias sobrenaturales surjan de manera espontánea en los niños, como subproducto de su diseño mental, durante el desarrollo. Estas creencias no tienen que venir necesariamente de la cultura, lo que también podría explicar el éxito de las creencias religiosas. Justin Barrett, un psicólogo religioso, arguye que el diseño mental explica la creencia en Dios, y yo creo que una explicación natural de este estilo podría extenderse a todas las formas de sobrenaturalismo.[9] La religión no tiene el monopolio de lo milagroso. Y si hay un origen natural de todo el pensamiento sobrenatural, entonces esto representa un problema considerable para cualquier intento de acabar con el sobrenaturalismo, sea o no religioso.

Examinemos la idea de que la creencia se propaga únicamente por la cultura. Ya hemos visto que tendemos a dar por sentado que los expertos saben de qué están hablando, por tanto, no es de extrañar que los niños ingenuos tiendan a creer lo que se les dice. Tal vez nuestra inclinación humana a creer sea algo inevitable. Podría tratarse de una estrategia adaptativa que aumentaría el potencial de aprendizaje de los niños al ahorrarles la necesidad de descubrirlo todo por sí mismos. Por eso, la transmisión de ideas ha tenido tanto éxito en la civilización humana. Podemos aprender una inmensa cantidad de cosas acerca del mundo sin siquiera tener que experimentarlas ni descubrirlas por nosotros mismos. Podemos aprender acerca de personas que nunca hemos conocido, lugares en los que nunca hemos estado y cosas que nunca hemos hecho y probablemente nunca haremos. De hecho, nos encanta aprender acerca de las cosas que no podemos experimentar por nosotros mismos. Sin embargo, como señala Dawkins, los adultos podrían usar este mismo mecanismo para propagar mentiras y tonterías entre la ingenua infancia.

¿Son crédulos los niños? Como bien saben todos los padres, la respuesta es afirmativa, pero aquí hay varias cosas interesantes. La creencia en seres mágicos culturales como Papá Noel, el Ratón Pérez y el Conejo de Pascua muestra que los niños están abiertos a la posibilidad de creer en lo imposible, pero, al mismo tiempo, los niños se dan cuenta de que no todo es posible. Incluso los bebés pueden notar la diferencia entre lo posible y lo imposible. Por ejemplo, reconocen un truco de magia al verlo. Si escondemos un juguete detrás de una de dos pantallas y luego sacamos el juguete de detrás de la segunda pantalla, como si se hubiera movido invisiblemente de la una a la otra, los bebés de seis meses se quedarán mirando.[10] Los psicólogos utilizan estos trucos para investigar qué saben los niños acerca del mundo. Si parecen sorprendidos o se quedan mirando, podemos decir que advirtieron que pasaba algo. En alguna parte de su cerebro, saben que algo no está bien del todo. ¿Cómo, si no, saben qué es imposible?

Hay cierto conocimiento que parece ser intrínseco por cuestiones evolutivas, mientras que el resto debe ser aprendido. Por ejemplo, desde el principio, los bebés parecen conocer la diferencia entre los humanos y los objetos y que hay que tratarlos de forma muy diferente.[11] Los bebés interactúan con la gente de un modo totalmente distinto a como interactúan con los objetos. Hacia su primer año de vida, ya entienden bastante bien cómo funcionan los objetos sólidos, si bien siguen mostrándose inseguros en lo que respecta a los objetos no sólidos como los líquidos, la arena y la gelatina.[12] Pueden predecir cómo deberían actuar los objetos; por ejemplo, saben que los objetos sólidos no pueden flotar en el aire y se quedan asombrados si se les muestra una ilusión mágica para crear este efecto.[13] ¿Acaso estarán razonando de un modo lógico? ¿Estarán pensando en términos de por qué un objeto no puede flotar en el aire? En lo referente a este tipo de razonamiento, los estudios han demostrado que los niños pequeños reflexionan a partir de la experiencia más que de la lógica.[14] Los niños hacen juicios basados en sus experiencias pasadas. Si han visto suceder algo, entonces saben que es posible. Si no lo han visto suceder, lo consideran imposible. Por ejemplo, si se les dice algo improbable —que hay gente a la que le gusta beber jugo de cebolla o que pueden encontrar un cocodrilo vivo debajo de su cama—, los niños en edad preescolar lo consideran tan imposible como volver a convertir en manzana la salsa de manzana o atravesar una pared de ladrillo. Solo después de unos cuantos años de colegio los niños pueden empezar a entender que el hecho de que unas cosas sean improbables no quiere decir que sean imposibles. Los niños filtran la información en su mente y buscan experiencias pasadas como punto de referencia. Esto explica también por qué niegan la posibilidad de que las leyes sociales puedan romperse, por ejemplo, ir al colegio sin zapatos o cambiar los colores de los semáforos. Puesto que nunca han visto ninguna de estas circunstancias, las consideran imposibles. Asimismo, los niños en edad preescolar rara vez explican por qué algo es imposible. No pueden darnos un argumento lógico, más bien parecen razonar mediante ejemplos. De modo que si les decimos que en el mundo suceden cosas que simplemente no pueden ver con sus propios ojos, se sentirán vulnerables. Si confían en nosotros, nos creerán hasta que tengan oportunidad de comprobar la veracidad de lo que les hemos dicho.

Una analogía que suele usarse para ilustrar la propagación de las creencias es compararlas con parásitos o virus mentales que infectan la mente. Dan Dennett abre su libro *Romper el hechizo* comparando las creencias sobrenaturales con el minúsculo parásito trematodo que coloniza el cerebro de las hormigas y las hace escalar briznas de hierba una y otra vez.[15] Al hacerlo, la hormiga es susceptible de ser comida por una vaca o una oveja y completar así la última etapa del ciclo reproductivo del parásito. Dennett compara las ideas religiosas con un parásito que nos hace propagar creencias sobrenaturales al infectar la mente infantil. Es una comparación fuerte, y muy emotiva, pero a Dennett se le escapa una parte importante de la analogía: tanto los virus como los parásitos solo pueden infectar huéspedes que puedan recibirlos. Por eso, los virus y los parásitos no pueden infectar a todas las especies. Los virus pueden mutar y pasar a otras especies solo después de haberse transformado para adaptarse al entorno del huésped, no al revés. Esta minidesviación al mundo de la virología pone de relieve un aspecto importante de las explicaciones de la creencia basadas en el adoctrinamiento. Tal vez las ideas se propaguen no solo porque los niños están programados para creer cualquier idea, sino también porque creen en las ideas que mejor se adaptan a una mente receptiva.

Los psicólogos saben desde hace tiempo que tenemos que procesar las ideas activamente para que estas puedan alojarse en nuestra mente. Y al procesarlas, las comparamos con lo que ya sabemos para así darles sentido, lo que puede conducir a distorsiones interesantes. He aquí un ejemplo famoso.[16] Piense en la siguiente descripción de una mujer:

> Linda, de 31 años, soltera, extrovertida, muy inteligente y estudió filosofía. Durante su carrera, se ocupó a fondo de cuestiones relacionadas con la discriminación y la justicia social, y además participó en manifestaciones antinucleares.

Ahora, tómese un momento para pensar en quién podría ser Linda. Imagine una amplia población que incluya a Linda. ¿Cuál de estas dos afirmaciones es más probable: "Linda trabaja en un banco" o "Linda trabaja en un banco y es feminista"? Cerca de ocho de cada diez personas consideran más probable la segunda, que sería la respuesta incorrecta. Veámoslo como un diagrama de Venn de grupos que se traslapan.

Si el número de mujeres en el mundo que trabajan en bancos es el grupo A y el número de feministas en el mundo es el grupo B, podemos ver que es imposible tener más mujeres que trabajan en bancos y que además son feministas (A + B) que mujeres que trabajan en bancos. Esto se debe a que el número de mujeres que trabajan en bancos y además son feministas siempre será un subconjunto de todas las mujeres que trabajan en bancos. Con todo, la descripción de Linda parece más típica de una feminista que trabaja en un banco y

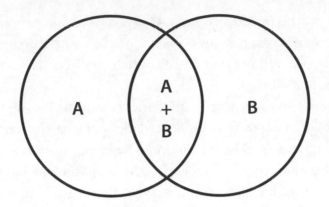

FIG. 4: Si el número de mujeres que trabajan en bancos es A y el número de feministas es B, entonces no puede haber más mujeres que trabajan en bancos y son feministas (A + B) que mujeres que trabajan en bancos. Imagen del autor.

por eso decimos que es más probable. Este ejemplo demuestra cómo nuestra mente aplica el principio de que cuanto más se ajuste una idea a nuestras expectativas, más propensos somos a creerla cierta. El estereotipo de las feministas es más fuerte que el de las mujeres que trabajan en bancos, quienes, reconozcámoslo, pueden parecer una masa indescriptible. Dado que la descripción de Linda encaja con el estereotipo de las feministas, suponemos que es más probable que sea una feminista que trabaja en un banco, aunque en el mundo siempre habrá menos mujeres de este tipo en comparación con todas las mujeres que trabajan en bancos.

¿Por qué unas ideas son más probables? Banqueras y feministas son conceptos modernos y complicados que hemos aprendido a través de la cultura. Nuestra familiaridad con ellos depende de la frecuencia con que nos los hayamos encontrado. No tienen ningún estatus intrínseco y especial. Sin embargo, hay otros aspectos del pensamiento que pueden estar más arraigados en la mente humana, y además de que podemos rastrearlos en nuestro pasado evolutivo, siguen ejerciendo su legado actualmente. Pensemos en un ejemplo que parece más relacionado con la creencia y el pensamiento irracional. ¿Les tiene usted mucho miedo a las arañas? ¿Verlas o el solo pensar en ellas lo hace estremecerse o sentirse mareado? ¿Se siente enfrentado a un gran peligro cuando ve una de estas criaturas? Si es así, es probable que tenga una fobia.

Las fobias son creencias y miedos irracionales y completamente desproporcionados frente a la verdadera amenaza potencial. Por ejemplo, aunque en el Reino Unido no hay arañas venenosas, es una de las fobias más comunes en el país. Al igual que muchas mujeres, Kim, mi esposa, me hace sacar las arañas de la casa. Y yo no debería quejarme, pues tenemos una amiga que también vive en el campo y tiene que contratar a un exterminador para que recorra varios kilómetros y haga este trabajo cuando su esposo no está en casa. En el 2005, la Sociedad Zoológica de Londres hizo una encuesta con mil adultos y descubrió que ocho de cada diez decían tener *aracnofobia*, el miedo irracional a las arañas.[17]

Pero las fobias no solo tienen que ver con bichos escalofriantes. Casi todos conocemos a alguien que sufre alguna de las fobias más comunes, como el miedo a las alturas, los espacios abiertos, las serpientes o los lugares pequeños y oscuros. Las personas que padecen estas fobias no pueden evitarlo, y no hay explicación racional que pueda ayudarle a quien tiene una verdadera fobia. A veces, llegan a tal punto, que los aquejados no pueden evitar realizar acciones perjudiciales. Lavarse las manos de un modo compulsivo, por ejemplo, es un síntoma común de un miedo anormal a la contaminación. El individuo siente la necesidad imperiosa de lavarse aun cuando sabe que lavarse en exceso puede ser perjudicial. En ocasiones, estos sujetos se restriegan las manos hasta sangrar. El magnate del cine y la aviación Howard Hughes se hizo famoso por su obsesión con la suciedad, la contaminación y el contacto con los otros. Él sí que no podía ponerse el suéter de otro, asesino o lo que fuese.

¿De dónde vienen estas ideas y conductas? Pensemos en una explicación basada en el aprendizaje. Así como podemos adoptar rituales supersticiosos en momentos de difíciles, una teoría sugiere que las fobias son causadas por una mala experiencia en la infancia. En uno de los experimentos psicológicos más famosos, John Watson y Rosalie Raynor le mostraron una pequeña rata de laboratorio al "Pequeño Albert", un bebé de nueve meses.[18] Al principio, el bebé no manifestó ningún miedo; entonces, Watson se escondió detrás de él para sobresaltarlo, produciendo un estruendo al golpear una barra metálica con un martillo. Esto, por supuesto, asustó al Pequeño Albert, quien se puso a llorar. Cada vez que Watson y Raynor le mostraban la rata, golpeaban la barra con el martillo para asustar al pobre niño. Muy pronto, el solo ver la rata era suficiente para que el Pequeño Albert se convirtiera en un manojo de nervios. Había aprendido a temerle a la rata. En poco tiempo, el Pequeño Albert le tenía miedo a una cantidad de objetos similares que le presentaron Watson y Raynor. Y no es de extrañar, pues cada vez que aparecían, estos dos adultos parecían empeñados en amargarle la vida. Conejos, perros, un abrigo de piel de foca e incluso una máscara de Papá Noel se convirtieron rápidamente en fuentes de terror para el pobre niño, que solo podía alejarse gateando y encontrar así un poco de alivio y consuelo. Se había vuelto fóbico a objetos que antes no lo inquietaban. Estos descubrimientos respaldaban la teoría de que las fobias adultas se deben a una mala experiencia durante la infancia.

Por una experiencia personal, sé que hay algo de cierto en esta teoría. Cuando era niño, solía ir a pescar, y debo reconocer que no me gustaban mucho los gusanos que usábamos como carnada. Recuerdo que me sentía un poco mareado cuando tenía que alzar sus escurridizos cuerpecitos para clavarlos en el anzuelo. No era agradable, pero podía hacerlo. Años después, tendría un encuentro terrible con otros gusanos. Como a muchos niños de diez años, me encantaba meterme en las viejas casas abandonadas en busca de cualquier cosa. Recuerdo que me paseaba sigilosamente entre las habitaciones oscuras de una casa que estaba completamente en ruinas, como si hubiera sufrido un terremoto, por lo que tenía que abrirme camino entre los escombros. Al entrar en un oscuro cuarto trasero, oí un ligero gorgoteo; parecía casi un zumbido, pero no podía ver de dónde venía. Entonces, di un paso sobre lo que creí que era un pequeño cojín afelpado. En realidad, era el cuerpo hinchado de un gato muerto que cedió bajo el peso de mi pie y estalló como un globo lleno de arroz con leche. Antes de que pudiera darme cuenta de lo que había pasado, el olor a descomposición golpeó mis narices como un puñetazo físico que me produjo arcadas. El hedor de la carne podrida es reconocido universalmente como uno de los olores más desagradables del planeta; una reacción programada en los humanos, pero no en las aves carroñeras ni las moscas. Al acercar el pie a un rayo de luz que entraba por una ventana rota, contemplé horrorizado mi zapatilla de lona envuelta en una masa de gusanos. Salí gritando hacia la luz del día, y finalmente llegué a casa, descalzo. Desde entonces, les tengo fobia a los gusanos. Experimento una náusea inexplicable cada vez que los veo, y siento un odio particular por los realizadores de cine que parecen regodearse al insertar tomas de gusanos serpenteantes en las películas y los documentales sin advertirle al espectador. En cuanto a las moscas, las criaturas en las que aspiran convertirse los gusanos, me encanta matarlas. Al diablo con el karma y el budismo. Si he de reencarnar en una mosca, preferiría que me aplastaran. Y nunca se les ocurra ofrecerme arroz con leche de postre.

Nadie sabe qué sucedió con el Pequeño Albert. No se sabe con certeza quiénes eran sus padres y cómo habrán permitido tal experimento. El estudio de Watson se realizó en 1920; hoy en día, cualquier científico que repitiese un experimento semejante sería despedido por conducta inmoral. Y resulta que a Watson sí lo despidieron, pero no por traumatizar al Pequeño Albert. Entre las sesiones para aterrorizar al bebé, Watson tuvo un romance con su colaboradora, Rosalie. Como era un hombre casado, la relación con la estudiante de posgrado fue considerada demasiado escandalosa y, por tanto, Watson dejó la academia y amasó una fortuna trabajando en publicidad.

El problema de cualquier explicación de las fobias basada en el aprendizaje es que pocos pacientes han tenido experiencias traumáticas como la del Pequeño Albert y la mía. Por ejemplo, esto no explica por qué hay gente con fobias a las serpientes en Irlanda o en Nueva Zelanda, donde no hay serpientes. Además, si el aprendizaje temprano fuese la única explicación, tendríamos más casos de fobia a los autos, los enchufes, etc., pues somos mucho más propensos a tener una experiencia potencialmente peligrosa con la tecnología actual que con serpientes y arañas. Es como si algo de nuestro pasado evolutivo nos hubiera preparado para aprender estos miedos. El psicólogo Martin Seligman fue el primero en proponer la teoría de la preparación para las fobias.[19] Seligman sostiene que los humanos están genéticamente equipados para temer a cierto tipo de cosas sin la necesidad de demasiado aprendizaje. Por la selección natural, nuestra especie aprendió a ser especialmente sensible a las amenazas potenciales. Quizá nuestros antepasados prehistóricos que tenían un temor especial a las serpientes y las arañas heredaron a sus hijos ese aspecto de su personalidad a través de sus genes. Esto explicaría por qué la mayoría de las fobias caben en unas pocas categorías que podrían haber sido fuentes o indicios de peligros potenciales, como el entorno (espacios abiertos, alturas, lugares oscuros), los animales (serpientes, arañas) y los animales que dan asco (ratas, ratones y gusanos). Hay pocas fobias a los aparatos modernos porque sencillamente no hemos tenido tiempo suficiente para desarrollar una prevención ante la amenaza del enchufe.

De modo que algunos miedos parecen arraigarse más fácilmente que otros. ¿Podría suceder lo mismo con otras ideas? Las creencias religiosas pueden ser inculcadas mediante el aprendizaje asociativo del mismo modo que las fobias, pero al igual que los miedos irracionales, también pueden depender de nuestras inclinaciones naturales. Esto se debe a que encajan con nuestros modos naturales de pensar acerca del mundo, es decir, el diseño mental que hemos heredado a través de nuestros genes. Esto explicaría, en parte, por qué las creencias sobrenaturales son aceptadas tan fácilmente; parecen encajar con lo que creemos que es posible.

Los antropólogos Pascal Boyer y Scott Atran, quienes estudian las semejanzas entre las creencias religiosas del mundo entero, han propuesto la idea de que estamos preparados para lo sobrenatural.[20] A primera vista, las creencias religiosas individuales parecen sumamente variadas, pero todas comparten propiedades que predicen si podrán imponerse en tanto que ideas. Para empezar, todas las religiones tienen un componente sobrenatural, creencias que violan las leyes naturales del mundo. Cuando Boyer y Atran examinaron las creencias sobrenaturales individuales heredadas de un sujeto a otro por medio de las historias que nos contamos, descubrieron que estas creencias tienen una estructura semejante. Primero, se transmitían mejor cuando los aspectos sobrenaturales se presentaban dentro de un contexto mundano normal. Gracias a que Jesús convirtió en vino el agua en un banquete de bodas, el milagro atrajo la atención y es tan bien recordado. Su capacidad para alimentar a una muchedumbre no resulta especialmente sorprendente hasta que descubrimos que había cinco mil personas y solo unos cuantos peces y panes. Si estos actos sobrenaturales hubieran sucedido en un contexto mucho más fantástico, no habrían tenido tanto impacto. A esto se le conoce como el efecto de contraste: los sucesos son más impactantes cuando se apartan repentinamente de nuestra expectativa. Por eso, las películas de terror nos sumergen en una falsa sensación de tranquilidad antes de que nos embista el monstruo. El efecto de contraste de las narraciones ha sido demostrado por medio de experimentos que indican que lo insólito es más memorable dentro del contexto de una trama narrativa normal.[21] Las historias completamente imaginativas no producen un efecto de contraste tan fuerte y, por tanto, producen menos impacto. Además, los sucesos que violan tan solo un principio fundamental, en vez de cometer múltiples violaciones, son los más memorables. En otras palabras, la historia no puede ser demasiado extravagante ni fantástica. Es más probable que una estatua que habla sea considerada como un ejemplo "real" de lo sobrenatural que una estatua que habla, sangra y revolotea en el aire para luego desaparecer. El hecho de que el contexto y la credibilidad sean importantes para la transmisión de las ideas sugiere que la gente filtra las historias según su verosimilitud. Y si este es el caso, nuestra comprensión intuitiva del mundo será un factor importante de lo que creamos.

CREACIONISMO INTUITIVO

El reciente ataque ateo a la religión ha sido acogido por muchas de las personas que están preocupadas con el aparente aumento e influencia del fundamentalismo religioso en el mundo. Hay una cantidad de razones que explican esta actitud antirreligiosa. En parte, es una reacción al aumento percibido de la amenaza terrorista del fundamentalismo islámico alrededor del mundo desencadenada por el 11-S. También es una respuesta al correspondiente fortalecimiento del fundamentalismo cristiano y su influencia creciente en las decisiones políticas que afectan el progreso de la ciencia y el modo como se enseña en nuestras escuelas. El aspecto más encarnizado de la batalla entre ciencia y religión es el origen de la vida en la Tierra, y el lugar donde la lucha es más enconada es en Estados Unidos.

El problema está en que la mayoría de los adultos estadounidenses cree que un ser supremo, concretamente Dios, guió el origen y la diversidad de la vida en la Tierra. Creen que Dios creó la Tierra y todas sus formas de vida en un principio y que no ha habido un cambio significativo desde ese día. Esta perspectiva creacionista contrasta con la teoría científica de la evolución, que plantea que la vida en la Tierra cambia continuamente para producir nuevas formas de vida y que este proceso prosigue sin un propósito, guía o diseño. De acuerdo con la evolución, la diversidad de la vida en el planeta que vemos hoy en día se debe a cambios graduales acumulados con el tiempo. Y la razón por la que esto es un problema es porque pone de relieve una paradoja de Estados Unidos contemporáneo, uno de los países más avanzados científica y tecnológicamente. De allí han surgido más ganadores de premios Nobel que de cualquier otro país. Tienen el programa espacial más exitoso y ambiciones de colonizar planetas vecinos. También cuentan con uno de los conocimientos médicos más avanzados del mundo. Sin embargo, menos de la mitad de la población estadounidense acepta una teoría científica integral que explique el origen y la diversidad de la vida en la Tierra. En lo que respecta a la aceptación de la teoría darwiniana de la selección natural por parte del público general, Estados Unidos es el penúltimo en la lista de los treinta y cuatro países más industrializados. ¿Por qué es tan dominante el creacionismo y tan débil la selección natural en Estados Unidos?

Hay dos razones principales. En primer lugar, el fundamentalismo cristiano tiene mucha fuerza política. En algunos estados, se han introducido proyectos de ley para permitir la enseñanza del creacionismo como una alternativa válida a la evolución en el currículo científico. Desde el famoso Juicio Scopes, en 1925, en el que un profesor de biología fue acusado por enseñar la teoría de Darwin, se han hecho esfuerzos concertados por poner freno a la influencia de la enseñanza de la evolución al presentar el creacionismo como una alternativa válida. Pese a que dos tercios de los estándares científicos estatales recomiendan la enseñanza de la evolución, menos del cuarenta por ciento incluye a los humanos como parte del currículo. Pero el fuerte fundamentalismo cristiano es solo una parte de la explicación. La otra razón por la que el creacionismo es tan exitoso es porque hay algo en la teoría de la selección natural en sí que hace que a la gente le cueste aceptarla. Cuando vemos la diversidad de la vida actual, no es fácil creer que tal complejidad haya surgido de manera espontánea. Recuerde: nuestra mente está diseñada para ver orden y estructura en el mundo, y todo lo que tiene que ver con la vida parece especialmente diseñado, como con un propósito. La teoría de Darwin explica por qué esto es una ilusión. Es hermosamente sencillo, pero demasiado ajeno a nuestro modo de pensar. Para la mayoría de nosotros, la teoría darwiniana del origen de las especies por medio de la selección natural es, pues bien, antinatural.

Pensemos en lo que nos dice. Primero, tenemos que aceptar que el mundo cambia continuamente. La vida en la Tierra tiene que adaptarse a esos cambios para sobrevivir. La adaptación se da porque cada generación de vida hereda leves variaciones aleatorias de la estructura genética de la generación anterior, y estas variaciones producen leves diferencias entre los individuos. Esto significa que algunos individuos y no otros están mejor equipados para enfrentar las presiones del entorno donde hay competencia para reproducirse. La selección se da porque estos individuos son más propensos a sobrevivir y heredar a sus descendientes los genes que les dieron ventaja. Con el tiempo —mucho tiempo—, este proceso gradual de selección natural se acumula para producir un cambio significativo y diversidad.

Esta es, en muy pocas palabras, la teoría darwiniana de la evolución. Es una teoría sencilla, elegante y poderosa que explica muchísimo acerca de la diversidad de nuestro planeta. Pero como se quejó alguna vez el mismo Richard Dawkins, es casi como si el cerebro humano estuviera diseñado para malinterpretar la evolución,[22] y yo estoy de acuerdo. La evolución es terriblemente *contraintuitiva*. Por ejemplo, no es difícil ver pautas en la diversidad de la vida en cualquier momento. No obstante, los mismos procesos que nos llevan a juntar a los animales en un grupo también nos llevan a tratarlos por separado. En tanto que individuos con una vida relativamente corta, los humanos no tenemos la experiencia de enormes espacios de tiempo y, por tanto, no podemos ver la evolución en acción. En tanto que seres no-iniciados, carecemos del lujo del registro histórico para ver cómo ha cambiado la vida. Y en tanto que seres no-científicos, lo único que tenemos son nuestras intuiciones acerca de la vida. Y la evolución va en contra de esas intuiciones. ¿Cómo es posible que todas las cosas vivas, desde la complejidad de los humanos hasta la simplicidad de las bacterias, provengan de la misma fuente? ¿Cómo es posible que la complejidad del diseño surja sin un diseñador? Precisamente porque no encaja dentro de nuestro diseño mental, la evolución nos resulta tan difícil de comprender.

Por otra parte, cuando las personas dicen no ser creacionistas, ¿son plenamente conscientes de cómo funciona la selección natural o solo pretenden rechazar la explicación religiosa? ¿Acaso el resto del mundo comprende la selección natural mejor que los estadounidenses? No estoy tan seguro. Es posible que en Europa estemos preparados para proporcionar la respuesta de la "evolución" a la pregunta por el origen de la diversidad de la vida en la Tierra, pero como sucede con muchos otros fenómenos, también solemos decir que entendemos las explicaciones cuando no es así. Esta incapacidad de ser precisos a la hora de calcular cuánto sabemos es conocida como "la ilusión de profundidad explicativa". [23] Todos tendemos a creer que entendemos más, y esto especialmente cierto en lo que respecta a la teoría darwiniana de la selección natural. Por ejemplo, la mayoría de la gente cree que la evolución funciona por "la supervivencia del más apto", expresión acuñada no por Darwin, sino por su contemporáneo Herbert Spencer.[24] Este concepto ha sido malinterpretado para decir que la naturaleza selecciona a aquellos con mayor fuerza física; un error generalizado que estaba en la base de la eugenesia nazi para acabar con individuos que según ellos debilitarían el fondo genético. Pero se trata de un flagrante error de interpretación de la teoría original, en la cual el más "apto" se refiere a la capacidad del individuo a adaptarse al entorno. Dado que los entornos cambian continuamente, no siempre los individuos más altos o los más fuertes son los que mejor se adaptan, un aspecto que Dawkins explica con elegancia en su primer libro, *El gen egoísta*. Si todos nos convirtiéramos en atletas musculares de más de dos metros de altura, no tendríamos mucho éxito en un entorno con un suministro de comida limitado. He aquí un hecho reconfortante para quienes estamos más bien al final de la cadena alimenticia. Con el tiempo, quienes están en la cima acabarán extinguiéndose a sí mismos.

Es probable que el aspecto más difícil de la teoría, y el que choca de frente con el sentido común, sea la ascendencia común a todas las formas de vida. Desde el Juicio Scopes, la mayoría de la gente suele conocer el escándalo desatado por la afirmación darwiniana de que los humanos estamos emparentados con los monos. Pero esto no es nada en comparación con la verdad acerca de nosotros mismos revelada por la genética moderna. Todas las cosas vivas —humanos, animales, insectos, árboles, plantas, flores, frutas, amebas e incluso el moho— están relacionadas genéticamente. Lo sabemos porque la ciencia ha podido desentrañar los componentes básicos de la vida y mostrar que todas las cosas vivas comparten diversos grados de similitud en sus estructuras de ADN, la materia de la vida. Y la teoría de Darwin es la única que explica este hecho de manera coherente. Todas las cosas vivas deben haber evolucionado de un antepasado común en la tierna infancia de la vida en la Tierra. Pero así como con el argumento sobre si el universo tiene once o doce dimensiones, la ciencia de la genética no tiene sentido intuitivo. Desde una edad temprana, los niños tratan toda clase de cosas vivas como fundamentalmente diferentes. Como veremos más adelante, ellos entienden que las personas son distintas a las mascotas. Los perros son distintos a los gatos. Los animales son distintos a las plantas. A los niños no se les enseñan estas distinciones. Es un modo natural de dividir el mundo viviente en todas sus diversas formas. Además, los niños creen que todas las formas de vida han existido siempre tal como son hoy.[25] Tienen una inclinación natural a la perspectiva creacionista.

Como muchos adultos, los niños no pueden imaginar a un animal, mucho menos un ser humano, como producto de un cambio continuo. Es algo que no han experimentado y, por tanto, lo consideran imposible. Por supuesto que podemos aprender estos hechos mediante la educación científica, pero no tienen sentido intuitivo. Por eso, nos fascina tanto la metamorfosis natural, tal como podemos verla en las mariposas y los renacuajos. Nos parece mágico porque un individuo puede experimentar un cambio radical a lo largo de su vida. En realidad, la metamorfosis no es tan poco común en el reino animal. Muchas especies pueden cambiar incluso de sexo, y los peces están en la cabecera de la lista de los transexuales.[26] Esto puede ser aceptable en el caso de los animales, pero un humano que decide operarse para cambiar de sexo resulta aborrecible para la mayoría, porque los individuos transexuales violan nuestra idea natural de los humanos como masculino o femenino, una propiedad determinada desde el nacimiento. En realidad, muchos de nuestros límites biológicos intuitivos, como el sexo, son más aparentes que reales. Hay muchísimas más semejanzas y orígenes comunes de lo que creemos. Si no me cree, pregúntese lo siguiente: ¿Por qué los hombres tienen tetillas?[27]

Como humanos, no nos vemos como un producto del cambio continuo. Casi todos creemos que somos descendientes directos de un linaje de antepasados que también eran humanos. Por eso, sentimos una conexión con los artistas prehistóricos de las cuevas de Niaux. Sin embargo, trece mil años no es más que un abrir y cerrar de ojos en términos de la evolución. Si nos remontamos lo suficiente, descubrimos que la vida era, literalmente, mucho más simple. Podemos saber esto en el plano intelectual, pero nos cuesta aceptar que todos los organismos vivientes hayan evolucionado a partir del mismo origen. Simplemente, no logramos entender cómo podemos estar relacionados con el moho afelpado y verde que envuelve el queso que tenemos en la nevera. Y muy rara vez consideramos todas las implicaciones de la evolución porque no podemos imaginar lo que significa realmente. Nuestro parecido físico con los chimpancés puede que nos ayude a entender que compartimos cerca del 98 por ciento de nuestra composición genética, pero es mucho más difícil aceptar que también compartimos un 50 por ciento de dicha composición con un banano.[28] Puedo creer que algunos de mis prójimos tienen la inteligencia de un banano, pero aceptar plenamente que todas las formas de vida están relacionadas por los mismos componentes genéticos básicos es algo que está más allá de la creencia. Por más sencillo o complicado que pueda ser un organismo, todas las formas de vida comparten cerca de mil genes. Mientras escribo esto, contemplo los bananos que reposan en el frutero que tengo en frente y que de repente me resultan menos apetitosos.

¿Por qué malinterpretamos la selección natural? ¿Y por qué el creacionismo funciona tan bien en un entorno cristiano fundamentalista? La respuesta está en que nuestra mente tiene una inclinación natural a la perspectiva creacionista. Después de todo, el creacionismo fue creado por la mente humana, mientras que la evolución por selección natural es un hecho que fue descubierto. Sin el libro del Génesis, habría habido otra historia de la creación. Los incas, los egipcios y los aztecas tenían exóticos mitos de creación, y probablemente pueda decirse lo mismo de todas las civilizaciones extintas.[29] Todas las culturas tienen una historia de la creación porque los humanos tenemos una inclinación natural a comprender el mundo en términos de estructuras, propósitos y causalidades. Y todo lo que tiene que ver con la evolución va en contra del modo como nuestro diseño mental da sentido a la vida en una Tierra compuesta por distintos animales y plantas. No tenemos una inclinación natural a una teoría que no solo carece de propósito y dirección, sino que además da cuenta de la inmensa diversidad de todas las formas de vida. Y, para completar, se espera que creamos que todos estamos relacionados con los bananos.

Desde una edad temprana, nuestras intuiciones proveen un terreno fértil para el creacionismo, sea que nos topemos con él por nuestra cuenta o que seamos conducidos a él mediante las doctrinas religiosas. Estas intuiciones incluyen:

1. En el mundo no hay pautas ni sucesos aleatorios.
2. Las cosas son causadas a propósito.
3. La complejidad no puede darse espontáneamente, pero debe ser el producto del plan de alguien de diseñar las cosas con un propósito.
4. Todas las cosas vivas son esencialmente distintas debido a una propiedad invisible que está en su interior.

La psicóloga del desarrollo Margaret Evans ha estudiado las creencias creacionistas en niños criados tanto en hogares fundamentalistas como en hogares no fundamentalistas en la región central de Estados Unidos.[30] Para ello, Evans planteó a los niños una serie de preguntas abiertas acerca de los orígenes de distintos animales, para luego codificar sus respuestas en términos creacionistas ("Lo hizo Dios"), espontáneos ("Simplemente salió así de la tierra") o evolucionistas ("Vino de otro tipo de animal más antiguo"). Los más pequeños del grupo, de cinco a siete años, dieron una mezcla de explicaciones creacionistas y espontáneas, dependiendo de su comunidad. Como era de esperarse, no dieron explicaciones evolucionistas. Tampoco era de extrañar que los niños criados en hogares cristianos fundamentalistas tendieran a responder que Dios era el responsable, mientras que los criados en hogares no fundamentalistas dieran una mezcla equilibrada de respuestas creacionistas y espontáneas.

Sin embargo, algo muy extraño sucede alrededor de los ocho y los diez años. Independientemente del hogar o del entorno, todos los niños de esta edad dieron explicaciones creacionistas en su mayoría. Algo sucede en esta edad que hace que el creacionismo sea una explicación muy llamativa para la mayoría de los niños. Solo en la etapa de los diez a los doce años los niños empezaban a mostrar una conciencia sobre la evolución, y como es lógico, esta conciencia era predominante en los medios no fundamentalistas, donde las familias habían llevado a los niños a los museos de historia natural.

Podemos saber que la selección natural es la explicación correcta de la diversidad de la vida en la Tierra, pero así como el ingenuo razonamiento latente en los estudiantes universitarios ante la pregunta por la velocidad de caída de las balas de cañón, las creencias intuitivas pueden seguir rondando por la mente culta.

CIENTÍFICOS RELIGIOSOS

Si Dios es un espejismo y el creacionismo incorrecto, ¿que puede hacerse para cambiar esta situación? Se ha sugerido que una buena base en la educación científica puede combatir la propagación del virus religioso. Solo el 7 por ciento de los miembros de la prestigiosa Academia Nacional de las Ciencias de Estados Unidos son religiosos. Algo parecido sucede en el Reino Unido. Nuestros mejores científicos son elegidos como miembros de la Royal Society, una augusta institución que data de los tiempos de Newton, tres siglos atrás. Cerca del 3 por ciento de sus miembros que respondieron una encuesta reciente dijeron que eran religiosos, aunque sospecho que es un cálculo demasiado bajo, puesto que tres cuartos de los miembros no respondieron en absoluto. Quizá los científicos religiosos sean conscientes de que sus convicciones los ponen en una contradicción directa con su ciencia y que no quieran verse expuestos. A primera vista, estas minorías minúsculas de 3 a 7 por ciento parecen respaldar la idea de que los científicos no son religiosos.[31]

El problema es que estas cifras están basadas en un grupo muy selecto de individuos, los personajes más destacados de la comunidad científica. El estudio más completo, realizado en 1969 por la Comisión Carnegie, encuestó a más de sesenta mil profesores estadounidenses y reveló que cerca del 40 por ciento asistía a misa con regularidad.[32] Por supuesto que la sociedad cambia con el tiempo, y alguien que va a misa no es necesariamente creyente. Una vez cené con Dan Dennett, quien me sorprendió al decirme que le gustaba ir a misa. Dennett, famoso por su ateísmo, estaba en el Reino Unido promoviendo su último libro, en el que sostiene que la religión es un producto natural del diseño mental. Cuando oí que va a misa con regularidad, me quedé boquiabierto. Estaba aterrado. ¡Paren la prensa! La imagen de Dennett yendo a misa no me cuadraba en absoluto, hasta que me explicó que le gustaban los coros y los cantos. No todos los ateos son unos militantes quemaiglesias, y Dennett sigue siendo un no-creyente comprometido, lo que nos recordó recientemente en su recuperación tras una cirugía de corazón. Con su gracia característica, Dennett agradecía a quienes habían rezado por él, pero se preguntaba si también habían sacrificado un cordero por si acaso.[33]

Según el estudio más reciente, una encuesta del año 2007 realizada con 1646 académicos de 21 universidades estadounidenses de primera, solo cuatro de cada diez de los físicos, químicos y biólogos entrevistados dijeron no creer en Dios.[34] En otras palabras, la mayoría de los científicos tenían cierto grado de indecisión o creencia, lo que me resulta sorprendente, pues estos académicos eran de las ciencias "duras" que exigen argumentos basados en pruebas objetivas y fidedignas. ¿Qué significa esto? Fundamentalmente, que una buena educación científica no nos impide creer en Dios. ¿Realmente podemos esperar que la gente en general alcance los estándares intelectuales de los miembros de la Academia Nacional y la Royal Society para dejar de ser religiosos? La educación científica es esencial, y todos los niños pueden beneficiarse del entrenamiento científico, pero no debemos cometer el error de pensar que la ciencia inocula al niño contra la religión.

Más bien parece que la cultura, no la educación, es el factor principal en la propagación de la religión. Actualmente, Europa es más secular que los Estados Unidos, pero esto no quiere decir que los europeos alberguen menos ideas sobrenaturales que los estadounidenses. Los ateos también pueden tener creencias sobrenaturales. Una encuesta popular del año 2002 entre mil adultos británicos comunes y corrientes reveló que el 36 por ciento creía que los videntes tienen poderes verdaderos.[35] Como señaló el escritor G. K. Chesterton, cuando dejamos de creer en Dios, no creemos en nada sino en cualquier cosa. Incluso ateos destacados pueden albergar la posibilidad de lo sobrenatural. El neurocientífico Sam Harris, crítico voraz de la religión,[36] apela al argumento racional para respaldar su ataque a la fe y, aun así, al final de su libro *El fin de la fe* promociona aspectos sobrenaturales del misticismo oriental y la posibilidad del tipo de telepatía mental que trato y critico más adelante. Solo porque alguien rechaza la religión convencional no quiere decir niegue todos los sobrenaturalismos. Algunos críticos denunciaron rápidamente el aparente doble rasero de Harris, pero creo que esas críticas son injustas.[37] Y lo son porque casi todos, incluyendo a los neurocientíficos ateos, tenemos una inclinación natural a las creencias sobrenaturales.

SÚPERS VERSUS *BRIGHTS*

Dennett sostiene que no todos estamos condenados a lo sobrenatural, puesto que el mundo puede dividirse entre los que albergan creencias sobrenaturales (*súpers*) y los que rechazan las explicaciones sobrenaturales (*brights*).[38] Yo alegaría que la naturaleza humana rara vez cabe claramente en casillas separadas, y tal es el caso de la religión y las creencias sobrenaturales. El mundo no se divide claramente entre *brights* y *súpers* sobre la base de la fe. En el mundo, hay toda una gama de creencias. Algunas de esas creencias (en el cielo, el infierno, los demonios, los ángeles, Dios y el diablo) pueden reconocerse inmediatamente como la materia del evangelio religioso. Otras creencias, como las de la encuesta Gallup, citada en el capítulo anterior (telepatía, clarividencia, precognición), son nociones sobrenaturales que contradicen nuestra comprensión científica, pero no son religiosas. Las personas que se dicen ateas también pueden albergar extrañas creencias sobrenaturales. La mayoría de los ateos que he conocido no suelen estar en contra de lo sobrenatural sino de la religión. Este es un aspecto de vital importancia que solemos pasar por alto. Cuando hablé en Norwich sobre el equipamiento del cerebro humano para desarrollar el supersentido, algunos creyeron que me refería únicamente a la religión. Los críticos señalaron que si estamos equipados para albergar creencias sobrenaturales, ¿cómo podemos explicar que haya tantos ateos en países como Suecia y Finlandia, donde ocho de cada diez de sus habitantes dicen no ser religiosos? Puede que allá arriba haga mucho frío, pero no todos los suecos y los finlandeses podrían haber desarrollado cerebros diferentes. O pensemos en una comparación entre Irlanda y el Reino Unido. Solo uno de cada veinte irlandeses es ateo, pero atravesamos el charco al Reino Unido y el número es ocho veces mayor. ¿Cómo podría la biología explicar que el ateísmo sea algo frecuente en un país pero no en su vecino?[39]

La respuesta está en que el cerebro está preparado para muchas cosas que dependen del entorno. Solo porque el pensamiento y el comportamiento humano varíen entre las personas criadas en distintos medios no quiere decir que la biología no tenga nada que ver. Por ejemplo, todos los bebés humanos están equipados para desarrollar el lenguaje, pero el idioma que terminan hablando depende del lugar donde se críen.[40] Los bebés de cualquier lugar del mundo terminarán hablando el idioma al que se vean expuestos, y sin esfuerzo, pues su cerebro está diseñado para ello.

Pensemos en un ejemplo relacionado con la vista. ¿Por qué se ven iguales todos los chinos? Antes de lanzarse a escribirme para quejarse por mi racismo, permítame añadir que es evidente que no se ven todos iguales, es más, ellos también nos ven iguales a nosotros.[41] En la zona ubicada justo detrás de nuestras orejas, se encuentra la región cerebral conocida como la circunvolución fusiforme, que se especializa en el procesamiento de los rostros. Desde el puro principio, los recién nacidos parecen estar preparados para buscar los rostros.[42] Mediante la experiencia, se hacen expertos para reconocer el rostro de su propia madre y otros miembros de su grupo, pero son menos expertos para reconocer a los miembros de otros grupos.[43] Esta investigación sobre el desarrollo del lenguaje y el reconocimiento de rostros nos dice que hay una tendencia biológica para que los bebés se sintonicen cada vez más con su entorno. Tomando prestada una analogía de la informática, el cerebro infantil está formateado para recibir ciertas informaciones, y las caras y el lenguaje son solo dos de ellas.

TARARÍ Y TARARÁ

¿Será posible que el supersentido también sea resultado de una tendencia biológica? Tal vez la cultura propague las creencias al alimentar con ideas nuestra tendencia, pero esto no quiere decir que sea inevitable que tengamos que creer a medida que crecemos. A diferencia de la capacidad para el lenguaje y el reconocimiento de rostros, que está presente en casi todos los seres humanos, la creencia es mucho más variada y depende también del individuo. Por ejemplo, una vez escuché una entrevista radial con Peter Hitchens y su hermano Christopher, quien hace poco publicó su alegato contra la religión, provocadoramente titulado *Dios no es bueno*.[44] Los dos son unos periodistas inteligentes y cultos, criados en la misma familia, donde se les enseñó a ser independientes. Sin embargo, Christopher es ateo y Peter es cristiano. Al final de una discusión sorprendentemente mordaz —una típica pelea de hermanos que se acusan mutuamente de cambiar el tema—, el entrevistador intervino y preguntó cómo era posible que dos hermanos criados en el mismo hogar fueran tan distintos en sus creencias. Entonces, se hizo un silencio elocuente. Esta pregunta sencilla los había dejado a ambos sin palabras. Finalmente, Christopher respondió: "¡Esto no me ayuda a vender mi libro!".

La respuesta a la pregunta puede encontrarse en un experimento que permite a los investigadores contemplar el rol del entorno y la biología. Cuando un óvulo humano se divide en dos después de ser fertilizado, el resultado es unos gemelos idénticos que comparten casi todos los mismos genes. Si estos gemelos son criados en hogares distintos, podemos calcular la influencia del medio y la contribución de los genes en el desarrollo. No es un experimento perfecto, pues la mayoría de los entornos son muy parecidos, pero de todos modos revela algo fascinante sobre el poder de los genes. Los descubrimientos de la investigación son enormes, pero, para resumir las conclusiones de los estudios con gemelos, una comparación de los resultados indica que, con frecuencia, es como examinar a la misma persona.

Algunos aspectos de nuestra personalidad que creemos haber culti-
vado por nuestra cuenta suelen ser predecibles biológicamente. Esto
también parece ser cierto en lo que respecta a la inclinación de cada
gemelo a la religión.

Los gemelos criados en medios separados comparten más creencias y conductas religiosas en comparación con los mellizos que también viven separados. Un estudio realizado por un equipo de Minnesota y dirigido por Thomas Bouchard descubrió que el entorno es
menos predictor de la religiosidad que la similitud genética.[45] Otro
estudio de este mismo grupo descubrió que en cuanto los gemelos
y mellizos abandonan el hogar, solo los gemelos continúan compar-
tiendo las mismas creencias religiosas.[46] El genetista Dean Hamer ha
identificado el gen VMAT2, un transportador vesicular de monoami-
nas que está relacionado con los rasgos personales de la religiosidad.[47]
En una encuesta con más de doscientas personas, entre las que se
contaban hermanos gemelos, Hamer descubrió que los que compartían la religiosidad también compartían el VMAT2. Este gen controla
ciertos químicos cerebrales responsables de controlar ciertos ánimos.
Neurocientíficos como Andrew Newberg han avanzado incluso en la
identificación del sistema de circuitos neurales que se activa durante
las experiencias religiosas, sugiriendo, una vez más, una explicación
de lo espiritual basada en lo cerebral.[48] De modo que es probable que
nuestro cerebro y nuestro diseño mental único y propio determinen
si creemos o no. Incluso si Peter y Christopher Hitchens han compartido entornos y experiencias muy similares, les agradará saber que
tienen cerebros diferentes, lo que probablemente explica por qué son
tan distintas sus creencias.

Es muy pronto aún, y no está claro que el reducir la búsqueda de
la creencia al ámbito de la genética pueda darle mucho sentido a una
conducta humana tan rica y compleja. No obstante, esta investigación sugiere que la explicación sobre cómo actúa la creencia debería
considerar el papel que desempeña la biología dentro del entorno. Si
los descubrimientos de los estudios genéticos resultan válidos, esto

significa que hay algo en nuestros genes que contribuye al desarrollo de un cerebro que está predispuesto a la creencia. Si este resulta ser el caso, quienes están en ambos lados del debate sobre los orígenes de la creencia estarán muy enfadados, porque esto sugeriría que quizá la decisión de creer o no creer no esté en nuestras manos. En otras palabras, no existiría ningún libre albedrío en la decisión de creer o no creer.

Nuestro propio diseño mental determinaría cuán predispuestos estamos a creer, una posibilidad que retomaré al final del libro al referirme a los mecanismos que controlan los procesos de pensamiento. En todo caso, si hay algo que incomode tanto a los creyentes como a los no-creyentes es la posibilidad de que haya un diseño mental en lo relativo a las decisiones vitales. Y esto sucede porque nos gusta creer que cuando tomamos decisiones, lo hacemos basándonos en la razón objetiva. Nos gusta creer que sopesamos las evidencias y tomamos una decisión equilibrada. Pero lo cierto es que en la toma de decisiones entran en juego toda clase de sesgos independientes a la razón; no tenemos necesariamente la voluntad de decidir. Es una idea que no le agrada a nadie. Y esto es así porque, como señalara el escritor Isaac Bashevis Singer, "Debemos creer en la voluntad; no tenemos opción".[49]

SOBRENATURALISMO COTIDIANO

La religión es solo un tipo de sobrenaturalismo. Puede que usted sea un ateo autodeclarado que quema cruces, profana altares y pisotea tumbas, pero apuesto que podría encontrar unos cuantos trapos sobrenaturales escondidos en su armario mental. También puede que no crea en ninguno de los diez fenómenos paranormales de la encuesta Gallup, citada en el capítulo anterior, pero esa lista alude únicamente a los que son reconocidos como sobrenaturales. Hay muchos más. Para empezar, están las costumbres evidentes como no caminar debajo de una escalera, echar sal por encima del hombro, cruzar los dedos, etcétera. Estas vienen claramente de prácticas supersticiosas transmitidas por medio de la cultura. Menos obvios son los aspectos de la interacción humana cotidiana que bien podría decirse que reflejan la creencia en que en el mundo actúan propiedades invisibles. Por ejemplo, todas las culturas tienen algún tipo de ritual de saludo que demuestra hasta qué grado está dispuesta la gente a tocarse físicamente.

Algunas culturas son explícitas acerca de los orígenes sobrenaturales de estos rituales. Los *maoris* de Nueva Zelanda se frotan las narices (*hongi*) para intercambiar el aliento espiritual (*ha*), pero todos los gestos de contacto pueden interpretarse dependiendo de hasta qué grado se percibe un intercambio de esencia. Por ejemplo, la gente hace cosas extrañas en presencia de sus ídolos. Los aficionados se enloquecen cuando pueden tocar físicamente a sus estrellas del rock o del deporte. Personas normales, racionales, asedian a los famosos con tal de tocarlos. Todos los candidatos presidenciales tienen que acostumbrarse a tener las muñecas adoloridas en su esfuerzo por satisfacer el deseo de las multitudes de estrecharles la mano. La necesidad de tocar a otra persona es un impulso humano poderoso.

Así como nos sentimos repelidos por la contaminación psicológica del suéter de un asesino, nos sentimos obligados a asumir acciones que impliquen un contacto físico íntimo. Por supuesto que siempre podemos justificarlas en términos de estar siguiendo costumbres tradicionales, pero el hecho es que provienen del pensamiento sobrenatural. En la infancia, ¿nunca hizo una promesa con algún amigo en la que ambos escupieron en su mano para luego estrecharlas? Solo haríamos eso en caso de una promesa solemne, pues tocar la saliva de otra persona es asqueroso. Y esto se debe a que nuestra disposición al contacto físico con otras personas es un reflejo de nuestras creencias esencialistas.

Luego están las diversas creencias acerca de los objetos y los lugares sagrados. En el 2007, el piano de John Lennon, símbolo de ese cántico a la humanidad que es *Imagine*, salió del Reino Unido para hacer una gira por el mundo entero. No era el hermoso piano blanco de cola que todos recordamos, sino un piano normal, color marrón, como el que encontraríamos en el salón de la clase de música. La idea era llevar el piano a lugares de violencia y atrocidad. Estuvo en el montículo de césped en Dallas donde asesinaron a John F. Kennedy. Estuvo en Memphis, donde le dispararon a Martin Luther King Jr. Estuvo en Nueva Orleans después de la devastación del huracán Katrina. Estuvo en Waco, en Oklahoma City y en el campus de Virginia Tech; escenarios de tantas muertes gratuitas.

El piano de Lennon se había convertido en un objeto sagrado para sanar las heridas de las comunidades que seguían lidiando con el dolor. Cualquiera podía tocarlo. Lori Blanc, una ornitóloga de Virginia Tech, me contó que a pesar de ser científica y poco sentimental, se sintió sorprendentemente atraída hacia el piano y reconfortada después de tocar una pieza en memoria de una amiga asesinada. Libra LaGrone, cuya casa quedó destruida después del huracán Katrina, dijo: "Era como dormir con la camiseta del abuelo. Familiar, hermoso y personal".[50]

Todas las sociedades tienen prácticas, lugares y objetos sagrados. Estos se hacen sagrados cuando les atribuimos valores y poderes especiales. Creemos que tienen atributos que los hacen únicos, irremplazables e imposibles de medir con ningún instrumento científico, pero la mayoría creemos que podemos sentirlos. Son creencias sobrenaturales seculares.

Ahora bien, supongamos que usted no alberga ninguna de las ideas sugeridas. No obstante, hasta las personas más racionales pueden tener sentimientos e impulsos que van contra la razón. Como Lori Blanc, la científica que tocó en el piano de John Lennon, a veces nos sorprenden nuestros propios sentimientos. Los cínicos suelen descartar estas ideas y conductas con demasiada facilidad, calificándolas simplemente de emocionales, como si las emociones fueran menos importantes que la razón. Sin embargo, como señaló hace poco mi viejo colega Dan Gilbert, los sentimientos son la razón por la cual los humanos hacemos todo.[51] Los sentimientos nos motivan a ir al trabajo, a enamorarnos, a admirar el universo, a disfrutar o no la vida. No tendría mucho sentido seguir adelante sin sentimientos.

Los científicos también tienen sentimientos. Y pese a la imagen deficiente que el público tiene de ella, la ciencia puede ser muy apasionada y emocional. Esto suele sorprender a la mayoría de los no-científicos, pero créame que cuando se cuestionan ideas y reputaciones, estar equivocado puede resultar muy doloroso. De modo que reto a cualquiera a afirmar que no tiene emociones. Sin las emociones, no podríamos considerarnos humanos. Y si tenemos emociones, alegaría yo, esas emociones no pueden estar completamente dominadas por la razón, lo cual deja abierta la puerta a lo sobrenatural. El grado en que nos vemos influidos por lo sobrenatural varía, y muchos de nosotros podemos reprimir este modo de pensar, pero, al fin de cuentas, razonar y comportarse de este modo es una parte normal del componente humano.

Está claro que algunos somos más propensos que otros, pero puede que otros no puedan reprimir lo que es una inclinación natural en todos nosotros. Todos sabemos lo que es ser irracional. Los humanos estamos destinados a cometer errores de irracionalidad. Esta irracionalidad refleja suposiciones sobrenaturales que recurren a constantes, fuerzas y energías que son negadas categóricamente por la ciencia. No tenemos encendido el radar de la racionalidad todo el tiempo. A veces, nuestras conductas y decisiones se basan en la inferencia de la presencia de cosas que la ciencia nos dice que no existen. Y esto se debe a que la idea de que hay algo más en la realidad es un ingrediente común en muchas de las conductas humanas, independientemente de si somos o no religiosos. Pero no quiero seguir aporreándolo con el supersentido, solo espero que llegue a la misma conclusión. Al finalizar este libro, espero que rechace la idea de ser un *súper* o un *bright*. Creo que es mejor ser un *superbright*.

¿Y AHORA, QUÉ?

En este capítulo, he hablado de la creencia en la ciencia, la religión y el sobrenaturalismo. Todas dependen de la idea de lo inobservable, y esto requiere un diseño mental que complete la información faltante. Sin embargo, a estas alturas debería ser consciente de que este proceso no es infalible. Los mismos procesos intuitivos que nos conducen a lo racional son los mismos que nos conducen a lo irracional. A veces, inferimos la presencia de cosas que no existen realmente, y si existieran, harían necesaria una revisión completa de nuestras leyes generales. Esto es lo que las hace sobrenaturales.

Aunque la religión y la cultura desempeñan un papel en la propagación de lo sobrenatural, yo alegaría que simplemente proporcionan un marco de lo que se nos da de manera natural. Estamos preparados para desarrollar la creencia religiosa porque nuestro diseño mental está inclinado hacia el razonamiento sobrenatural como un subproducto del pensamiento racional. Esta sutil distinción del modo como se propagan las ideas puede parecer una nimiedad pedante, pero hay diversas implicaciones de lo que puede hacer la cultura, si es que puede hacer algo, para cambiar el pensamiento sobrenatural.

Richard Dawkins tiene razón. Las religiones se propagan mediante la cultura al contarles a nuestros hijos historias que se basan únicamente en la fe. Si acabáramos con la Iglesia, la religión podría pararse en seco, pero seguiríamos teniendo el pensamiento sobrenatural. Si no me equivoco, este reaparecerá en todos los recién nacidos como parte de los procesos naturales de razonamiento. Es como la hidra mitológica. Si le cortamos una cabeza, simplemente vuelve a salirle otra. Por tanto, echémosle un vistazo a este monstruo de los niños.

CAPÍTULO CUATRO

Bebés florecientes y zumbantes

Todo conocimiento humano comienza por la intuición; de allí pasa a los conceptos y termina en las ideas.

Immanuel Kant,
Crítica de la razón pura (1781)

¿DE DÓNDE VIENEN LAS CREENCIAS? A este respecto, coincido con el filósofo alemán Immanuel Kant. El conocimiento produce creencias, y ese conocimiento viene principalmente de nuestro razonamiento intuitivo. Veamos los hechos. La mayoría de los adultos estamos tan familiarizados con las historias de nuestra infancia que suponemos que lo que sabemos y creemos viene de lo que nos contaron. No obstante, a la imagen del niño pasivo que se limita a absorber conocimientos e ideas de los otros, como una esponja chupaideas, se le escapa un aspecto muy importante. A los niños se les ocurren sus propias ideas mucho antes de que alguien les diga qué pensar. Solo en los últimos cincuenta años, los científicos han empezado a comprender realmente cómo aparece el pensamiento en el niño en desarrollo. Permítame ser claro en este punto, pues es el argumento principal de este libro: *los niños producen conocimiento mediante su propio razonamiento intuitivo acerca del mundo que los rodea, lo que los conduce a creencias tanto naturales como sobrenaturales.* Para entender esto, tenemos que remontarnos a los inicios una vez más, pero no al origen de la cultura en este caso, sino a los inicios de la mente infantil en desarrollo, antes de que la cultura y sus historias hayan empezado a desempeñar un papel destacado.

Yo tengo un recuerdo muy borroso del nacimiento de mi primera hija. Como suele suceder con los primogénitos, el parto duró mucho tiempo, unas doce horas, de noche, y para cuando la niña hizo su debut al día siguiente, hacia el mediodía, el cansancio, la emoción y la pura ansiedad por lo que había sido un parto difícil se habían asegurado de que mi recuerdo de la ocasión quedara casi totalmente borrado. Y por supuesto que yo no era el que había tenido que hacer el trabajo duro. La llegada de nuestra segunda hija fue mucho más fácil. Bueno, al menos para mí. Esa vez estaba menos inquieto, sabía qué me esperaba y, sinceramente, estaba más interesado en lo que hacían los diversos profesionales y para qué servían las distintas máquinas. Quizá debí haber estado más atento a las dificultades por las que estaba pasando mi esposa, pero, en cambio, me tomé el tiempo para reflexionar sobre lo extraña que debe ser la experiencia del nacimiento. Traté de imaginar cómo se sentirá el acto de nacer: dejar el capullo cálido e íntimo del útero humano para entrar en la cacofonía estéril y desteñida de la sala de partos de un hospital, una habitación inundada de luz, tubos, fríos objetos metálicos, enormes cuerpos en movimientos, voces agitadas y máquinas que hacen *pip*. ¿Qué significa todo esto para el recién nacido? Es suficiente como para darle ganas de llorar.

En 1890, William James describió el mundo del recién nacido como una "floreciente y zumbante confusión" de sensaciones.[1] No se pensaba que hubiera ningún tipo de organización o conocimiento presente en el nacimiento. Al llegar al mundo, no éramos más que un manojo de babas y reflejos. Los reflejos son las conductas provocadas de manera automática. Las pupilas de los ojos se contraen bajo la luz brillante debido a un reflejo. Cuando el doctor nos da un golpecito en la rodilla y damos una patada, ese es otro reflejo. No se requiere ningún pensamiento. Es más, no podemos evitar la mayoría de los reflejos porque están más allá de cualquier control.

Los bebés vienen equipados con una cantidad de reflejos extraños y maravillosos. Por ejemplo, si acariciamos suavemente la mejilla de un recién nacido, un reflejo de búsqueda les hace mover la cabeza y la boca hacia la fuente de la caricia. No saben darse la vuelta, simplemente están diseñados para hacerlo. También hay un reflejo de succión en contacto con cualquier objeto del tamaño de un pezón. Estas dos reacciones, evidentemente, son útiles para el amamantamiento. Si sostenemos a un recién nacido erguido y con los pies sobre una superficie, hay un reflejo de marcha que le hace alzar las piernas alternadamente como si estuviera dando pasos, lo cual deja atónitos a los padres porque los bebés solo empiezan a caminar hacia los doce meses. Y está también el reflejo de prensión palmar.

Sus deditos diminutos aferrados a un objeto puesto en su palma son tan poderosos que podemos alzar al bebé agarrado a dicho objeto. Eso fue precisamente lo que hicieron John Watson y Rosalie Raynor para demostrar algo que a ningún padre sensato se le ocurriría hacer.[2]

En el reflejo de "Moro" —conocido también como el reflejo de sobresalto—, el bebé alzará los brazos extendidos como para abrazarnos si dejamos que su cabeza caiga un poco hacia atrás momentáneamente o hacemos un ruido fuerte. Nadie sabe con certeza para qué podría servir esto. Algunos de estos reflejos respaldan claramente funciones adaptativas, mientras que otros podrían ser una herencia evolutiva que aún perdura hoy en día. Algunos sostienen que el reflejo de Moro era un mecanismo por el cual el bebé prehomínido se agarraba del vientre peludo de su madre cuando esta huía en situaciones de peligro.[3] Actualmente, hay pocas probabilidades de que haya mujeres con vientres peludos, pero todavía podemos ver esta respuesta primitiva cuando los monos *rhesus* levantaban a sus crías y corrían al sentirse amenazados.

A medida que crecemos, perdemos muchas de estas conductas reflejas y nos aferramos a otras. Sin embargo, aunque muchos de estos reflejos infantiles desaparecen, no los perdemos del todo ya que pueden reaparecer en pacientes adultos con heridas cerebrales, sobre todo si hay daño en los lóbulos frontales. Por ejemplo, al estar en coma, muchos de los centros superiores del cerebro se apagan temporalmente, lo que permite que se manifiesten ciertas conductas como el reflejo de prensión.[4] Esta es una característica fascinante del cerebro, y puede que no se limite a los simples reflejos. Puede que a medida que nos desarrollamos no abandonemos del todo todas nuestras conductas y pensamientos iniciales. De este modo, el cerebro podría ser como el disco duro del computador. Los archivos nunca quedan borrados del todo, solo superpuestos y, por tanto, recuperables en última instancia.

BEBÉS BRILLANTES

Aparte de los reflejos, se pensaba que los recién nacidos no tenían mucha inteligencia. No obstante, cuando los científicos empezaron a examinar con más atención, descubrieron que los recién nacidos son mucho más conscientes de sus alrededores de lo que sugerirían los simples reflejos. Y aun más sorprendente fue lo que descubrieron sobre el aprendizaje y la memoria. Mi propio trabajo (el bebé más joven que examiné tenía veintitrés minutos de nacido y estaba todo arrugado y cubierto de placenta, pero era más listo que el hambre) reveló que los recién nacidos pueden recordar y distinguir entre distintos motivos de rayas en blanco y negro.[5] También tienen una preferencia por los rostros, como veremos en el siguiente capítulo. Este recuerdo de las rayas y la afición por las caras son algo más de lo que podría lograr un simple reflejo. Y lo que es más asombroso, el aprendizaje no empieza con el nacimiento. Por ejemplo, si en el tercer trimestre de embarazo la madre le lee en voz alta partes de

El gato ensombrerado del Dr. Seuss, el feto puede oír y recordar esta experiencia. Al nacer, si le ponemos una tetina de plástico en la boca para que succione, dejará de hacerlo al oír una grabación de la voz de su madre que lee esas mismas partes, que solo podía haber oído antes desde el interior del útero.[6] Claramente, el aprendizaje empieza antes del nacimiento. El feto nonato escucha al mundo e incluso puede recordar la melodía de la telenovela que su madre veía durante los últimos meses del embarazo. En un estudio, la canción especialmente molesta (perdón, memorable) de la telenovela australiana *Vecinos* se les quedó grabada a los bebés tanto como a los adultos.[7] Así que tenga cuidado con lo que dice. Cuando dos madres embarazadas charlan, hay cuatro individuos escuchando esa conversación.

Después de un año, la mayoría de los bebés pueden tener una conversación con sus padres, compartir un chiste y empezar a preguntarse por qué la gente hace lo que hace. Balbucean, hacen señas, intercambian miradas, tontean, imitan y, básicamente, se convierten en pequeños miembros sociables de la raza humana.[8] Este paso del arrugado recién nacido en la sala de partos al espabilado bebé de doce meses es una de las transformaciones más asombrosas de la vida. Está sucediendo algo muy veloz y muy inteligente. Podemos creer que los computadores son inteligentes, pero no son nada en comparación con lo que un bebé humano puede lograr en doce meses. Solo desde que los ingenieros empezaron a crear computadores, hemos podido apreciar plenamente lo que significa ser inteligente. Todas las cosas sencillas en las que los bebés se destacan en su primer año componen algunos de los problemas más difíciles que los informáticos han intentado resolver durante décadas; el reconocimiento de voz y de rostros, caminar, razonar, agarrar, comunicarse, entender que los demás tienen su propia mente e incluso manifestar humor. Todos los rudimentos de estas capacidades complejas pueden encontrarse en los bebés humanos antes de su primer año de vida.

Alentados por las últimas investigaciones, muchos padres occidentales han llegado a ver a sus bebés como diminutos genios nacidos con capacidades ilimitadas para el aprendizaje y el pensamiento. Actualmente, hay toda una industria de aprendizaje y educación preescolar que explota el deseo de los padres de darles a sus hijos el mejor comienzo posible. Y con ello nos referimos, en realidad, a asegurarnos de que sean más inteligentes que los demás. Mientras escogen entre productos con nombres como "Bebé Einstein", "Bebé Bach", "Bebé Da Vinci", "Bebé Van Gogh", "Bebé Newton" y "Bebé Shakespeare", creo que las expectativas de los padres se han elevado de un modo poco realista. De hecho, un estudio del año 2007 sobre los videos y DVD para bebés descubrió que están relacionados con problemas en el desarrollo del lenguaje, lo cual enfureció a la compañía Walt Disney, dueña del "Bebé Einstein". [9]

Los padres representan una ganancia fácil para quienes pretenden venderles productos para aumentar el futuro potencial de sus hijos. Compramos móviles en blanco y negro para colgar encima de la cuna de nuestros bebés para estimular las áreas visuales del cerebro (no es necesario), juguetes que pueden morder y tienen campanillas en su interior para estimular la coordinación entre el ojo y la mano con información *multisensorial* (tampoco es necesario), discos de Mozart para mejorar su concentración (es un mito), tarjetas pedagógicas para enseñarles a leer (es poco probable) y DVD para que vean durante horas seguidas y alimenten su cerebro hambriento de información (igualmente innecesario).[10]

Cual jardineros cultivando plantas, hemos desarrollado una mentalidad de "invernadero" en lo relativo a la crianza de los hijos. Se trata principalmente de una obsesión occidental que tiene más que ver con nuestras aspiraciones de éxito para nuestros hijos que con la ciencia en concreto, pero todos los padres somos vulnerables. Incluso mi esposa, una persona culta y experta en medicina, no pudo resistirse al impulso de comprar el móvil blanco y negro.[11] Sí, los bebés se quedan mirándolo porque se destaca —como se destaca cualquier objeto blanco y negro—, pero no es algo que vaya a acelerar el crecimiento normal.

Se ha engatusado a los padres para hacerles creer que las capacidades naturales necesitan que les echemos una mano o, lo que es peor, que pueden ser mejores de lo que pretendió originalmente la naturaleza. Por supuesto que el entorno es importante, pero tendríamos que criar a nuestros hijos dentro de una oscura caja de cartón con muy poca información para producir el tipo de desventajas que les preocupa a muchos padres.[12] Un mundo normal, con personas que les charlan, les prestan atención, les dan afecto, comida y uno que otro juguete con el cual jugar es suficiente para permitir que el programa de la naturaleza se desarrolle. De modo que si acaba de tener a su primer hijo o primer nieto, tranquilícese y relájese. En lo relativo al desarrollo del bebé, no tiene por qué preocuparse. Este se desarrollará por sí mismo en un hogar normal y afectuoso. Si un bebé desarrolla algún problema, no se deberá a falta de cuidado. Se necesita una privación grave para alterar el programa del desarrollo normal. Cualquier preocupación por la ausencia de estimulación en el entorno refleja lo mucho que damos por sentado y lo poco que apreciamos la complejidad de la existencia diaria.

La imagen del brillante bebé *einsteiniano* quedó destrozada por esta escandalosa noticia publicada en 1997:

Estudio revela que los bebés son estúpidos

LOS ÁNGELES — Un nuevo estudio sorprendente dado a conocer el lunes por el Instituto para el Desarrollo Infantil de UCLA revela que los bebés humanos, considerados desde hace tiempo por los psicólogos como curiosos y adaptables son, en realidad, extraordinariamente estúpidos.

El estudio, de dieciocho meses de duración y compuesto por una serie de pruebas de inteligencia realizados en más de 3500 bebés, concluyó categóricamente que los bebés son "tan estúpidos, que ni siquiera es gracioso".

Según la presidenta del instituto, Molly Bentley, en un esfuerzo por determinar los instintos de supervivencia infantiles ante un ataque, se acosó agresivamente a los bebés con el mango roto de una escoba. Más del 90 por ciento no pudo hacer siquiera un intento rudimentario para defenderse. El otro 10 por ciento respondió con una evacuación intestinal.

"Es poco probable que la presencia de la materia fecal de los bebés, por más hedionda que sea, pueda tener un efecto perceptiblemente defensivo contra un atacante en una situación del mundo real", dijo Bentley.

La noticia continuaba señalando que, en comparación con los perros, los pollos e incluso los gusanos, los bebés habían demostrado la menor capacidad de adaptación al dejarlos en un montón de basura bajo un aguacero torrencial. Mientras que las otras criaturas buscaban refugio, los bebés se quedaban allí, gorjeando.[13]

La última vez que revisé, no había ningún Instituto para el Desarrollo Infantil en UCLA, y a juzgar por el paródico artículo de la publicación satírica *The Onion* [La cebolla], me temo que no lo habrá nunca. Este no es el tipo de experimentos que los científicos llevan a cabo con los bebés, aunque después de leer acerca de cómo John Watson aterrorizaba al Pequeño Albert le perdono que crea que no estaría tan lejos del reino de lo posible. Por supuesto que los bebés no pueden defenderse de un ataque con el mango de una escoba. No lo necesitan. Para eso están los padres. Ellos son los que están diseñados para proteger a su progenie de los ataques. El artículo era una sátira del artículo de portada de la ahora extinta revista *Life*: "Los bebés son más inteligentes de lo que cree".[14] El artículo revelaba: "Pueden multiplicar antes de sumar. Pueden entender cien palabras antes de hablar. Y a los tres meses, sus capacidades de memoria son mucho mayores de lo que podríamos haber imaginado". Puede que los bebés no estén en capacidad de defenderse de un ataque con el mango de una escoba, pero en lo que a la capacidad cerebral respecta, son muy inteligentes, cosa que nos cuesta admitir por lo indefensos que parecen, y es cierto que pensaríamos que una criatura tirada en el barro bajo la lluvia es bastante estúpida, pero estaríamos equivocados. En comparación con un conjunto de chips, transistores y circuitos, siguiendo la gráfica descripción de Marvin Minsky, ese niño indefenso es la máquina de carne más asombrosa del planeta. [15]

IDIOTAS INVISIBLES

Se dice que durante la guerra fría de la década de 1960, la CIA estadounidense estaba desarrollando una máquina de reconocimiento de habla para traducir del inglés al ruso y viceversa.[16] Según cuentan, en el debut de prueba de un sistema, el director de operaciones decidió ensayar con la común expresión de "ojos que no ven, corazón que no siente". El computador la tradujo al ruso, y se convirtió en "idiota invisible". "Ojos que no ven" implica, en efecto, "invisible", y un "corazón que no siente" bien podría ser idiota. Asimismo, "el espíritu está dispuesto, pero la carne es débil" se convirtió en "el vodka está bueno, pero la carne se pudre". Son traducciones con sentido, literalmente, pero que tienen poco que ver con el significado de la frase en el idioma original, y nos recuerdan que el entendimiento humano requiere una mente conceptual que pueda pensar en ideas y razonar sobre y más allá de la mera información. Como sucede con los verdes sueños incoloros de Chomsky de los que hablamos anteriormente, nuestra mente contiene información que nos ayuda a interpretar y dar sentido.

Incluso en la etapa básica de la mera información, nuestro conocimiento almacenado nos ayuda a interpretar el mundo. Por ejemplo, si le preguntara: "*Do you wreck a nice peach?*" [¿Arruina un rico durazno?], sospecho que me miraría con ojos burlones. Pero si le hago la misma pregunta en voz alta, y no leyéndola, oirá y entenderá: "*Do you recognize speech?*" [¿Reconoce el habla?], no como una interrogación sobre si tiene una inclinación hacia los actos destructivos dirigidos a las frutas jugosas. Oímos una interpretación y no la otra, porque arruinar un durazno no es una frase común o una idea que solamos considerar. Así como vemos el cuadrado imaginario del primer capítulo, nuestro saber almacenado nos ayuda a oír e interpretar la información ambigua. Oímos una oración y no la otra. ¿De dónde viene este conocimiento? La respuesta de que el saber debe de venir del mundo de la experiencia parece obvia. Todo lo que sabemos debe ser aprendido. Pero ¿acaso es tan sencillo?

Casi todos conocemos la metáfora de la tabla rasa divulgada inicialmente en el siglo XVIII por el filósofo británico John Locke.[17] La idea es bastante sencilla: los niños nacen sin ningún conocimiento y la experiencia los va determinando al escribir en su mente como si fuesen hojas en blanco. Otros filósofos, como Descartes y Kant, señalaron que debe haber algo intrínseco, pues de lo contrario sería imposible extraer conocimiento del revoltijo de experiencias que es el mundo.[18] El cerebro es más bien como un computador biológico con un sistema operatorio conocido como la mente. Este sistema operatorio nos dice a qué debemos prestar atención y cómo procesar la información. Sin el sistema operatorio adecuado, no podemos darle sentido a la información, como cuando oímos un idioma desconocido y no logramos entender una palabra de lo que se está diciendo. ¿Por dónde empezaría usted? ¿Cómo sabría qué es lo que está buscando sin contar con un mínimo plan? Es como tratar de construir una casa sin cimientos; primero, necesitamos una estructura incrustada en la tierra para que sea estable. Lo mismo sucede con el conocimiento. Necesitamos unas reglas empotradas desde un principio para anclar la información.[19] En otras palabras, tenemos que nacer con algún tipo de diseño mental. ¿De qué otro modo podríamos superar la "confusión floreciente y zumbante" de la que habló James?

AL SONIDO DE LA CAMPANA

La importancia del diseño mental fue ignorada durante muchos años en la psicología occidental. Fue así en parte porque en Rusia, a comienzo del siglo XX, Ivan Pavlov, quien estudiaba la fisiología de la digestión de los perros, se topó con algo que saben todas las personas que tienen perros, a saber, que estos empiezan a salivar justo antes de que les llevemos su comida. Pavlov le llamó a esto "secreción psíquica", pues era una conducta refleja que parecía ser provocada antes de la llegada de la comida. Los perros no son videntes; simplemente saben cuándo viene la comida al advertir señales como el sonido del abrelatas en la cocina justo antes de la llegada de la comida. Esto parece trivialmente obvio hoy en día, pero Pavlov supo reconocer un descubrimiento realmente importante al verlo, tanto, que fue galardonado con un Nobel por ello. Advirtió que se podía entrenar a los animales para prever las recompensas con base en las señales. Al emparejar el sonido de una campana con la comida que hace babear por naturaleza a los perros, con el tiempo, los perros aprendieron a asociar el solo sonido de la campana con la llegada inminente de la comida. Al oír la campana, los perros empezaban a babear. Puede que sea cuestión de mi imaginación febril, pero me parece recordar una reacción muy similar en el antiguo patio de mi colegio al oír la campana del almuerzo. El timbre era suficiente para que se nos hiciera agua la boca y nos crujiera el estómago.

Pavlov había descubierto el "condicionamiento", un mecanismo que se convertiría en uno de los cimientos de toda una teoría del aprendizaje basada en las asociaciones. La idea era que todo aprendizaje es la simple asociación de sucesos dentro de un entorno, como un complejo diseño con fichas de dominó apiladas en forma vertical y listas para caerse. Si empujamos una, las demás caen por una reacción en cadena. Un suceso desencadena el siguiente, simplemente por la manera como el diseño se ha formado por asociación. No necesitamos pensar en una mente que le dé sentido.

Esta teoría, que proporcionó una explicación sobre el aprendizaje de los bebés, predominó en la psicología occidental durante los siguientes cincuenta años. Al controlar simplemente el entorno, se creía que cualquier conducta podía describirse y predecirse sin molestarse en saber qué estaba pasando dentro de la cabeza. Esta teoría se conoce como "conductismo", y quienes la seguían veían la mente como una "caja negra" que no solo permanecía cerrada sino ignorada. La mente era algo irrelevante mientras que las conductas pudieran ser descritas por un conjunto de reglas simples de aprendizaje que creaban los diseños de los dominós mentales.

Uno de los primeros defensores acérrimos del conductismo fue nuestro viejo amigo John Watson. Cuando no estaba atormentando al Pequeño Albert, haciendo pender de un lápiz a algún recién nacido o besando a su estudiante de posgrado, Watson anunció, vanagloriándose:

Denme una buena cantidad de bebés sanos, bien formados y mi propio mundo específico para criarlos y les garantizo que escogeré uno al azar y lo entrenaré para que se convierta en cualquier clase de especialista que yo elija: médico, abogado, artista, director comercial y, sí, hasta mendigo o ladrón, sean cuales sean sus talentos, inclinaciones, tendencias, capacidades, vocaciones y la raza de sus antepasados.[20]

Mediante las reglas de reafirmación y castigo, pueden conformarse pautas de comportamiento. Si se quiere alentar un comportamiento, se da una recompensa, con lo que se reafirma la asociación. Si se quiere disuadir un comportamiento, se da un castigo, lo que hace que la asociación sea evitada enérgicamente. Al asociar entre sí las cadenas de conducta mediante el castigo o la recompensa, se decía, las leyes del aprendizaje asociativo podían determinar cualquier pauta compleja, ya sea de la personalidad, las aptitudes o incluso del conocimiento.

Se creía incluso que estas leyes explicaban el pensamiento sobrenatural. En el que sería uno de los primeros experimentos sobre la conducta irracional, el conductista de Harvard B. F. Skinner describió en 1948 cómo entrenaba palomas para que actuaran supersticiosamente,[21] lo cual consiguió con una caja de laboratorio que estaba programada para dar recompensas al azar. Por ejemplo, si el ave estaba picoteando en alguna parte de la caja cuando caía una bolita, rápidamente aprendía a repetir dicho comportamiento. Skinner sostenía que este principio sencillo podría explicar los orígenes de los rituales supersticiosos de los humanos. Así como las palomas, los jugadores de tenis y los apostadores intentan reproducir el éxito al repetir comportamientos que se dieron en el momento de una recompensa. El conductismo explicaba cómo algo que había sido considerado por mucho tiempo como producto de un pensamiento débil podía ser entendido como una consecuencia de las reafirmaciones aleatorias que el entorno nos lanza ocasionalmente.

Skinner afirmó que todos los aspectos del desarrollo infantil podrían explicarse por el aprendizaje asociativo, y llegó a acusársele de llevar esto demasiado lejos al aparecer en un artículo del *Ladies' Home Journal* en 1945 con su hija, Deborah, fotografiada dentro de lo que parecía una inmensa caja semejante a las que había utilizado para entrenar a sus animales.

En realidad, se trataba de una cuna con control termostático que Skinner había diseñado para que los bebés no tuvieran que usar nada más que pañales. En el artículo, describía los beneficios de esta cuna como un mecanismo diseñado para ahorrar trabajo, simplificar la vida de la madre y mejorar el bienestar del bebé. Pero esto no impidió la divulgación del mito urbano que circula hoy en día de que Skinner crió a su propia hija como una rata de laboratorio.[22] Según cuentan, esto la llevó a desarrollar una psicosis y terminar volándose los sesos en una bolera de Billings, Montana, en 1970. Lo cual, al parecer, es mentira. En 2004, Deborah Skinner Buzan escribió un artículo en *The Guardian* en el que niega haber estado en Billings, Montana.[23]

FIG. 6: Deborah Skinner dentro de la cuna diseñada por su padre, la cuna de Skinner, en 1945. © Ladie's Home Journal.

No obstante, Skinner sí fue demasiado lejos con sus teorías. Del mismo modo como surgen las supersticiones y los rituales, Skinner utilizó el conductismo para explicar la capacidad única del ser humano del habla. Lanzó la hipótesis de que los bebés adquieren el habla mediante un largo proceso de aprendizaje de palabras por asociación, animados por sus padres a relacionarlas del modo adecuado. Sin embargo, para cuando Skinner publicó sus ideas en un libro en los años cincuenta, los científicos ya habían empezado a cambiar su modo de pensar acerca de la mente. El conductismo podía haber servido para explicar cómo pueden moldearse las conductas de las palomas y las personas, pero no todas las capacidades humanas pueden enseñarse. Este giro, conocido como la "revolución cognitiva", sería una revolución del pensamiento.[24]

Skinner era un peso pesado de Harvard, pero fue un lingüista advenedizo del vecino Instituto Tecnológico de Massachusetts [MIT] quien encendió la mecha de la polémica con una reseña del libro de Skinner que se hizo más famosa que el libro mismo. El advenedizo era nada menos que Noam Chomsky, quien, tomando el desarrollo del lenguaje como caso de prueba, lanzó un ataque contra el conductismo. Señaló que ninguna teoría asociativa del aprendizaje podía explicar por qué todos los niños adquieren el lenguaje mediante el aprendizaje por la sencilla razón de que las reglas que generan y controlan el habla son invisibles a todos los hablantes naturales (a no ser que uno sea lingüista, por supuesto). Los lingüistas habían demostrado que todos los idiomas del mundo comparten las mismas estructuras profundas que la mayoría desconocemos. Hay algo en nuestro diseño mental, afirmó Chomsky, de lo que no tenemos conocimiento pero a lo que podemos recurrir cuando necesitamos comunicarnos, y esto es lo que se conoce como la gramática universal, las leyes invisibles que gobiernan el funcionamiento del lenguaje.

Si la gramática universal es invisible y la mayoría somos idiotas cuando de lingüística se trata, ¿cómo podemos enseñarles a nuestros hijos mediante la reafirmación y el castigo? ¿Cómo pueden todos los niños adquirir el lenguaje con estas reglas ocultas casi al mismo tiempo y al mismo ritmo, y con tan pocas pruebas de que el aprendizaje asociativo tenga algo que ver? Tiene que haber algo intrínseco en el cerebro de todos los niños que les ayuda a desarrollar el lenguaje. La arremetida de Chomsky asestó al conductismo una herida fatal de la que nunca se recuperaría por completo.

OJOS QUE NO VEN, CORAZÓN QUE NO SIENTE

La revolución cognitiva que tuvo lugar en los Estados Unidos no se dio realmente en Europa, en gran parte porque el tema de la mente había sido siempre fundamental en la psicología europea. En el ámbito de la psiquiatría de adultos, Sigmund Freud hablaba de una mente fragmentada en un conflicto continuo consigo misma. En el tema de la percepción de estructuras, la escuela de la *Gestalt* alemana de la que hablamos anteriormente, con sus estructuras y organizaciones significativas, puso a la mente en la vanguardia de las capacidades humanas. En Cambridge, en el Reino Unido, Sir Fredrick Bartlett describió la memoria como un conjunto de pautas mentales activas que están en un cambio continuo. Pero fue en las teorías del desarrollo infantil donde la mente se hizo protagonista y centro de atenciones, especialmente en las teorías del psicólogo infantil suizo Jean Piaget.

Al igual que Locke, Piaget también vería a los recién nacidos como una tabla rasa, pero pensaba que sus mentes diminutas tenían unas reglas de aprendizaje que les permitían formar el conocimiento mediante el acto aparentemente sencillo del juego. El aprendizaje y el conocimiento surgen a medida que el niño descubre, en una secuencia gradual de revelaciones, la naturaleza del mundo que lo rodea. Cualquier acto sencillo de juego con los otros —agarrarlos, golpearlos, empujarlos, arrastrarlos— es un miniexperimento científico para los niños, cuyos resultados ayudan a moldear el contenido de su mente.

Piaget creía que, desde el principio, los niños pequeños no ven el mundo como compuesto de objetos reales y permanentes, sino como una extensión de su propia mente. Como si se tratara de un vívido e insólito sueño, decía Piaget, los niños no ven la diferencia entre la realidad y el pensamiento. Su mundo es como el mundo representado en la película de ciencia ficción *The Matrix*, en la que unos computadores nefastos mantienen a la raza humana en un estado de realidad virtual al introducir experiencias directamente en sus cerebros.[25] Los computadores crean la ilusión de un mundo normal, pero en realidad los humanos son cautivos que están siendo explotados por la energía que producen pero no son en absoluto conscientes de su verdadera desgracia ni de sus alrededores, pues ignoran la realidad externa que existe por fuera de su mente. Del mismo modo, los recién nacidos de Piaget son ajenos a la realidad externa. No tienen conciencia de que las sensaciones y percepciones que experimentan en su mente son generadas por un mundo externo y real que sigue existiendo incluso cuando duermen. Por tanto, si un objeto está allí afuera realmente, pero el niño no lo ve, entonces no existe. "Ojos que no ven, corazón que no siente" sería la consigna de Piaget para esta concepción de la incapacidad del niño de captar la permanencia de la realidad. La verdadera compresión de la realidad externa es algo que los bebés tienen que descubrir por sí mismos, diría Piaget, y, para ello, se requiere interacción.

EN BUSCA DE LA MENTE

En algún momento entre los cuatro y los cinco meses, los bebés afinan la capacidad de buscar y coger objetos,[26] que pronto se convierte en una conducta compulsiva que no pueden evitar y entonces agarran cualquier objeto que esté a su alcance. Cuando mi hija mayor estaba aproximadamente en esta edad, yo solía llevarla en mi espalda con uno de esos portabebés en el que quedaba con las piernitas colgando pero con los brazos libres. Cuando no estaba tirándome de las orejas o del pelo cual diablillo, vivía tratando de coger cualquier cosa que tuviera al alcance. Un día, en el supermercado, sin darme cuenta de ello, estiró el brazo y agarró una bolsa de plástico que colgaba de uno de esos rollos que están junto a los estantes en la sección de frutas, mientras yo estaba concentrado escogiendo las mejores manzanas. Luego, seguí avanzando por el pasillo, sin saber que iba dejando tras de mí una estela de diez metros de plástico, hasta que las risillas de los otros compradores me hicieron notarlo.

Piaget reconoció la importancia de esta fascinación por agarrar los objetos, pues significa que los bebés están empezando a interesarse por sus alrededores. El bebé empieza a involucrarse activamente en el mundo. Sin embargo, aún no comprende que la realidad es algo diferente de su mente e independiente de sus acciones. Piaget llegó a esta extraña conclusión al observar a sus propios hijos mientras jugaban y advertir algo que se convertiría en uno de los fenómenos más famosos y estudiados en la psicología infantil. Si por casualidad tiene un bebé entre los seis y los ocho meses, bien puede repetir la siguiente demostración.[27]

Ponga un objeto en frente del bebé. Mientras que no tenga ya algo en sus manos, el bebé se acercará a cogerlo de inmediato para luego llevárselo a la boca para catarlo. Ahora, quítele el objeto y repita el procedimiento, pero esta vez apresúrese a cubrir el objeto con un trapo y distraiga al bebé momentáneamente chasqueando los dedos. ¡Y listo! Se ha ido. Es el truco de magia más fácil del mundo. La mayoría de los bebés se quedarán quietos y luego mirarán a su alrededor como si el objeto hubiera desaparecido. No buscarán debajo del trapo. Puede que lo alcen, pero es poco probable que lo hagan para sacar el objeto. Como no lo ven, no existe.

Cuando los bebés buscan debajo del trapo, unos meses después, siguen sin entender que los objetos son algo separado de sí mismos. Por ejemplo, si escondemos un objeto debajo de un cojín, un bebé de diez meses lo buscará y lo sacará. Pero si luego escondemos ese mismo objeto en otra parte, mientras el bebé ve lo que estamos haciendo, volverá a buscar debajo del cojín, pues cree que su propio acto de búsqueda recreará por arte de magia el objeto en la ubicación anterior. Los bebés actúan como si su mente y sus acciones pudieran controlar el mundo. Solo mediante la experiencia empiezan a comprender la verdadera naturaleza de la realidad como algo aparte.

BEBÉS MÁGICOS

Al fin de cuentas, Piaget estaba equivocado en lo referente a su lema del "ojos que no ven, corazón que no siente" de los niños. Ahora sabemos que los bebés no tienen una concepción mágica de los objetos físicos y no creen ilusamente que sus ideas hagan que las cosas se materialicen. Ellos saben que allí afuera existe un mundo de objetos reales. Solo tenemos que formular la pregunta del modo correcto; claro está, uno que no recurra al habla (porque podríamos quedarnos esperando la respuesta todo el día) y que no implique buscar objetos ocultos. ¿Cuál puede ser? Irónicamente, la ingeniosa respuesta implica un poco de magia.

A todo el mundo le gusta un buen truco de magia. ¿Por qué? Porque no creemos en ella. Si realmente creyéramos que los objetos pueden desvanecerse en la nada, entonces las ilusiones creadas por los magos nos causarían muy poca sorpresa. Los trucos de magia funcionan porque violan nuestras creencias acerca del mundo. Nos dejan sorprendidos, asombrados, desconcertados, aplaudiendo y con ganas de volver a verlos. Lo mismo pasa con los niños, hasta cierto punto. Quizá no estén en capacidad de aplaudir y pedir una repetición, pero sí se quedan contemplando largamente el resultado del truco de un mago. Es algo que podemos medir por la cantidad de tiempo que se quedan contemplando un resultado imposible en comparación con uno posible.

Durante los últimos veinte años, los científicos han usado este sencillo principio para estudiar el funcionamiento de la mente del bebé.[28] Si los bebés se quedan mirando un truco más tiempo, entonces deben de comprender que se está rompiendo alguna ley física. Al interior de su cabeza, en alguna parte, hay algún mecanismo mental que intenta darle sentido a la ilusión mágica al prestar más atención. Por ejemplo, imagínese que es un bebé y está observando una función de marionetas. En el escenario, hay una marioneta de Mickey Mouse. Entonces, cae un telón que esconde la marioneta y, por la izquierda del escenario, aparece una mano para poner otra marioneta de Mickey Mouse detrás del telón. ¿Cuántas marionetas de Mickey Mouse hay detrás del telón? Fácil, dirá, hay dos. Pero cuando el telón se alza y se descubren tres marionetas, usted sabe que hay algo raro. Lo mismo sucede con los bebés. Cuando se descubren tres marionetas, se quedan mirando más tiempo. También se quedan mirando más tiempo cuando se descubre una sola, mas no así cuando hay dos. Ellos saben que uno más uno es igual a dos. Hacia los cinco meses de edad, los bebés tienen las bases de la aritmética mental.[29]

Cientos de experimentos han demostrado que los bebés pueden razonar acerca de sucesos invisibles semejantes. Pueden pensar acerca de los objetos ocultos, dónde están, cuántos son e incluso de qué están hechos. ¿De dónde viene este conocimiento? Muchos de estos experimentos muestran un aprendizaje sofisticado y veloz que ha llevado a la psicóloga infantil de Harvard Liz Spelke a proponer que debe haber unas reglas del conocimiento de los objetos que son intrínsecas, así como las del aprendizaje del lenguaje.[30] La evolución ha provisto a los bebés de un conjunto de principios para decodificar la "confusión floreciente y zumbante" que el mundo nos presenta cada vez que abrimos los ojos.

Regla 1: Los objetos no entran y salen de la existencia como el gato de Cheshire de *Alicia en el país de las maravillas*. Su solidez dictamina que no son fantasmas que pueden atravesar paredes. Asimismo, tampoco pueden atravesarlos otros objetos sólidos.

Regla 2: Los objetos están delimitados de tal modo que no pueden romperse y luego volver a pegarse por sí mismos. Esta regla ayuda a distinguir entre objetos sólidos y sustancias como la salsa de manzana y los líquidos.

Regla 3: Los objetos se mueven en trayectorias ininterrumpidas, por lo que no pueden teletransportarse desde una parte de la habitación hasta otra sin que los veamos cruzar de un lado al otro.

Regla 4: Por lo general, los objetos solo se mueven cuando algo más los hace moverse por presión o colisión. De lo contrario, es probable que sean cosas vivientes, lo que, como veremos en el siguiente capítulo, implica otro conjunto de reglas muy distinto.

¿Cómo sabemos que estas reglas actúan en los bebés? Por la sencilla razón de que se quedan mirando más tiempo cuando son violadas en algún truco de magia. Al aplicar los principios de la magia y la prestidigitación, los científicos han podido demostrar que los niños tienen un conocimiento acerca del mundo físico que van descubriendo por sí mismos. Y si están descubriendo el mundo físico por sí mismos, entonces resulta lógico que estén pensando en otras cosas del mundo.

TEORÍAS INTUITIVAS

Las cosas que mejor conocemos son las que no nos han enseñado.

— Marqués de Vauvenargues

Los experimentos con los trucos de magia han revolucionado el modo como interrogamos a los bebés acerca de lo que saben. Si nos ponemos a pensarlo, todas las cosas del mundo tienen propiedades que las hacen ser lo que son. Los objetos inanimados tienen propiedades de objetos inanimados. Las cosas vivas tienen propiedades de cosas vivas, etcétera. Si podemos crear una función de magia que viola las propiedades de cada una de estas cosas, entonces podemos ver si el bebé descubre el error.

En el juego de las veinte preguntas, uno tiene que descubrir la identidad de una cosa en lo que está pensando otro jugador. Empieza con la pregunta: "¿Es animal, vegetal o mineral?". A partir de allí, el jugador tiene que formular preguntas que se respondan con sí o no. "¿Es más grande que una caja de zapatos?", "¿Viene en distintos colores?". Si uno puede averiguar la respuesta con veinte preguntas o menos, gana. En el 2006, una versión electrónica llamada "20Q" ganó el premio al Juguete del Año, otorgado por la asociación de la industria del juguete de Estados Unidos. Y es impresionante. Puede descubrir casi cualquier objeto recóndito que a uno se le ocurra. Esto le resulta increíble a la gente, pero, una vez más, la gente tiende a sobreestimar la cantidad de objetos que cree conocer. La razón por la que las veinte preguntas empiezan por animal, vegetal o mineral es porque esta división abarca la mayoría de los distintos tipos de cosas que hay en el mundo natural.

Los bebés también dividen el mundo natural en grupos de distintos tipos de cosas. De un modo no muy diferente al de las veinte preguntas, primero deciden si algo es un objeto, una cosa viva o un ser viviente con una mente. Muy pronto, los niños piensan en la naturaleza de los objetos inanimados como algo distinto de las cosas que pueden moverse por sí mismas y están vivas.[31] También empiezan a ver las cosas vivas como cosas motivadas por metas e intenciones.[32] En otras palabras, están empezando a albergar la idea de lo que significa tener una mente. Mucho antes de que se les enseñe algo en la escuela, los niños pequeños empiezan a razonar acerca del mundo físico, el mundo viviente y el mundo psicológico. Son, de hecho, pequeños físicos, pequeños biólogos y pequeños psicólogos.[33]

Sin embargo, el conocimiento que tienen en cada uno de estos campos es más que una lista de datos. Su conocimiento del mundo es del tipo teórico, es decir, que cuando los bebés se encuentran con un nuevo problema, intentan darle sentido en términos de lo que ya saben. Y esto es lo que hacen las teorías, darnos un marco dentro del cual darle sentido algo. Lo que es más importante: las teorías les permiten a los niños hacer predicciones en una nueva situación. Por ejemplo, tras establecer que al empujar una cuchara desde el borde de la bandeja de su silla, esta se cae, el bebé deduce que otros objetos sólidos deberían hacer lo mismo y lo explorará felizmente al empujar todo por el borde. El bebé está empezando a entender los efectos de la gravedad.

Los bebés también razonan acerca de la gente. Al confirmar que mamá recogerá la cuchara y volverá a ponerla en la bandeja, deducen que los adultos son predecibles mientras que el hámster no. Están empezando a entender que las acciones de las cosas vivientes son distintas, y a ver las metas y las intenciones como estados mentales. A partir de este momento, los bebés empiezan a prestar atención y a prever sucesos, es decir, están desarrollando teorías acerca del funcionamiento del mundo. Nadie tiene que enseñarles acerca de la gravedad o la mente. Ellos lo descubren por sí mismos. No está claro si son plenamente conscientes de qué es lo que están descubriendo exactamente, pero su pensamiento no es caprichoso. Estos modos organizados de pensar son las teorías intuitivas que desarrollan todos los niños.[34]

La mayoría de las personas están familiarizadas con la palabra "teoría" en el contexto de la ciencia, es decir, como la teoría de la relatividad de Einstein o la teoría de la deriva continental de Wegener. Son teorías científicas formales que han sido desarrolladas, puestas a prueba, estudiadas, comentadas y debatidas por cientos de adultos cultos. Las teorías intuitivas de los niños, en cambio, son espontáneas e ingenuas. Aun así, los niños comparten con los científicos una propiedad interesante: son testarudos a la hora de cambiar de parecer.

EN LAS GARRAS DE UNA TEORÍA

A los académicos les encanta ponerles títulos ingeniosos a sus artículos científicos, pues esto no solo aviva lo que podría ser un texto muy árido, sino que demuestra que incluso los científicos pueden tener sentido del humor. En un artículo titulado "If You Want to Get Ahead, Get a Theory" [Si quiere progresar, consiga una teoría], Annette Karmiloff-Smith y Barbel Inhelder describen cómo los niños parecen razonar de un modo casi teórico al tratar de resolver los problemas físicos de todos los días.[35] El juego de palabras está en el *get ahead*, que puede significar conseguir el progreso así como la caja huesuda donde habita nuestro cerebro.* Sin embargo, el artículo

---

*   *Get ahead*, que significa "tomar la delantera" o "progresar", puede descomponerse en *get a head*, que significa "conseguir una cabeza" [*N. de la T.*].

plantea una idea muy importante acerca del rol de las teorías intuiti-vas en el desarrollo intelectual.

En su estudio, realizado con niños de cuatro, seis y ocho años, se les entregaron unas barras de madera de diferentes tamaños para que las sostuvieran en equilibrio. Imagine que tiene que sostener una regla sobre un lápiz, ¿cómo lo haría? Supongo que calculará cuál es el centro de la regla y la sostendrá en equilibrio sobre el lápiz en ese punto, que sería la solución correcta. Los niños también buscaron el centro de las barras para sostenerlas en equilibrio. Sin embargo, al darles unas barras que pesaban más a un lado, de modo que no pu-dieran sostenerlas por el centro, sucedió algo interesante. Al princi-pio, todos los niños intentaron sostenerlas por el centro, lo que no les dio resultado, por supuesto. Los niños mayores se mostraron descon-certados al principio, pero luego se dieron cuenta de que había algo raro. Luego movieron la barra hasta encontrar el punto de equilibrio. Los más pequeños, por su parte, no se mostraron sorprendidos y también movieron las barras hasta encontrar el punto de equilibrio. Los de seis años, en cambio, no pudieron con esta parte de la tarea.

Una y otra vez, los niños de seis años intentaban equilibrar la ba-rra por el centro, y la barra se caía una y otra vez. Estaban tan conven-cidos de que las barras debían alcanzar el equilibrio en el centro, que insistían en la misma estrategia hasta sentirse frustrados finalmente, tirar las barras y marcharse diciendo que era una tarea imposible. Es-taban tan convencidos de la teoría de que las cosas se equilibran por el centro que eran incapaces de ver que puede haber excepciones. Esa era su teoría del equilibrio, y cual adultos testarudos, que se niegan a abandonar una idea aunque se haya demostrado que es incorrecta, eran incapaces de ser flexibles en su conducta.

A diferencia de los de seis años, los más pequeños no tenían nin-guna teoría ni expectativas. Simplemente, enfrentaron y resolvieron el problema mediante el proceso de ensayo y error. Los mayores, que sí tenían una teoría, también predijeron que las barras se equilibra-rían por el centro. Sin embargo, al descubrir que no era así, contaban con la flexibilidad mental de darse cuenta de que a veces hay excepciones en la vida. Los inflexibles niños de seis años estaban atrapados en las garras de una teoría.

Hace diez años, descubrí un fenómeno parecido.[36] Piense en un tubo flexible como el de las aspiradoras. Ahora imagine que el tubo está conectado con una chimenea por arriba y con una caja por debajo. Si dejara caer una bola por la chimenea, usted sabría que debe buscarla en la caja. Supondría que la bola caería por el tubo hasta la caja. Ahora imagine que hago una curva con el tubo de modo que la caja ya no esté directamente debajo de la chimenea. Si dejo caer una bola por la chimenea, ¿dónde la buscaría ahora? En la caja, por supuesto, porque la caja está conectada a la chimenea. No podría ser más fácil.

Sorprendentemente, esto les resulta difícil a los niños en edad preescolar. Ellos buscan la bola justo debajo. La buscan allí una y otra vez, aun cuando se les muestre que está en la caja que está conectada a la chimenea por medio del tubo. ¿Qué está pasando?

Este extraño "prejuicio de la gravedad" revela un par de cosas interesantes de la mente de los niños. La primera es que tienen un razonamiento de tipo teórico, pues intentan aplicar el conocimiento que tienen para darle sentido a y predecir lo que podría suceder después. Cual científicos viejos y reticentes, no quieren creer en la evidencia cuando esta entra en conflicto con sus expectativas. Tanto practicar a tirar las cosas por el borde de la bandeja de su silla cuando eran bebés los ha llevado a desarrollar la teoría de que todos los objetos caen en línea recta. Pero cuando los objetos no se comportan del modo esperado, los niños pequeños insisten en su teoría y creen que algo anda mal. Y esto sucede porque les cuesta hacer caso omiso de sus creencias intuitivas.

Los humanos compartimos el prejuicio de la gravedad con los chimpancés, los monos y los perros, los cuales han sido estudiados todos con tubos.[37] Solo los perros parecen aprender la solución correcta relativamente rápido. ¿Acaso los perros son más inteligentes que los niños pequeños y los primates? Probablemente no. Creo que

FIG. 7: La máquina de los tubos. Los niños buscan siempre justo debajo. Imagen del autor.

son más flexibles en esta tarea porque no tienen una idea arraigada acerca de la caída de los objetos. Son como los niños de cuatro años frente a la tarea de la barra en equilibrio; no están casados con ninguna solución en particular.

Con el tiempo, los niños pueden aprender a ignorar el prejuicio de la gravedad, pero hasta los adultos pueden caer en el mismo error, y esto nos lleva de nuevo a uno de los argumentos más importantes del libro: es probable que no abandonemos nunca las ideas tempranas. Pensemos en este otro ejemplo. ¿Qué sucede con una bala de cañón al lanzarla desde el borde un precipicio? Imagíneselo. ¿Qué trayectoria cree que describiría? La mayoría de los niños en edad preescolar piensan que, como el *Coyote* del *Correcaminos*, la bala seguiría viajando horizontalmente hasta, de pronto, caer directamente en línea recta.[38] Los adultos pueden conservar estas creencias. Si preguntamos a los adultos qué trayectoria recorre una bomba al lanzarla desde un avión, muchos creen que cae en línea recta, y actúan en consecuencia.[39] En los juegos en que los adultos tienen que hacer que una pelota de tenis caiga dentro de un recipiente mientras van caminando, tienden a errar el cálculo porque tratan de soltar la pelota justo encima del recipiente.[40] En ambos ejemplos, el movimiento descrito es en realidad una curva, pero nuestra teoría ingenua e infantil de la caída en línea recta sigue funcionando. Estos ejemplos muestran que no siempre abandonamos nuestras teorías intuitivas al hacernos mayores. Y si este ingenuo razonamiento físico revela que las creencias infantiles perduran en los adultos, ¿qué sucede si esas creencias son sobrenaturales?

LOS NIÑOS COMO MAGOS INTUITIVOS

¿Dónde aparece el pensamiento sobrenatural por primera vez? En lo que va del capítulo, he descrito cómo comprenden los niños el mundo natural. Este proceso empieza mucho antes de que la enseñanza empiece a jugar su papel. Los niños dividen el mundo de la experiencia en distintas categorías de cosas y sucesos. Para darle sentido a todo, desarrollan teorías ingenuas que explican el mundo físico, el mundo vivo y, finalmente, el mundo psicológico de las otras personas. Si bien las teorías ingenuas de los niños suelen ser correctas, también pueden ser incorrectas porque las causas y los mecanismos sobre las que intentan reflexionar son invisibles. Por ejemplo, nadie puede ver la gravedad, pero podemos suponer que algo hace que los objetos caigan en línea recta al soltarlos. O pensemos en un ejemplo de la biología. Podemos reconocer rápidamente cuando algo está vivo. Podemos saberlo por su apariencia y, lo que es más importante, por su movimiento, pero en realidad no podemos ver la vida dentro de algo. Lo único que podemos hacer es deducirlo, y a veces nos equivocamos. A veces, las cosas no caen directamente en línea recta. A veces, las cosas vivientes no se mueven, y a veces, las cosas que se mueven no están vivas. Cuando atribuimos mal la propiedad de un área natural a otra, estamos pensando de un modo sobrenatural. Y si seguimos creyendo que esto es cierto, entonces nuestro pensamiento se ha vuelto sobrenatural. Es de allí de donde creo que viene nuestro supersentido. Permítame ampliar un poco más esta importante idea.

Por naturaleza, los niños categorizan el mundo en distintas clases de cosas. Si un niño no está seguro de dónde trazar los límites o aplica los atributos de un área a otra, desarrollará una idea sobrenatural. Por ejemplo, si un niño piensa que un juguete (propiedad física) puede cobrar vida por la noche (propiedad biológica) y tiene sentimientos (propiedad psicológica), esto implicaría una violación del orden natural de las cosas. Si el niño cree que los pensamientos pueden trasladarse de una mente a otra, está malinterpretando lo que es un pensamiento y de dónde viene. Los niños que confunden las propiedades de sus ingenuas categorías piensan de manera sobrenatural. Los objetos inanimados que cobran vida y tienen sentimientos son mágicos. Por otra parte, un pensamiento que se traslada de una mente a otra es lo que se conoce como telepatía.

En cientos de entrevistas con niños de cuatro a doce años, Piaget les pidió que explicaran el funcionamiento del mundo.[41] Les preguntó por fenómenos naturales como el sol, las nubes, los ríos, los árboles y los animales. ¿De dónde vienen? ¿Tienen una mente?, etc. Y lo que descubrió fue la existencia de creencias sobrenaturales recurrentes, sobre todo en los más pequeños. Creían que el sol los seguía a todas partes y podía pensar. Por eso, los niños pintan soles con caras felices. Es mucho más tranquilizador pensar en el sol como un ser amistoso que hace que los días de verano sean agradables y que la gente sonría, que como una bola inanimada hecha de energía nuclear que nos carbonizaría de no ser por la capa de ozono que protege la Tierra. Los niños estudiados por Piaget creían que los árboles tienen mentes y sentimientos. En pocas palabras, creían que el mundo inanimado está vivo, a lo que Piaget designó como "animismo". El animismo significa la atribución de un alma (*anima*, en latín) a una entidad, y puede encontrarse en muchas religiones así como en lo sobrenatural secular. ¿De dónde sacan los niños estas ideas? Nadie les dice que deban pensar así, simplemente es su modo de darle sentido al mundo.

Una razón por la que los niños caen este tipo de malinterpretaciones es porque dan sentido a todo a partir de su propia experiencia. Piaget reconoció que los niños pequeños están tan atrapados en su propia visión del mundo que interpretan según el modo como este se relaciona con ellos, y a esto le llamó "egocentrismo", para reflejar esta perspectiva obsesionada consigo mismos. El sol sí parece seguirnos a todas partes, en el sentido en que está allí cada vez que alzamos la mirada.

Los niños también le atribuyen un propósito a todo lo que hay en el mundo y, por tanto, suponen que todo está hecho para algo en específico; como, por ejemplo: el sol fue creado para mí. Lo que resulta lógico si tenemos en cuenta que los niños modernos viven en un mundo de artefactos que han sido diseñados y creados con un propósito. A los niños pequeños les cuesta distinguir entre las cosas que han sido creadas con un propósito y las que simplemente son útiles para un propósito. Por ejemplo, si puedo usar un palo para pinchar, puedo tender a pensar que los palos tienen un propósito. En otras palabras, los palos existen para que yo los use.

Este modo de pensar lleva al niño a lo que se conoce como "teleología promiscua".[42] Teleología significa pensar, en términos de funcionalidad, que algo ha sido diseñado para un propósito. Y es promiscua porque el niño aplica de manera exagerada su creencia del propósito y la función a todo. Por ejemplo, hay 101 formas de bajar por una ladera, tales como caminando, brincando, corriendo, esquiando, con patines o patineta, en trineo o en bicicleta, etcétera. Pero ningún adulto caería en el error de decir que las laderas existen por ninguna de estas actividades. Los niños, en cambio, dicen que las laderas existen para rodar por ellas, etcétera.

La mayoría de los niños de siete años explica el mundo natural en términos de propósito. Como acabamos de ver, la teleología promiscua podría predisponer al niño a pensar que el mundo existe por algo en específico, y por eso la concepción creacionista de la existencia resulta tan atractiva en un sentido intuitivo.[43] La mayoría de las religiones ofrece una historia de orígenes e intenciones, razón por la cual el creacionismo cuadra tan bien con lo que parece natural a los siete años de edad. Quizá de allí provenga el proverbio de "Dadme un niño hasta los siete años y os regresaré un hombre".

Los niños también son propensos al "antropomorfismo", es decir, conciben como humanas las cosas que no lo son. Es fácil que esto suceda con las mascotas y los muñecos, pues alentamos a los niños a tratarlos como humanos. Sin embargo, los niños también pueden pensar que una silla siente dolor al quemarse o que a la bicicleta le duele cuando la patean. Ellos imaginan cómo se sentirían si se quemaran o los patearan y, debido a su egocentrismo, aplican esta concepción a todo, incluyendo a los objetos inanimados.[44]

Hasta los adultos caen fácilmente en este modo de pensar. ¿Alguna vez se ha encolerizado con un objeto? Por lo general, sucede con las cosas que nos fallan en un momento crítico. El auto que se apaga de camino a una reunión importante o, lo que sucede con frecuencia en mi caso, el computador que falla cuando no he hecho una copia de seguridad. El antropomorfismo explica por qué les hablamos amablemente, les rogamos y luego amenazamos a las máquinas que nos dan guerra. Es el modo natural de interactuar con las cosas que parecen tener un sentido. Sabemos que hablar con los objetos no surte ningún efecto, pero lo hacemos de todos modos.

De modo que el origen de lo sobrenatural está dentro de todos los niños en desarrollo. Pero ninguna de estas ideas es nueva. Hace más de doscientos años, el filósofo David Hume escribió acerca del diseño mental y las creencias sobrenaturales, e identificó los mismos aspectos del diseño mental. Reconoció el mismo razonamiento infantil de los adultos al tratar de darle sentido al mundo. Los adultos también ven un mundo de cosas que parecen estar vivas y tener cualidades humanas.

> Existe entre los hombres una tendencia general a concebir a todos los seres según su propia imagen y a atribuir a todos los objetos aquellas cualidades que les son más familiares y de las que tienen más íntima conciencia. Descubrimos caras humanas en la luna, ejércitos en las nubes. Y por una inclinación natural, si esta no es corregida por la experiencia o la reflexión, atribuimos malicia o bondad a todas las cosas que nos lastiman o nos agradan. De aquí [que los] árboles, montañas y arroyos sean personificados y las partes inanimadas de la naturaleza adquieran sentimientos y pasiones.[45]

Desde esta perspectiva, podemos ver cómo un niño egocéntrico, que confunde categorías, albergue creencias que son el origen de lo sobrenatural en el adulto. Para empezar, a los niños les cuesta distinguir entre sus propios pensamientos y los de los demás. Al tener una idea, los niños piensan que los demás comparten esa misma idea, noción que concordaría con la telepatía y otros aspectos de la fusión de mentes. Además, los niños llegan a creer que pueden afectar la realidad por medio del pensamiento, que es la base de la psicoquinesia: la manipulación de objetos físicos mediante el pensamiento. Los niños dicen que ciertos rituales, como contar hasta diez, pueden repercutir en consecuencias futuras, lo que equivale a los hechizos y las supersticiones. También creen que ciertos objetos tienen poderes y energías especiales, un pensamiento mágico que conecta objetos mediante vínculos invisibles. Y, para completar, los niños ven fuerzas vitales por todas partes. Cualquier persona que albergue estas ideas erróneas podría sucumbir fácilmente al supersentido, razón por la que creo que lo sobrenatural en el adulto es el residuo de malinterpretaciones infantiles que no han sido abandonadas del todo.

¿LOS NIÑOS DE VERDAD CREEN?

¿Los niños se dan cuenta de que sus ideas erróneas son sobrenaturales? Ellos no usan ni entienden la palabra "sobrenatural". Es más, al enfrentarse con algo inexplicable, es más probable que digan que es "mágico". ¿A qué se refieren con esto? Actualmente, la palabra ha perdido su connotación siniestra y es usada en el vocabulario cotidiano. Desde los "rotuladores mágicos" a "Magic Johnson", el término es sinónimo de especial. En los últimos años, los psicólogos del desarrollo han empezado a preguntarse si los niños creen realmente en la magia. Después de todo, no intentan conjurar unas galletas por arte de magia cuando tienen hambre y saben que sus amigos imaginarios son de mentiras. En un estudio, se les pidió a niños en edad preescolar que imaginaran que había un lápiz en una caja vacía.[46] Cosa que podían hacer fácilmente, aunque en realidad no creían que hubiera un lápiz adentro. Cuando un adulto entraba en la habitación para pedir que le prestaran un lápiz, los niños no cometían el error de ofrecerle el lápiz imaginario dentro de la caja.

Al hablar de magia, quizá los niños solo les sigan la corriente a los adultos cuando estos les piden que imaginen cosas mágicas.[47] Después de todo, ¿qué más esperaríamos que dijeran al contarles que para su fiesta mágica de cumpleaños hemos contratado a un mago que hará trucos de magia y que todos los invitados deben disfrazarse de brujos y hadas? Nuestra aproximación a los niños pequeños hace hincapié en la magia como una parte normal de la experiencia. La magia ha perdido su significado sobrenatural.

El psicólogo ruso Eugene Subbotsky desveló el pensamiento mágico de los niños con un simple truco de magia. Puso una estampilla dentro de una caja, masculló unas palabras con su fuerte acento ruso y luego abrió la caja, donde había una estampilla cortada por la mitad.[48] Los más pequeños creían que se trataba de la misma estampilla y que el hechizo ruso la había cortado por la mitad. Los niños de nueve años y los adultos decían que la estampilla debía haber sido cambiada. Pero ¿estaban del todo convencidos los adultos? Aunque creían que se trataba de un truco, no estaban dispuestos a poner su pasaporte o la licencia de conducir dentro de la caja de Subbotsky. No querían arriesgarse a equivocarse.

Cuando es mucho lo que está en juego, nos sentimos menos seguros de nuestra razón. Parecería que al considerar lo desconocido, tal como sucede con el suéter del asesino, ponderamos los costos y los beneficios potenciales. Por esta razón, estudiantes racionales no se muestran muy dispuestos a firmar un papel según el cual le venden su alma al diablo por dinero de verdad.[49] Solo uno entre cinco firmaría el contrato, aun cuando este exponía claramente que no tenía validez legal. En términos racionales, esperaríamos que fueran más fieles a sus convicciones, como el ateo Gareth Malham, quien vendió su alma en *eBay* en el año 2002, para pagar su deuda estudiantil de veinte mil dólares. Claro que solo se vendió por unos míseros veinte, que a duras penas justificarían el esfuerzo.

¿Realmente es tan sorprendente que los niños den explicaciones mágicas a los trucos de prestidigitación? Tal vez usen la explicación de la magia por defecto cuando no pueden entender algo. Lo que debería parecernos más sorprendente es que los niños crecen dentro de un mundo lleno de tecnologías y sucesos complejos que no tienen cómo comprender y aun así no se refieren a ellos como algo mágico. Los controles remotos hacen funcionar las máquinas a distancia. La gente puede comunicarse por medio de cajitas manuales, etcétera.

El niño moderno está sumergido en un mundo que asombraría y probablemente asustaría a alguien de la época anterior a la revolución científica. Como señaló Arthur C. Clarke, "cualquier tecnología suficientemente avanzada es indistinguible de la magia".[50] Entonces, ¿por qué los niños no llaman mágico a todo?

A lo mejor los niños pequeños empiecen como describió Piaget, con toda clase de malinterpretaciones mágicas, pero, por medio de la experiencia, van desarrollando el sentido común y comprenden que hay cosas que conocen y otras que no. No obstante, lo sorprendente no es el pensamiento sobrenatural de los niños, sino el de los adultos, que deberían ser más conscientes. Mediante el entendimiento y la experiencia, el pensamiento sobrenatural debería disminuir a medida que crecemos, pero en algunas culturas hay un aumento paradójico de las creencias sobrenaturales. En las sociedades en que la creencia sobrenatural es la norma, desempeña una función explicativa cada vez mayor en el razonamiento adulto. Aquí es donde actúa el efecto del entorno, y es aquí donde la religión ejerce su influencia. Por ejemplo, cuando la antropóloga Margaret Mead les pidió a los habitantes de Samoa que dieran una explicación de por qué podían haberse soltado las amarras de una canoa por la noche, los niños tendían a dar explicaciones físicas, mientras que los adultos eran más propensos a hablar de brujas y de hechicería.[51] Y esto se debe a que los adultos estaban cada vez más influenciados por el contexto de la cultura.

En nuestra cultura occidental, la mayoría de las creencias sobrenaturales (como las estudiadas por la encuesta Gallup citada en el segundo capítulo) son consideradas como cuestionables aun cuando la mayoría de la gente cree al menos en una. Incluso puede que los adultos nieguen tener creencias sobrenaturales, pero como vimos anteriormente, mientras que nadie mencione la palabra "sobrenatural", los adultos están dispuestos a albergar la idea de que existen constantes, fuerzas y esencias ocultas. En la década de 1980, un equipo de investigadores que entrevistó a un grupo de mujeres de Manchester sobre sus creencias sobrenaturales descubrió que debían prescindir del término "sobrenatural" porque producía reacciones negativas.[52] No obstante, en cuanto usaban la expresión "el lado misterioso de la vida", las entrevistadas mostraban un interés decidido y estaban ansiosas por hablar. Estas mujeres, jubiladas en su mayoría, estaban encantadas de relatar numerosas experiencias con fantasmas, precogniciones y espíritus de los muertos. Para ellas, estas experiencias no eran sobrenaturales sino misteriosas.

Nos hemos hecho cada vez más conscientes de que el pensamiento sobrenatural es algo de lo que hay que sentirse avergonzado. Incluso puede que ocultemos nuestras conductas supersticiosas cuando hay más gente alrededor. Tres de cada cuatro adultos evitarán caminar debajo de una escalera si creen que nadie los está viendo.[53] Si ven a otro adulto hacerlo primero, es mucho más probable que caminen debajo de la escalera. Si no pensamos que nos están viendo, somos más propensos a actuar supersticiosamente. Incluso los estudiantes estaban menos inclinados a hacer trampa si se les decía, de manera informal, que la leyenda contaba que el salón donde estaban presentando el examen estaba embrujado.[54]

Puede que los niños no le ofrezcan un lápiz imaginario a un adulto, pero si los dejamos solos, revisarán la caja vacía después de pedirles que imaginen que contiene un helado.[55] Aun cuando saben que solo es un juego, no están seguros de que el helado no se haya materializado de alguna manera dentro de la caja. En otro estudio, se les habló a niños de cuatro a seis años de una caja mágica que podía transformar los dibujos en imágenes.[56] Todos los niños negaron que pudiera existir una caja que hiciera algo así, pero varios días después, estando solos, todos intentaron hacer el hechizo con la caja mágica y quedaron claramente decepcionados al abrirla y descubrir que contenía el mismo dibujo. Esto sugiere que los niños sí tienen ciertas expectativas de lo que es y lo que no es posible, pero están abiertos al testimonio de los demás. Y aquí es donde las historias y el papel de la cultura pueden influir en los niños que no están seguros.

Quizá los niños no conjuran galletas, lápices ni amigos imaginarios por arte de magia, pero puede que esto se deba a que comprenden los límites de sus propias capacidades. Quizá estén menos seguros de los poderes extraordinarios de los otros o de las cajas mágicas misteriosas. Y aquí es donde la cultura entra en escena para moldear nuestras creencias. Una vez más, el testimonio de los otros es importante para respaldar lo sobrenatural, y esto es especialmente poderoso en el patio de juegos. En una de las encuestas más grandes sobre las creencias, Peter y Iona Opie estudiaron a más de cinco mil niños de las Islas Británicas. Entre diversas actividades de juegos y canciones había una mezcla de creencias sobrenaturales relacionadas con promesas y supersticiones. Los Opie advirtieron que los niños distinguían entre las supersticiones que eran "solo por diversión" o "probablemente tontas" y otras que se daban por sentado. Los Opie advirtieron la presencia del supersentido en las prácticas que eran aceptadas indiscutiblemente:

Las otras, de nuevo, son realizadas porque en la naturaleza de los niños está el sentirse atraídos por lo misterioso: ellos parecen tener una conciencia innata de que en el orden del destino hay algo más de lo que parece en la superficie.[57]

El otro descubrimiento extraordinario es que los niños compartían la mayoría de las creencias de sus amigos, pero al llegar a la adolescencia, adoptaban cada vez más las creencias de los familiares y mayores. Al crecer, el folclor fragmentado de los niños daba paso a las creencias tradicionales de la cultura. Esto explicaría en parte la pauta en la formación de las creencias religiosas que vimos en el capítulo anterior, donde los niños de siete años tenían una concepción fundamentalmente creacionista del origen de la Tierra, mientras que los niños mayores habían empezado a desplazarse hacia las creencias religiosas formales o las explicaciones científicas, dependiendo del entorno familiar.

¿Y AHORA, QUÉ?

Hasta ahora, la propuesta sobre la mesa es que el origen de las creencias sobrenaturales puede rastrearse en las malinterpretaciones de los niños sobre la naturaleza. Sin embargo, a este cuadro le falta una pieza muy importante del rompecabezas: nadie es una isla. Somos animales sociales perdidos en un océano de personas. Los humanos modernos reciben el nombre científico de *Homo sapiens*, pero como ha señalado Nick Humphrey, la etiqueta de los humanos modernos debería ser *Homo psychologicus*.[58] La mayoría de las capacidades intelectuales y aptitudes que nos distinguen de otros animales provienen de nuestra capacidad psicológica, de comprender que los demás tienen su propia mente y razón. Por eso, somos animales sociales. Hemos evolucionado para coexistir en grupos, para comunicarnos y compartir ideas. Todas estas aptitudes requieren una mente lo suficientemente sofisticada para reconocer que los otros también tienen su propia mente.

Puede que las malinterpretaciones de los niños sean intuitivas y no aprendidas, pero se introducen dentro de un contexto cultural para convertirse en el folclor, lo paranormal y la religión. Sabemos que los entornos sociales son determinantes en el suministro de estos marcos de creencia, pero estos existen en primer lugar únicamente debido al supersentido. A medida que los niños descubren más acerca de la verdadera naturaleza del mundo, comprenden cada vez más que muchas de sus intuiciones están equivocadas y solo serían posibles si lo sobrenatural fuera cierto. Pero cuando otras personas comparten el mismo tipo de malinterpretaciones, estas creencias se vuelven socialmente aceptables, pese a la ausencia de pruebas o a lo que diga la ciencia racional.

En el próximo capítulo, veremos cómo lo sobrenatural se vuelve cada vez más verosímil al entrar en el dominio de lo social. En tanto que *Homo psychologicus*, nuestra naturaleza social depende de nuestra capacidad para leer la mente. Todos somos capaces de comprender y predecir lo que pensarán y harán los otros porque tenemos una teoría intuitiva de la mente. Entendemos que las otras personas tienen mentes que motivan sus acciones y creencias. Así como tenemos teorías intuitivas acerca del mundo físico, los humanos tenemos también una teoría intuitiva del mundo mental. Sin embargo, a diferencia del mundo físico, en el que la ciencia puede comprobar nuestras creencias de manera objetiva, el mundo mental sigue siendo uno de los misterios más grandes que todos damos por descontado diariamente. ¿Qué es la mente humana? ¿Cómo funciona? ¿Cómo es posible que algo que no es físico controle un cuerpo físico? Pocas veces nos planteamos estas preguntas porque la mente es algo común. Nuestra mente es lo que somos. Solo cuando la perdemos o sufrimos algún trastorno, nos hacemos plenamente conscientes de lo misteriosa que es en realidad la mente. Y ese misterio es terreno fértil para el supersentido.

CAPÍTULO CINCO

Leer la mente, una introducción

UNO DE LOS PODERES SOBRENATURALES que siempre he creído que podría sernos útil es la capacidad de leer los pensamientos de los demás. Imagine lo divertido que sería saber lo que piensan realmente los unos de los otros. Podría saber quién está interesado en usted (si es que hay alguien) y cuáles de sus colegas tienen una aventura. Esto podría convertirnos en los jueces más perspicaces o los seductores más atentos. Todos los secretos que intentamos ocultar quedarían a la vista. Claro está que la ignorancia bien podría ser una bendición, y que tal vez sea mejor no saber lo que piensan los demás, sobre todo si esos pensamientos son menos halagadores de lo que desearíamos.

Todos podemos leer la mente hasta cierto grado. No me refiero a la telepatía ni a la fusión de mentes, que pertenece al mundo de la ficción, sino al instinto que nos lleva a tratar de descubrir lo que piensan los demás. Ya sea para ganar una discusión, cerrar un negocio o atender a un cliente, todos recurrimos diariamente a nuestra capacidad de leer el pensamiento para deducir lo que están pensando los demás. Consideramos cuáles serán sus creencias y suponemos qué emociones están experimentando para saber "de dónde vienen". De este modo, predecimos y manipulamos al otro aun cuando en realidad nunca tenemos acceso a sus sentimientos o pensamientos privados.

Los desconocidos pueden leerse la mente mutuamente sin decir una sola palabra. Cuando observamos a las personas que van y vienen por los espacios públicos, automáticamente atribuimos un propósito oculto a sus movimientos. Parecen tener metas e intenciones. Nos imaginamos que tienen una sustanciosa vida mental. Y lo hacemos porque suponemos que son como nosotros. Ellos también han de experimentar las mismas ansiedades, decepciones, euforias, frustraciones y toda la amplia gama de preocupaciones que experimentamos todos. Pero aunque nuestra capacidad para leer pensamientos no es infalible, y nos equivocamos con frecuencia, es más fácil concebir a los demás como seres motivados por una mente que la insípida alternativa: seres mecánicos, robots sofisticados o zombis bien vestidos.

Algunos dominamos esta capacidad mejor que otros. El psicólogo de Cambridge Simon Baron-Cohen ha propuesto que a las mujeres se les da mejor que a los hombres.[1] Leer la mente —o la empatía social, para ser más precisos— es una habilidad femenina derivada de un cerebro diseñado para ser social. Según la teoría, a las mujeres se les da bien la empatía mientras que los hombres son mejores para la sistematización. Y aunque es una idea controversial y políticamente incorrecta, parece concordar con el sentido común.

Nuestra capacidad para leer la mente es intuitiva. Nadie nos la enseña, y empezamos a usarla incluso antes de hablar. Como el lenguaje, es una de las cosas que nos hace humanos. Y lo es porque comprender otras mentes es fundamental para nuestras interrelaciones. Bien puede que el *Homo sapiens* haya evolucionado para pensar, pero la mayoría de esos pensamientos son acerca de otras personas. En este capítulo, examinaremos el surgimiento de la capacidad de leer la mente en nuestra primera y fundamental relación con nuestros padres, y especialmente con nuestra madre. Durante estos años de formación, bebés y adultos experimentan intercambios sociales cada vez más complejos. ¿Tienes hambre? ¿Necesitas que te cambie el pañal? ¿Qué está haciendo mamá? ¿Qué nos querrá decir el bebé? El arte de leer la mente radica en la capacidad de anticipar la reacción del otro, y los bebés se vuelven expertos durante los primeros años, mucho más que cualquier otro animal.[2] Y lo hacen al comprender que el cuerpo está motivado por la mente. Esta comprensión los prepara para la función aun más importante de comprender el mundo social de quienes están fuera del círculo familiar. Sin embargo, al desarrollar la capacidad social de leer la mente, los niños empiezan a pensar en cómo la mente está separada del cuerpo, y esto prepara el terreno para unas poderosas creencias sobrenaturales sobre el cuerpo, la mente y el alma.

ENCARÉMOSLO

Nuestra lectura de la mente comienza por las caras, especialmente los ojos. ¿Qué tienen en común las supermodelos como Naomi Campbell y Kate Moss, los personajes de los dibujos animados japoneses y los bebés? Pues unos ojos inmensos. Una de las razones por la que las supermodelos y los personajes de los dibujos *manga* nos resultan tan encantadores es porque nos recuerdan a los bebés. Esto se conoce como el "esquema-bebé" y radica, sencillamente, en la atracción producida por los rasgos característicos del bebé, como el enorme tamaño de los ojos en relación con una cabeza grande en un cuerpo pequeño.[3] Los biólogos advirtieron que las jóvenes crías de muchos mamíferos comportan este esquema. Los cachorritos y los conejitos son buenos ejemplos de animales que se destacan por esta cualidad, que es particularmente evidente en los monos, debido al tamaño de sus cabezas, necesario para alojar sus grandes cerebros. No obstante, no es una simple peculiaridad de las dimensiones físicas. Por ejemplo, si les pedimos a los niños que no han llegado a la pubertad que clasifiquen los rostros por su atractivo, prefieren los rostros adultos.[4] Pero al llegar a la pubertad, las niñas, a diferencia de los niños, muestran un cambio total al preferir los de bebés. De este modo, la naturaleza está empezando a mover los hilos que moldean nuestra conducta reproductiva.

Las caras son como imanes para los bebés; no pueden dejar de mirarnos. Si en un escenario social agitado medimos el movimiento de sus ojos para saber hacia dónde están mirando, descubrimos que están estudiando el rostro de las otras personas. Este interés por los rostros empieza desde el nacimiento.

Por ejemplo, dada la alternativa, los recién nacidos se quedarán más tiempo observando la figura de la izquierda en comparación con la de la derecha.[5] La de la izquierda se parece más a una cara que la de la derecha, que es idéntica pero está al revés. El hecho de que esto suceda con bebés que han tenido poca experiencia con los rostros secunda la teoría de que los humanos nacemos preparados para prestar atención a todo lo que se parezca a una cara. Algunos sostienen que esto refleja una adaptación evolutiva para garantizar que los bebés presten atención al rostro de su madre, así como las crías de las aves siguen instintivamente cualquier cosa que se mueva y se parezca a un adulto en cuanto salen del cascarón.[6]

De modo que las caras son especialmente importantes para los humanos. Podemos distinguir y reconocer cientos de rostros, y aun así las diferencias entre los rostros individuales pueden ser muy pequeñas. Como vimos en el capítulo 3, la circunvolución fusiforme

FIG. 8: Los recién nacidos se quedan más tiempo mirando la figura de la izquierda, parecida a una cara. Imagen del autor.

del cerebro (que está justo detrás de las orejas) se activa cada vez que vemos caras.[7] Sin embargo, cuando una persona sufre un daño en la circunvolución fusiforme puede perder la capacidad de reconocer los rostros individuales. La afección resultante, conocida como *prosopagnosia*, puede ocasionar incluso la pérdida de la capacidad de reconocer su propio rostro al verse en el espejo.[8]

En toda esta maquinaria cerebral dedicada a las caras podríamos ver una explicación de por qué estamos programados para ver rostros cuando no los hay, y a menudo en los lugares más inesperados. El doctor J. R. Harding, un radiólogo de Gales, me habló del caso de un hombre al que no le había descendido el testículo derecho.[9] Se trata de una afección común, que suele identificarse en los chequeos rutinarios hacia el momento en que los niños llegan a la pubertad. Lo que me recuerda mi propia experiencia. No sé cómo serán los chequeos hoy en día, pero en mis días, anteriores a la época del consentimiento informado, la mayoría de los jóvenes prepubescentes quedábamos completamente aterrorizados y desconcertados de que la enfermera del colegio nos pidiera que tosiéramos mientras nos sostenía los testículos.

Al examinar la imagen del testículo descendido de su paciente, el doctor Harding casi se cae del asiento al ver lo que, claramente, era un rostro. Redactó el informe sobre el caso y publicó un artículo médico titulado "El caso del escroto embrujado", que sería "su contribución a la radiología menos importante pero más celebrada". En el reporte, el doctor Harding ofrecía una explicación de la ausencia del testículo no descendido: "Si usted fuera un testículo derecho, ¿le gustaría compartir el escroto con eso?".

Las apariciones que parecen caras pueden encontrarse fácilmente tanto en objetos naturales como artificiales. Las rocas, los árboles nudosos y hasta los escarabajos Volkswagen pueden dar la sensación de tener un rostro. Puesto que las caras son tan importantes, tendemos a tratar sus apariciones como un buen agüero, como algo más que una simple coincidencia. En su libro *Faces in the Clouds* [Rostros

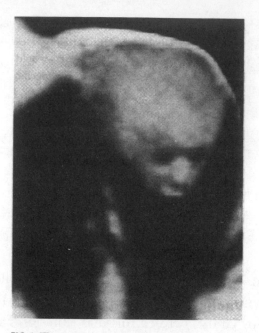

FIG. 9: "El escroto embrujado". Imagen de una cara descubierta por el doctor Harding. Imagen © Richard Harding.

en las nubes], Stewart Guthrie sostiene que nuestro procesamiento intuitivo de las figuras nos lleva a ver caras, y esto, a su vez, nos lleva a suponer que estamos rodeados por agentes ocultos.[10] Basándose en la observación de Hume de que "vemos caras humanas en la luna y ejércitos en las nubes", citada en el capítulo anterior, Guthrie plantea que tenemos la mente predispuesta a ver e inferir la presencia de otros, lo que explica por qué somos propensos a ver caras en las figuras ambiguas. Si estamos en un bosque y de repente vemos lo que pareciera ser un rostro, es mejor suponer que lo es en vez de hacer caso omiso de ello. Podría ser alguien que nos está siguiendo. El ver rostros nos lleva a deducir la presencia de otra mente. Y esa mente puede tener malas intenciones para con nosotros. ¿Por qué otra razón se escondería entre las sombras? Esta tendencia podría ser sencillamente uno de los mecanismos que secundan la idea de la existencia de agentes sobrenaturales en el mundo. Y esto explicaría por qué las apariciones de rostros suelen tomarse como pruebas de la actividad sobrenatural. Por ejemplo, el casino virtual Goldenpalace.com compró por 28 000 dólares un sándwich de queso de hacía diez años, del que se decía que portaba la imagen de la Virgen María,[11] y el rostro de Jesús ha aparecido en muchas ecografías de mujeres embarazadas.

EL AMOR ES LA DROGA

Puede que las caras sean las primeras figuras que llamen nuestra atención, pero es la experiencia emocional durante los momentos íntimos que compartimos con las personas cercanas la que crea una sensación intangible de conexión. Por ejemplo, la mayoría de los recién nacidos parecen unos viejitos gruñones, arrugados y calvos, pero son hermosos para los padres. Las madres no pueden evitar compenetrarse con sus bebés porque la naturaleza les ha dado, disimuladamente, un coctel de hormonas que forja un vínculo apasionado. Los padres también lo sienten, pero en el fondo, la naturaleza pretendía que fuese una cuestión entre la madre y el bebé. Las madres no tienen alternativa, pues sus cuerpos están anegados de mensajes químicos que controlan sus emociones y conductas.

Uno de esos químicos es la oxitocina, que invade el cerebro de la madre hacia el momento del parto para provocar las contracciones uterinas y que se activa durante la lactancia. Aparte de la maternidad, el cuerpo también produce oxitocina durante el contacto físico de la relación sexual. De modo que no es de extrañar que las investigaciones hayan revelado que esta hormona es importante en la vinculación social. Por extraño que parezca, lo sabemos gracias a dos especies de topillos. Mientras que el topillo de la pradera (*Microtus ochrogaster*) entabla un intenso cortejo de veinticuatro horas para luego aparearse de por vida, su primo de la montaña (*Microtus montanus*) es promiscuo y prefiere las conquistas de una sola noche. Una explicación de esto es que los llamados centros de recompensa del cerebro de los topillos de pradera son sensibles a la oxitocina, no así los de los topillos de montaña.[12] La oxitocina produce ese sentimiento afectivo en los topillos de pradera porque sus centros de recompensa se sacian al aparearse, lo que no sucede con los topillos de montaña. Cuando los investigadores bloquearon el camino hacia los centros de recompensa en los topillos de pradera, estos también se volvieron promiscuos e infieles. Ya no se quedaban hasta la mañana siguiente ni devolvían las llamadas. Sin embargo, un coctel de amor compuesto de oxitocina inyectado en los topillos de pradera funcionaba cual flecha de Cupido, pues volvían a compenetrarse. Podríamos decir entonces que quienes nos enamoramos perdidamente nos comportamos tal como estos topillos.

Cuando decimos que hay química entre dos personas, hay una verdadera alquimia en juego. La atracción sexual y el enamoramiento son experiencias enriquecidas por las emociones desatadas de manera automática por una avalancha de hormonas. Están presentes en los primerísimos intercambios sociales entre el bebé y la madre, y siguen alimentando la pasión de la intimidad social durante toda nuestra vida. Cuando esto sucede, nos sentimos hechizados, embrujados, cautivados, embelesados y, por lo general, fuera de control. Algo extraño se apodera de nosotros, y el pensamiento racional parece desbaratarse. Puede que la ciencia describa la experiencia de la atracción humana en términos de neurotransmisores químicos y estímulos sensoriales, pero cuando Frank Sinatra hablaba de aquella magia negra llamada amor, estaba describiendo el supersentido de que cuando nos enamoramos actúan fuerzas misteriosas.

EL RITMO DE LA VIDA

La química y la apariencia son solo dos de los ingredientes que componen el revoltijo de las relaciones sociales. La sincronización también es clave. Cuando las cosas no funcionan entre dos personas, suelen decir que simplemente no congeniaron. Los humanos somos criaturas rítmicas que nos movemos según pautas y nos sentimos más cómodos con aquellos que se mueven en sincronía con nosotros. Basta con ver el coqueteo de dos enamorados. El intercambio de miradas, palabras y caricias. Si no hay sincronía, la relación suele estar condenada al fracaso.

El movimiento también es clave para identificar si algo está vivo o no. Por ejemplo, hay aspectos del movimiento que nos dicen si estamos lidiando con un animal o un objeto. Los objetos se mueven de un modo rígido, mientras que los animales tienen un movimiento fluido. La próxima vez que vaya a un centro comercial, observe cómo se mueven los demás. Los compradores avanzan fluida y suavemente para no chocar entre sí. Las máquinas no podrían lidiar con una calle llena de gente. Por otro lado, el tipo de movimiento es evidente enseguida. Si a una persona le ponemos un reflector en la frente, los codos, las muñecas las rodillas y los tobillos, y luego apagamos todas las luces, solo veremos nueve puntos que alumbran en la oscuridad. Sin embargo, en cuanto empieza a moverse, enseguida lo vemos como una persona.[13] Al detenerse, la persona vuelve a convertirse en nueve puntos luminosos. Esto sucede porque el cerebro está tremendamente sintonizado con los movimientos fluidos de las cosas vivas aun cuando no podamos ver los cuerpos. Es tan esencial, que al mostrarles estos despliegues lumínicos a bebés de apenas cuatro meses, también ven a la persona invisible.[14]

Como sucede con los rostros, el movimiento también puede engañarnos y hacernos creer que algo tiene mente. Por ejemplo, a los niños les fascinan los juguetes que parecen cobrar vida. En mis épocas, uno de los juguetes más comunes era el "*Slinky*", ese alambre espiralado que parecía desplazarse casi como una oruga acróbata. La atracción producida por el *Slinky* en Navidad era ese movimiento casi vivo que tenía al bajar las escaleras antes de que alguien se tropezara con él o lo torciera, estropeándolo para siempre. Los juguetes que parecen estar vivos son curiosos porque desafían nuestra idea de cómo deberían comportarse los objetos inanimados y las cosas vivas. Hoy en día, muchos juguetes explotan este principio para crear mayor efecto, pero atención: no a todos los bebés les gustan los objetos que parecen cobrar vida de repente, pues esto puede ahondar su confusión: "¿Está vivo o qué?".

En cuanto los bebés deciden que una cosa está viva, tienden a atribuirle un propósito a sus movimientos. Están empezando a deducir que hay una mente que controla esos movimientos. En un estudio con bebés de doce meses, se les presentó un juguete de peluche en un pedestal.[15] Era como una especie de gorro ruso de invierno con ojos de botones, lo cual no es precisamente el ejemplo más convincente de una criatura viviente. Sin embargo, sin que el bebé lo supiera, el gorro era controlado a distancia por los investigadores que estaban escondidos en otra habitación. El bebé observaba el gorro. El gorro observaba al bebé. Era como un duelo en una película del Lejano Oeste. Después de un breve silencio incómodo, el gorro se movía y emitía repentinamente un pitido. El bebé quedaba sorprendido y miraba a su madre en busca de una explicación, pero no se le explicaba nada. El bebé señalaba el gorro y vocalizaba. El gorro respondía con un pitido. Los científicos que controlaban el gorro se aseguraban de que el gorro respondiera a todos los sonidos, movimientos y manifestaciones del bebé. Al poco tiempo, el bebé y el gorro habían entablado un intercambio social absurdo pero muy sintonizado. Cuando el gorro se movía como para mirar hacia el lado, el bebé lo imitaba para ver hacia dónde esta mirando el gorro, es decir que estaba tratando al gorro como si tuviera un propósito. Por el simple hecho de interactuar de un modo sincronizado con las respuestas del bebé, el gorro y este se habían hecho amigos.

Los bebés responden a este tipo de intercambios como si los objetos estuviesen vivos y tuviesen un propósito. Ellos deducen la existencia de intenciones. Sin embargo, si el gorro se hubiera movido de un modo aleatorio y no hubiera tenido un rostro, no se habría establecido un vínculo social y los bebés no habrían imitado o intentado seguir su ejemplo. Es decir que los movimientos y los rostros nos llevan a deducir que hay propósitos intencionados. Es una combinación tan poderosa que es casi imposible de ignorar.

ESTOY MIRÁNDOTE, PEQUEÑO

Los humanos somos observadores de gente por naturaleza, y la mayor parte del tiempo observamos rostros y ojos. El centro de atención de la mirada de otra persona es una señal poderosa que nos hace mirar en esa dirección. Magic Johnson era un gran jugador de baloncesto porque usaba el pase "sin mirar": podía pasarle el balón a un compañero sin quitarle los ojos de encima a su contrincante.[16] Podía controlar la mirada para mantener la atención de su oponente y no avisarle con los ojos hacia dónde estaba a punto de lanzar. Aún más impresionante era su capacidad de mirar a un compañero y luego pasarle el balón a otro completamente distinto, con lo que hacía que el defensa se desplazara en la dirección equivocada.

Nuestra dificultad para hacer caso omiso de la mirada de otra persona revela su importancia como componente de la interacción humana.[17] Dicen que los ojos son una ventana al alma. Yo no sé nada de almas, pero sí sé que los ojos son un indicador bastante bueno de lo que piensa la gente. Bien puede comprobarlo la próxima vez que esté haciendo fila en la caja del supermercado. Observe los profusos intercambios de miradas entre la gente. Es sorprendente lo poco conscientes que somos de la importancia del lenguaje de los ojos. He aquí una de las razones de la incomodidad que sentimos al hablar con alguien que lleva gafas oscuras. Por esta misma razón, los agentes de policía usan gafas de espejo para intimidar a los sospechosos.

Esta sensibilidad y necesidad de ver los ojos de la otra persona está presente desde el nacimiento. Los recién nacidos prefieren que los miremos a los ojos. Aunque su visión es tan escasa que podrían clasificar para el seguro de incapacitados,[18] pueden distinguir los ojos en un rostro, y prefieren las caras de los adultos cuya mirada está dirigida hacia ellos.[19] Puesto que tienen poca experiencia en el arte de observar a la gente, esto sugiere fuertemente que el observar la mirada es otro proceso presente desde el nacimiento. Los enamorados se miran fijamente, y padres y bebés pasan largos ratos mirándose mutuamente. Si miramos a los ojos a un bebé de tres meses, el bebé nos sonreirá. Si apartamos la mirada, dejará de sonreír. Y si volvemos a mirarlo, volverá a sonreír. Este mirarse mutuamente enciende y apaga la sonrisa social.[20] Y, como es lógico, funciona en la dirección inversa. Si los bebés nos miran, los padres sonreímos. Definitivamente, nos tienen en la palma de sus manos diminutas.

La mirada hace parte de una gama de destrezas sociales conocida como "atención conjunta".[21] Al interactuar socialmente, los humanos compartimos un mismo foco de interés. Ya sea discutir algún tema, ver un partido de baloncesto o admirar un cuadro, participamos en un esfuerzo conjunto por examinar el mundo. La atención conjunta no es exclusiva del ser humano; muchos animales la usan para ampliar su registro de intereses o amenazas potenciales. Como los suricatos, que se miran mutuamente ante la primera señal de peligro, los animales pueden beneficiarse al observar a otros que observan el mundo. Sin embargo, aún no hay consenso sobre si los animales pueden inferir los estados mentales que parecemos inferir los humanos.[22] Veamos el siguiente párrafo de Barbara Smuts:

Alex miró fijamente a Thalia hasta que ella se dio la vuelta y estuvo a punto de sorprenderlo mirándola. Él apartó la mirada inmediatamente, entonces ella se quedó mirándolo hasta que él empezó a girar la cabeza hacia ella. De pronto, ella se quedó absorta acicalándose los dedos del pie, pero en cuanto Alex apartó la mirada, ella volvió a mirarlo. Así siguieron durante más de quince minutos, con una sincronización siempre perfecta, hasta que finalmente Alex se las arregló para sorprender a Thalia mirándolo.[23]

Smuts sugiere que Alex y Thalia podrían ser dos principiantes en un bar de solteros. Lo cierto es que esta descripción proviene de sus anotaciones de campo sobre dos babuinos de África Oriental en el preámbulo de un cortejo. Podría haber sido sacado de una escena de *Sex and the City*, aunque yo pensaría que el que una mujer empiece a acicalarse los dedos del pie en público no resultaría muy atractivo en pleno Manhattan. ¿Los animales son capaces de leer la mente? Si bien parecen seguir la mirada, no está claro que realmente puedan llegar a la siguiente fase, que consiste en pensar que los otros tienen estados mentales como las creencias y los deseos. Esta parece ser una cualidad particular del ser humano, y una que los bebés desarrollan en algún momento entre el primer y el segundo año de vida.

EL BUEN SAMARITANO

Ser capaces de entender a los otros como seres con propósitos y objetivos es una poderosa herramienta para leer la mente, pues nos permite interpretar las acciones de los demás como intencionadas y además nos permite prever lo que están por hacer. Piense en la siguiente secuencia como si fuera una película muda. Un intrépido escalador se aproxima a una loma empinada y emprende su ascenso por la cuesta. A medio camino, el escalador llega a un punto donde se detiene momentáneamente antes de reanudar el ascenso. En la cima de la colina, lo espera otra persona que, de pronto, se lanza cuesta abajo, bloqueando el avance de nuestro escalador y empujándolo durante el resto del trayecto para hacerlo bajar. ¿Qué está sucediendo? ¿Será una cuestión de lucha por las tierras? ¿O se estarán batiendo en duelo por la mano de la doncella que habita en la cima de la colina? Lo que suele suponer la mayoría de la gente es que hay un conflicto de intereses y que no son amigos. En otra versión de la película, en lugar de obstaculizar su ascenso, aparece otro individuo que le ayuda al escalador a subir la cuesta. Una vez más, una imaginación fértil podría crear una explicación factible. ¿Se trata de un buen samaritano que les ayuda a subir la cuesta a los escaladores?

En realidad, se trata de animaciones por computador utilizadas por psicólogos de Yale para investigar el origen de la moralidad humana.[24] Los diversos personajes de estas minirrepresentaciones —el escalador, el agresor y el buen samaritano— son, en realidad, figuras geométricas que tienen ojos y se mueven en la pantalla de un computador. Pero al ver estas secuencias, no podemos evitar ver a las figuras como individuos intencionados que tienen metas y personalidades. He aquí el antropomorfismo que vimos en el último capítulo. Hasta unas simples figuras geométricas parecen vivas si se mueven por sí mismas y toman caminos que parecen intencionados. Nuestro antropomorfismo provee a las figuras con las cualidades humanas de los estados mentales. Al apropiarnos de las reglas del movimiento de las cosas vivientes y atribuírselas a los objetos, los hacemos cobrar vida.

Tal como usted o como yo, los bebés de doce meses que ven estas secuencias también juzgan como buena o mala la naturaleza de cada figura, basándose en su comportamiento. Muchos antes de que tengamos oportunidad de enseñarles nada acerca de las personas buenas y malas, los bebés se forman opiniones por el simple hecho de observar las interacciones humanas. Primero, el escalador es visto como una persona que tiene el deseo y la intención de llegar a la cima. El agresor que obliga a retroceder al escalador es desagradable, mientras que el que le ayuda es amable. Lo sabemos porque si el obstaculizador o el ayudante cambia de conducta repentinamente, los bebés advierten el cambio. Ellos saben algo acerca de la naturaleza de los personajes individuales. Es más, al ofrecerles posteriormente unos juguetes que reproducen a los personajes para que jueguen con ellos, la mayoría escoge al ayudante. Los bebés prefieren jugar con el buen samaritano.[25]

Si después de empujar cuesta abajo al escalador, el agresor es presentado como si fuera el buen samaritano, los bebés no caen en la trampa del cambio en la apariencia exterior. Ellos saben que en el fondo sigue siendo un ser desagradable, pues se muestran sorprendidos si este empieza a ayudar al escalador repentinamente. Los bebés saben que las apariencias pueden engañar y que ser malo es un defecto de personalidad. Como dice el refrán: "Aunque la mona se vista de seda, mona se queda".

AGENTES SECRETOS

Sean figuras geométricas, gorros rusos o juguetes animados, nuestro diseño mental nos obliga a verlos como si tuvieran propósitos y objetivos. Nuestra tendencia a suponer que las conductas de las personas son motivadas por la mente nos permite predecir qué harán después. Esto es lo que Dan Dennett llama "la postura intencional". Cuando adoptamos la postura intencional, percibimos a los otros como agentes. Con agente nos referimos no a un James Bond, sino a algo que actúa con un propósito. Atribuimos creencias y deseos a los agentes, así como cierta inteligencia para alcanzar esos objetivos.[26] Podría tratarse de una estrategia adaptativa para garantizar que estemos siempre pendientes de las presas y los predadores potenciales. Al adoptar la postura intencional, nos damos a nosotros mismos la mejor oportunidad para encontrar comida y evitar ser comidos en la lucha por la existencia.

Sin embargo, el problema de adoptar una postura intencional es que puede activarse erróneamente. Las cosas que no tienen intenciones pero parecen tenerlas —ya sea porque parecen estar vivas (movimientos y rostros) o porque actúan como si estuvieran vivas (reacción contingente)— nos hacen creer que son agentes. Estamos inclinados a pensar que tienen intenciones y mentes. En Somerset, donde vivo, hay una compañía que fabrica una aspiradora que tiene una cara pintada en el frente y se llama "Henry". En realidad, se llama "Numatic HVR 200-22 Aspiradora roja Henry", pero la gente la conoce como "Henry". Al leer las reseñas de los clientes en la página web de Amazon, donde uno puede comprarla, parece ser muy buena.

Lo que resulta sorprendente es la manera como la describe la gente. No hablan de Henry como un aparato, sino como "él", "un ayudante fiel", etc. Como escribió un cliente: "Hemos tenido a nuestro Henry unos catorce años. Él limpia la casa, el auto y el polvo sin la menor queja... y siempre con una sonrisa. ¿A cuántos aparatos domésticos les pedimos disculpas si los golpeamos accidentalmente contra una esquina?". Está claro que Henry desata una fuerte postura intencional en sus dueños.

No creo que nadie piense realmente que Henry esté vivo o tenga sentimientos, pero claramente ilustra lo fácil que es adoptar la postura intencional. Y puede que no sea tan malo. Después de todo, cuando intentamos comprender y predecir los acontecimientos que se dan en el mundo, la postura intencional nos proporciona un marco útil para contextualizar la información y actuar en consecuencia. Por ejemplo, digamos que un día se me daña el automóvil, entonces tengo que planear lo que haré para arreglarlo. ¿Qué le está *pasando*? A lo mejor *necesite* una revisión. Quizá mi viejo amigo necesite una remozada. Dennett da otro ejemplo útil.[27] Los jardineros *engañan* a las flores para que florezcan al ponerlas en los invernaderos y hacerles *creer* que es primavera. La pos-

FIG. 10: La aspiradora "Henry". © Numatic International LTD.

tura intencional es una manera cómoda de hablar del, e interactuar con, el mundo natural y artificial. Pero como vimos con el animismo infantil de Piaget, este modo de pensar aparece temprano y puede secundar el supersentido en que hay agentes secretos que actúan en el mundo. Es sobrenatural porque representa la sobreextensión de la postura intencional de agentes reales con estados mentales a objetos que no pueden tener ese tipo de vida mental. Es cierto que caemos con mucha facilidad en este modo sobrenatural de pensar, y puede que nos riamos de ello, pero, como dice el refrán: "Donde hay humo, hay fuego". Los mismísimos procesos que nos llevan, en la infancia, a buscar potenciales agentes en el mundo, siguen engañándonos, en la adultez, al hacernos pensar que el mundo está habitado por objetos inanimados intencionados.

FANTASMAS EN LA MÁQUINA DE CARNE

Ya sea que leamos nuestra propia mente o infiramos la de otros, el hecho es que vemos la mente como algo separado del cuerpo, lo que se conoce como "dualismo". En *Descartes' Baby* [El bebé de Descartes], Paul Bloom revela una impresionante avalancha de trabajo para argumentar que los humanos somos, por naturaleza, dualistas sustanciales intuitivos.[28] El dualismo sustancial es la posición filosófica según la cual los humanos estamos hechos de dos tipos de sustancias: un cuerpo físico y un alma inmaterial. Nuestra mente hace parte de esa alma que habita nuestro cuerpo. La separación del cuerpo y la mente —o "el problema de la mente y el cuerpo", como se le conoce— es algo que desvela a muchos filósofos y neurocientíficos. Permítame explicar por qué.

Todos experimentamos nuestra vida mental como algo distinto a nuestro cuerpo. Podemos ver cómo nuestro cuerpo cambia a través de las décadas, pero sentimos que seguimos siendo la misma persona. Por ejemplo, yo siento que sigo siendo el mismo hombre que era en mi adolescencia. A veces, incluso me comporto de ese modo. Nuestros conocimientos, experiencias, ambiciones, prioridades y preocupaciones pueden cambiar con el correr de los años, pero nuestro sentido del "yo" es constante. Este es uno de los aspectos más frustrantes del envejecimiento. Las personas mayores no sienten que han envejecido; solo su cuerpo. Y lo peor es que la sociedad occidental es cada vez más discriminatoria según la edad. Tratamos distinto y con condescendencia a las personas mayores, pero estas no se sienten demasiado distintas a como eran en su juventud. Cuando nos miramos en el espejo, podemos ver los estragos que el tiempo y la gravedad han hecho en nuestro cuerpo, pero seguimos sintiendo que somos la misma persona. Incluso podemos cambiar de creencias y opiniones, al darnos cuenta de que alguna música *punk* era realmente espantosa, pero no sentimos un cambio en la persona que tiene esas creencias y opiniones. Y es así porque no podemos salirnos de nuestra mente para ver cómo se ve desde otra perspectiva. Somos nuestra mente.

Además de la cruel injusticia de las mentes juveniles atrapadas en cuerpos que envejecen, la experiencia cotidiana nos dice que nuestra mente trabaja independientemente de nuestro cuerpo. Vivimos tomando decisiones que anteceden a nuestros actos. Tenemos la sensación de que nuestro cuerpo está controlado por nuestros pensamientos. Sentimos la autoría de nuestras acciones, somos los autores de los actos. Esta es la experiencia de la voluntad consciente. No obstante, el libre albedrío —la idea de que podemos tomar las decisiones que queramos, cuando queramos— bien podría ser una ilusión. La experiencia del libre albedrío es muy real, pero su realidad es muy dudosa.

Los científicos cognitivos (aquellos que estudian los mecanismos del pensamiento) creen que, en efecto, somos unos autómatas conscientes que ejecutamos en la cabeza unas complejas ecuaciones basadas en una serie de reglas. Somos conscientes de algunos de los resultados de esos procesos. Esos son nuestros pensamientos. Experimentamos los procesos mentales de evaluar las evidencias, contemplar las opciones y prever los posibles resultados, pero la conclusión de que nuestra mente tiene la voluntad al tomar esas decisiones no es lógica.

Si esto le resulta dudoso (y lo será para la mayoría de los lectores), entonces piense en lo siguiente. Si somos libres de tomar decisiones, ¿en qué momento se toman las decisiones, y quién las toma? ¿Quién evalúa las evidencias? ¿Dónde está ese "yo" dentro de mi cabeza que contempla las opciones y hace "*tin-marín de do pingüé*"? Eso requería que hubiera alguien dentro de nuestra cabeza, o un fantasma dentro de la máquina. Pero ¿cómo toma las decisiones el fantasma dentro de la máquina? Tendría que haber alguien dentro de la cabeza del fantasma tomando las decisiones. Pero si solo hay un fantasma, ¿cómo llega a la decisión? ¿Acaso contempla todas las alternativas para luego echarlo a cara o cruz? De ser así, echarlo a cara o cruz no equivale precisamente al libre albedrío.

LOS *DUROS-DE-MOLLERA*

Mi editor dice que estos conceptos son muy difíciles y se necesita una explicación, de modo que en lugar de fantasmas echando caras o cruces en la cabeza, voy a hablar de los *duros-de-mollera*.

Durante mi infancia en Dundee, Escocia, los *duros-de-mollera* era la tira cómica local acerca de un ejército de personitas que vivían dentro de la cabeza de un hombre llamado Ed. Eran los obreros que controlaban su mente y su cuerpo. Y al igual que los obreros de una fábrica, a veces metían la pata. Por ejemplo, el *duro-de-mollera* que controlaba el estómago veía que se estaban acabando las reservas y solicitaba más comida. El *duro-de-mollera* responsable de la comida accionaba las palancas que hacían que Ed comiera. Pero el del estómago se quedaba dormido por la cantidad de comida que llegaba, y Ed terminaba atiborrándose hasta enfermarse. Una luz de alarma se encendía en el departamento del cerebro, donde el jefe *duro-de-mo-*

llera estaba sentado ante su escritorio, leyendo los mensajes que llegaban. Entonces se desplegaba una actividad desenfrenada para decirle al encargado de la comida que dejara de trabajar. Podrá imaginarse cómo este escenario podía dar pie a las tramas semanales de los diversos problemas enfrentados por la plantilla interna de la máquina llamada Ed. Era una de mis historietas favoritas, aun cuando no me daba cuenta de que los creadores en realidad les estaban presentando a los niños un profundo interrogante filosófico sobre la voluntad.

Los *duros-de-mollera* muestran que la toma de decisiones es un problema serio. ¿Cómo se llega a las decisiones? Si debo tomar una decisión, ¿cómo sucede esto? De manera intuitiva, creemos que nosotros tomamos las decisiones, nos decidimos, pero ¿cómo? ¿Hay un jefe *duro-de-mollera* dentro de mi cabeza? Y si es así, ¿quién está dentro de su cabeza, etc.? Como una serie infinita de muñecas rusas, una dentro de la otra, una cantidad infinita de *duros-de-mollera* es un concepto absurdo.

Como si no fuera poco, la idea de que las decisiones conscientes anteceden a los sucesos también podría ser una ilusión. Si yo le pido que

FIG. 11: Los *duros-de-mollera*, de mi infancia. © D. C. Thomson & Co., LTD.

mueva el dedo cuando le plazca, usted puede quedarse quieto y decidirse a alzarlo en algún momento. Así se siente la voluntad consciente. Pero gracias a las mediciones de la actividad cerebral mientras está ahí quieto esperando a decidirse, sabemos que el momento en que pensó que había tomado la decisión de mover el dedo sucedió realmente después de que su cerebro hubiera empezado a actuar.[29] En otras palabras, el momento en que creemos que tomamos una decisión se da después del suceso. La experiencia mental de la voluntad consciente simplemente justificaría lo que nuestro cerebro ya ha decidido hacer. Al describir esta especie de toma-de-decisiones después-del-hecho, Steven Pinker dice: "La mente consciente —el yo o el alma— es el portador, no el comandante en jefe".[30] La mente construye una historia que encaja con las decisiones después de haber sido tomadas.

Mientras escribo estas penetrantes líneas, hago una pausa y alzo mi taza de café. Este sencillo acto es uno de los milagros de la naturaleza. Primero, ¿quién, si no yo, ha tomado la decisión? Y lo que es más perturbador, ¿cómo es posible que mi pensamiento mental haga que mi mano física se mueva? ¿Cómo interactúan la mente y el cuerpo? Estas son algunas de las cuestiones más profundas que han preocupado a los pensadores durante milenios, pero la mayoría de nosotros no nos tomamos siquiera la molestia de pensar en lo asombrosas que son estas preguntas. Y no lo hacemos, porque no vemos ningún problema. Tratamos el cuerpo y la mente como cosas separadas porque eso es lo que experimentamos. Yo controlo mi cuerpo, pero soy más que solo mi cuerpo. Tenemos la sensación de existir independientemente de nuestro cuerpo.

La mayoría sentimos como si viviéramos nuestra vida mental en alguna parte detrás de nuestros ojos, dentro de nuestra cabeza. Si queremos ver lo que hay detrás de nosotros, damos vuelta al barco para mirar. Si queremos un café, activamos los mecanismos para conseguir ese café. Nos sentimos como pilotos al mando de una complicada máquina de carne. Solo hay un *duro-de-mollera* dentro de mi cabeza, y ese soy yo. ¿Pero cómo puede un yo no físico controlar el cuerpo físico? ¿Cómo es posible que el fantasma dentro de mi cabeza accione las palancas?

El filósofo dualista René Descartes planteó como hipótesis que el mundo mental controla el mundo físico mediante la glándula pineal que está en el centro del cerebro, a la que llamó "el asiento del alma".[31] La solución de Descartes representa al dualismo, que requiere que haya un alma separada del cuerpo pero en control del mismo. Sin embargo, el cuerpo no es algo separado del cuerpo, sino más bien un producto de ese bulto de masa gris y kilo y medio de peso que tenemos en la cabeza. Si herimos, quitamos, estimulamos, exploramos, desactivamos, drogamos o simplemente golpeamos el cerebro, la mente se altera. En el siglo pasado, el gran neurocirujano canadiense Wilder Penfield fue el primero en operar a pacientes despiertos, entre ellos su propia hermana, para el tratamiento de la epilepsia. Wilder dejaba al descubierto la superficie del cerebro y luego estimulaba la zona que estaba a punto de operar para asegurarse de que no estaba interviniendo en zonas del movimiento que pudieran dejar paralizado al paciente. Cuando estimulaba el cerebro directamente, los pacientes experimentaban movimientos, sensaciones y recuerdos intensos. Saboreaban sabores, olían olores y revivían vivencias pasadas. La estimulación directa demostraría que la vida mental es producto del cerebro físico.

Incluso si hubiera un asiento del alma que controla nuestro cuerpo, ¿cómo podríamos explicar la relación entre estos dos tipos de sustancia, una material y otra inmaterial? En otras palabras, ¿cómo podría una sustancia inmaterial actuar sobre una material? Es algo que no está claro. La solución de Descartes al problema de la mente y el cuerpo, es decir, la idea de un alma que controla el cuerpo mediante la glándula pineal, cruza las fronteras entre lo que sabemos de los estados mentales (que son inmateriales) y lo que sabemos de los estados físicos (que son materiales). Si algo inmaterial pudiera actuar directamente sobre algo material, esto requeriría un mecanismo más allá de nuestra compresión natural. Tendría que ser sobrenatural.

Y, sin embargo, esto es exactamente lo que todos experimentamos a diario. No solo creemos que somos distintos a nuestro cuerpo, sino más bien, como señala Bloom, que lo ocupamos, lo poseemos. Una vez más, esta es una ilusión que el cerebro crea para nosotros. Por ejemplo, cuando nos cortamos un dedo, sentimos el dolor en el dedo, pero en realidad está en el cerebro. Cuando tomamos un analgésico, este actúa al alterar la química del cerebro, no en el dedo. Y sin embargo, sentimos dolor en el dedo. Los pacientes que tienen la desgracia de perder un brazo o una pierna por amputación suelen seguir experimentando la extremidad ausente.[32] Tal como las extremidades reales, estos "miembros fantasma" pueden sentir picazón y cosquilleos, pero esto también es una ilusión. Son un producto del cerebro que no ha registrado en su mapa global la pérdida de dicha extremidad. Como si algún *duro-de-mollera* estuviera buscando los planos de la fábrica y no se hubiera dado cuenta de que se ha cerrado una sección. Las zonas cerebrales responsables que antes eran responsables de recibir las señales de la extremidad amputada siguen enviando mensajes como si dicha extremidad siguiera estando allí. Estos ejemplos demuestran algo muy perturbador. El cerebro crea tanto la mente como el cuerpo que experimentamos. Algo físico crea el mundo mental que habitamos.

Esta experiencia de la mente es personal e inevitable. El psicólogo de Harvard Dan Wegner piensa que la experiencia de la voluntad consciente en nuestra mente podría funcionar como el indicador somático de Damasio.[33] ¿Recuerda cómo las emociones pueden ayudarnos en nuestra toma de decisiones al darnos una sensación de certeza? Wegner piensa que la experiencia de la voluntad consciente funciona de un modo parecido. Puede que mi cuerpo me diga que quiere un sorbo de café, pero yo experimento la decisión como mi deseo de beber algo. Esto me permite llevar la cuenta de mis decisiones al enriquecerlas con una sensación de control. Por eso, tenemos la experiencia de la toma intencionada de decisiones y la evaluación consciente. Necesitamos tomar nota de estos sucesos para el futuro.

Pero nos equivocaríamos al suponer que nuestra experiencia mental del momento es la responsable de las decisiones que tomamos.

¿Es así toda nuestra vida mental? ¿Y qué pasa con los planes para el futuro, los ardides de venganza, las metas humanitarias y la necesidad de hacer bromas o escribir libros de divulgación científica? ¿Cómo podría un autómata consciente ser responsable de toda la gama de la vida mental y las aspiraciones que parecen apuntar a un futuro que no ha sucedido? El hecho de que las actividades humanas y las experiencias mentales son complicadas no está en duda. Pero así como observamos las estructuras o conductas complejas del mundo animal, como la construcción de una telaraña o un avispero, y nos preguntamos cómo cosas tan complejas pueden haberse desarrollado en criaturas a las que no atribuimos estados mentales, entonces debemos contemplar igualmente la posibilidad de que los humanos somos formas de vida más sofisticadas; formas capaces de hacer planes y predecir resultados. Los factores que alimentan los procesos que conducen a la compleja vida mental de los humanos son diversos y multifacéticos. Las experiencias mentales que acompañan tales procesos son inevitables, pero no tenemos que apelar a una mente que existe de manera independiente y separada del cerebro físico para explicarlas.

Pese a ser un científico consciente del problema del dualismo sustancial y de por qué la solución de Descartes tiene que estar equivocada, no puedo deshacerme de la abrumadora sensación de que mi propia mente está separada y en control de mi cuerpo, pero, en última instancia, sé que es un producto de mi cuerpo. ¿Cómo interactúan? Ese es el problema de la mente y el cuerpo. Eso es lo que me desvela. Si toda mi experiencia cotidiana consciente de mi "yo" cual *duro-de-mollera* que reside en mi cabeza fuera cierta, entonces necesitaría una explicación sobrenatural que le diera sentido. Y esto se debe a que carecemos de una explicación natural de cómo algo que no tiene dimensiones físicas puede producir cambios en un mundo físico. Y por eso el problema de la mente y el cuerpo es uno de los grandes misterios de la vida.

OJO A LA MENTE

El problema de la mente y el cuerpo no aparece en el radar de la mayoría de la gente. No es un problema hasta que alguien lo señala o al leer libros como este. La mayoría de las personas tienen una vaga noción de que la mente y el cuerpo están conectados de algún modo, pero casi nunca reflexionan acerca de cómo podrían comunicarse entre sí o cómo algo no físico puede interactuar con algo físico. La mayoría de los humanos han experimentado la conciencia de su propia mente desde una edad muy temprana, incluso antes de descubrir que tenían un cerebro. Por tanto, no resulta sorprendente que los niños puedan hablarnos más de su mente que de su cerebro.[34] Sin embargo, no suelen usar la palabra "mente" sino "yo", "mi" y "mío". Es una forma natural de describirse a uno mismo. El cerebro, por otro lado, es algo de lo que hay que aprender, y esto viene con la educación científica.

Podemos averiguar cuánto saben del cerebro los niños, planteándoles una serie de preguntas tipo "¿Necesitas el cerebro para...?". Hacia el primer año escolar, la mayoría de los niños, como los adultos, entiende que necesitamos el cerebro para pensar, saber, ser inteligentes y recordar. No obstante, todavía sienten que tienen una mente que está separada y en control del cerebro. Por ejemplo, no ven el cerebro como el responsable de sentimientos como el hambre, la somnolencia, la tristeza o el miedo. Desde el punto de vista del niño: "Soy yo el que está triste, cansado o hambriento".

Estas respuestas indican que los niños ven los sentimientos como algo más personal que los pensamientos, y esto se debe a que los sentimientos nos afectan directamente de un modo emocional. Cuando estamos tristes, sentimos el dolor, el sufrimiento o la desesperación. Soy "yo" quien sufre. Cuando estamos felices, sentimos el júbilo, la euforia o la satisfacción. Los sentimientos son como un barómetro emocional del cambio que podemos comparar entre un momento y otro. Tiene mucho más sentido intuitivo decir que estoy más feliz que ayer que decir que mi cuerpo y mi cerebro están produciendo distintos tipos de experiencias anímicas día tras día.

Algo aun más revelador del dualismo de los niños es lo que piensan del origen de las acciones. La mente controla las acciones, por tanto, patear un balón o mover los dedos es una decisión que he tomado yo, no mi cerebro. Estas respuestas revelan que los niños son, en efecto, dualistas intuitivos. Al preguntarles: "¿Puedes tener una mente sin cerebro?", todos los niños de seis a siete años dicen que sí. Y la educación científica no hace mucha mella en esta creencia: la mayoría de los adolescentes de catorce a quince años coinciden en que la mente no depende del cerebro.

Tengo el presentimiento de que la mayoría de los adultos también piensan que la mente puede existir sin el cerebro. Lo más probable es que conozcan la postura científica que dice que la mente es un producto del cerebro, pero como vimos al hablar de cómo concibe la gente la selección natural, conocer la respuesta correcta no equivale a sentir que lo es. Los adultos que aceptan que la mente depende del cerebro son propensos a caer en el mismo error de Descartes de pensar que la mente inmaterial actúa directamente sobre el cerebro.

ROBOCOP

En la película de ciencia ficción *Robocop*, tras ser herido de muerte, el agente Murphy se somete a una cirugía de reconstrucción para convertirse en un poderoso *cyborg*.[35] Su cerebro sobrevive, pero le borran todos los recuerdos para que pueda convertirse en Robocop. Los colegas lo tratan como a una máquina, pero el agente Lewis, su antiguo compañero, detecta que todavía hay algo de Murphy en la máquina. A lo largo de la película, el *cyborg* va recuperando rastros de su memoria hasta volver a ser el agente Murphy. Las historias sobre la identidad humana son recurrentes en la ficción. Un día cualquiera, al despertarse, un viajante de comercio descubre que se ha convertido en un bicho monstruoso en *La metamorfosis* de Kafka, pero sigue siendo Gregor Samsa, porque tiene la mente de Gregor Samsa. La replicante del clásico moderno de ciencia ficción *Blade Runner* está convencida de que es humana porque tiene recuerdos de infancia, pero la corporación Tyrell, que la creó, también ha fabricado su infancia.[36] Parecería que el sello distintivo de la identidad humana es una mente llena de recuerdos. Quizá por eso la mayoría de la gente dice que, en caso de incendio, salvaría el álbum familiar.

Estos ejemplos sugieren que tenemos fuertes opiniones acerca de lo que hace único al ser humano, y estas inspiran interesantes experimentos filosóficos.[37] Por ejemplo, supongamos que Jim sufre un accidente automovilístico terrible y termina en el hospital, donde lo único que pueden hacer los doctores es ofrecerle un transplante de cerebro. Ahora consideremos los siguientes escenarios. El cerebro de Jim es transplantado a un cuerpo donante. El cerebro de Jim es transplantado a un cuerpo donante, pero los recuerdos son borrados accidentalmente durante la operación. El cerebro de Jim es transplantado a un cuerpo cibernético muy sofisticado. Después del transplante, el cuerpo original de Jim es destruido. ¿Cuál de estos pacientes —si es el caso— sigue siendo Jim?

Los adultos tienden a decir que Jim sigue siendo Jim si sus recuerdos están intactos, sin importar si su cerebro termina en un cuerpo humano o uno cibernético. Nuestra experiencia consciente de nuestra mente y nuestros recuerdos nos lleva a pensar que la mente es única y es la fuente de la identidad personal. Definitivamente, no pensamos que nuestra mente y nuestros recuerdos podrían pertenecer a otra persona. Jim es como el agente Murphy. Es el producto de su mente y sus recuerdos; por tanto, si estos pueden ser transplantados, incluso a un cuerpo artificial, sigue siendo Jim. No obstante, el paciente con el cerebro sin recuerdos está condenado a ser más humano que el cuerpo cibernético que contiene el cerebro de Jim con sus recuerdos. Esto revela que la gente concibe a los humanos como un cuerpo físico y una mente única que pueden existir por separado.

¿Y las mentes que existen independientemente del cerebro? Para casi todos los no iniciados, la mente es algo separado del cerebro. Después de todo, la mayoría de los humanos ha vivido la vida sin saber que tenía un cerebro, mucho menos para qué serviría. Además, como veremos más adelante, muchos tienden a creer que es posible copiar un cuerpo mediante una especie de tecnología, e incluso duplicar un cerebro, pero son menos propensos a pensar que pueda copiarse una mente. Por otra parte, si pudiéramos descargar la mente en otro cerebro, la mayoría supone que la identidad asociada a ese cerebro también cambiaría con la nueva mente. De modo que tenemos una inclinación natural a ver la mente como una identidad única que puede existir independientemente del cerebro. Si establecemos esta distinción desde una edad temprana, es fácil ver cómo puede llevarnos a la opinión de que la mente no está atada a un cerebro físico y, por tanto, no está sujeta al mismo destino del cuerpo físico. Y este razonamiento nos permite contemplar la posibilidad de que la mente pueda sobrevivir al cuerpo.

LA OTRA VIDA

Según mi experiencia, muy pocos padres occidentales les hablan de la muerte a sus hijos, a no ser que se sientan cómodos con las explicaciones religiosas. En mi caso, al no creer en una vida después de la muerte, me ha resultado muy difícil hablarles de la muerte a mis hijas. Es demasiado doloroso y violento. Para empezar, no hay un final feliz, como sí sucede con la religión. Además, al hablar de la muerte tenemos que reconocer que todos estamos destinados a morir algún día. Yo moriré, y mis hijos morirán. Es la máxima expresión de la ansiedad de la separación tanto para los padres como para los hijos, que nos lleva a una incómoda revisión de la realidad. Todos esos momentos propiciados por la oxitocina parecen vacuos, artificiales y vanos al enfrentarse a la posibilidad de la muerte. Yo supondría que la mayoría de los padres ateos como yo evitan hablar de la muerte con sus hijos para ahorrarles la dificultad de aceptar una existencia sin propósito.

Por tanto, a los niños pequeños les cuesta entender la muerte. No saben que toda vida tiene su final. No saben que morirán algún día. No comprenden que la muerte es inevitable, universal, irreversible y definitiva.[38] Esto se debe a dos razones fundamentales. Primero, no pueden concebir la muerte porque carecen de una compresión madura del ciclo biológico de la vida y la muerte. Como vimos al hablar del creacionismo, los niños conciben la vida como algo que ha existido siempre. Segundo, debido al dualismo intuitivo, los niños conciben la muerte en términos psicológicos, y al hacerlo, no pueden imaginarse estando muertos. Por tanto, la muerte es concebida como la existencia continuada del individuo, pero en otro lugar.

La mayoría de los niños en edad preescolar creen que la muerte es como comprar un tiquete de ida a una nueva dirección sin la posibilidad de regresar a casa. Cuando el abuelo muere, se va a otra parte. Incluso si la dirección es el cielo, al menos sigue existiendo en otra parte. O piensan que la muerte es como dormir. Las ideas del "pasar a mejor vida" y "descansar en paz" son culturalmente aceptables para hablarles a los niños y son más fáciles de captar en términos conceptuales. No tiene nada de raro que la costumbre de enterrar a alguien en un cajón bajo la tierra sea una idea muy perturbadora para muchos niños en edad preescolar.

En un estudio del 2004, al preguntarles a niños preescolares por un ratón que había sido matado y comido por un cocodrilo, todos coincidieron en que el cerebro estaba muerto pero la mente seguía viva.[39] Entendían que las funciones fisiológicas como la necesidad de comer y beber desaparecían, pero la mayoría pensaba que el ratón seguiría sintiendo miedo, hambre y deseos de ir a casa. Incluso adultos que se califican de *extintivistas* —aquellos que creen que el alma muere cuando muere el cuerpo— dijeron que una persona que muere en un accidente automovilístico sabría que había muerto.[40] El dualismo rampante traiciona nuestra capacidad de comprender que la mente y el cuerpo están atados en una unión inseparable. Cuando nuestro cuerpo se apaga, también lo hace la mente. No podemos saber que estamos muertos.

Solo cuando los niños empiezan a aprender qué hace que algo esté vivo, empiezan a entender el proceso opuesto de lo que hace que algo esté muerto. Como veremos en el próximo capítulo, las bases de biología tardan en aparecer en el desarrollo, y solo entonces empezamos a entender los mecanismos de la muerte.[41] Pero comprender los mecanismos y la inevitabilidad de la muerte no implica deshacerse de la creencia en el alma inmortal. La religión y lo sobrenatural secular alientan esas creencias, pero debemos reconocer que el concepto del alma inmortal se origina en el proceso de razonamiento normal de todos los niños. Por ejemplo, puede que los niños criados en un entorno secular manifiesten menos creencias en la vida después de la muerte que los niños criados en hogares religiosos, pero aun así retienen ideas de algún tipo de vida mental que sobrevive a la muerte.[42] No hace falta que aleccionemos a nuestros hijos con estas ideas para que persistan.[43]

¿Y AHORA, QUÉ?

La neurociencia nos dice que el cerebro físico crea la mente. Nuestras copiosas experiencias mentales, las sensaciones, percepciones, emociones e ideas que nos motivan a hacer cualquier cosa, son intercambios de señales químicas dentro del complejo sistema de procesamiento de la información de una máquina biológica. Pero la mente no tiene una existencia corroborada en el mundo físico. La psicología es el estudio científico de la mente, pero la mente no existe en ningún sentido material. La mente es, más bien, el sistema operativo natural que ejecuta la información entrante y saliente de la actividad cerebral. Podemos estudiar sus operaciones, pero nos equivocaríamos al pensar que la mente ocupa una existencia material independiente del cerebro.

Sin embargo, eso no es lo que experimentamos cuando reflexionamos acerca de nosotros mismos. Somos reales, y existimos en el mundo real. Cuando pensamos acerca del "yo", lo hacemos en términos de nuestra mente. Experimentamos nuestra mente como algo individual motivado por creencias, deseos y emociones, arrepentimientos referentes al pasado, preocupaciones referentes al presente y planes referentes al futuro. Experimentamos nuestra mente como algo que ocupa la máquina que llamamos cuerpo. Y vemos nuestro cuerpo como una estructura que puede deteriorarse, pero rara vez pensamos en la estructura de nuestra mente. Incluso después de enfermedades mentales, épocas de delirios o intoxicaciones temporales, solemos explicar los cambios en nuestra mente como el resultado de "no ser nosotros mismos". Esto se debe a que somos nuestra mente. El cuerpo no nos crea, más bien somos nosotros quienes lo controlamos. La postura filosófica del dualismo sustancial es la forma natural de experimentar nuestra mente consciente como algo distinto y separado de nuestro cuerpo.

Algunas personas consideran que el dualismo de la mente y el cuerpo es la prueba irrefutable de la existencia de poderes sobrenaturales que actúan en el mundo. La mente es vista como el agente causal pero, para que esto fuera cierto, lo mental tendría que poder controlar lo físico. Y para esto, se requerirían poderes sobrenaturales, puesto que violaría la frontera ontológica entre lo mental y lo físico. ¿Cómo más podría la mente inmaterial controlar el cuerpo material? Sin embargo, nos cuesta reconocer que esta postura depende de lo sobrenatural, porque el que la mente controle el cuerpo es la intuición en que basa nuestra lectura de la mente de los demás, así como nuestra experiencia natural de nuestra mente.

La postura científica ante el dualismo sustancial es que no hay separación de la mente y el cuerpo. Esa separación es una ilusión tan falsa como el cuadrado invisible del primer capítulo. Los humanos somos autómatas conscientes. El cuerpo produce la mente. Al morir el cuerpo, muere también la mente. Pero la teoría del autómata consciente resulta demasiado antinatural y repulsiva para la mayoría. Además, la idea de que una voluntad consciente actúa en nuestra mente también podría ser una ilusión. El libre albedrío implica la existencia de alguien o un fantasma que está dentro de nuestra cabeza y toma las decisiones, lo que nos lleva a un circuito interminable. ¿Quién está dentro de la cabeza de ese fantasma, etc.?

Por tanto, la postura natural, basada en la experiencia personal, es suponer que hay una mente independiente dentro del cuerpo y no preocuparse por cómo algo inmaterial podría controlar lo material. En cuanto aceptamos la existencia independiente de la mente y el cuerpo, no hay límite alguno para lo que puede hacer la mente. Si está separada del cuerpo, la mente no está constreñida por las mismas leyes que gobiernan el mundo físico. Puede salvar grandes distancias, atravesar muros sólidos, no envejecer y viajar a través del tiempo. En resumen, las malinterpretaciones sobre la mente son la base de muchas de las creencias de lo sobrenatural tanto religioso como secular. En el próximo capítulo, veremos cómo las malinterpretaciones sobre el cuerpo también abonan el terreno para nuestro supersentido.

CAPÍTULO SEIS

Accidentes insólitos

EL 4 DE DICIEMBRE DE 1980, Stella Walsh, una transcúnte inocente, quedó atrapada en medio del fuego cruzado en un intento de robo a mano armada en una tienda de descuentos en Cleveland, Ohio. En su época, Stella había sido una estrella del atletismo femenino al establecer veinte récords mundiales y ganar medallas tanto de oro como de plata en los cien metros en los Olímpicos de 1932 y 1936. Aunque residía en Estados Unidos, Stella representaba a su país de nacimiento, Polonia, y recibió la Cruz del Mérito de ese país, el reconocimiento civil más importante. Enormes multitudes celebraban sus triunfos adonde quiera que fuera. En 1975, Stella ingresó al hall de la fama del atletismo estadounidense. Cinco años después, una bala perdida en un estacionamiento acabaría con la vida de esta leyenda del deporte.

Pero no fue su trágica muerte lo que causó sensación, sino el resultado de la autopsia. La ex atleta de 69 años de edad no era exactamente lo que todos creían. Ella era un él. A pesar de haber estado casada y de vivir la vida como una mujer, Stella tenía genitales masculinos.

Las reacciones iniciales a la noticia de este descubrimiento derivaron en reclamaciones indignadas de fraude y trampa. Pero Stella no había hecho trampa porque, estrictamente hablando, no era solo hombre. Tenía cromosomas femeninos y femeninos. Stella tenía una anomalía conocida como "mosaicismo", que hace que un individuo sea tanto hombre como mujer genéticamente. Su caso fue considerado como una de las razones por las que el Comité Olímpico Internacional decidió eliminar las pruebas de determinación del sexo antes de los Juegos de Sydney en el 2000. Es demasiado difícil distinguir entre femenino y masculino, y los genitales no hacen al hombre.

Los mosaicos como Stella Walsh son excepcionales, pero no es su excepcionalidad lo que nos fascina. No fue su fama deportiva ni su muerte accidental lo que dominó los titulares del momento, sino el que fuese un "fenómeno". Hay muchas afecciones extrañas e insólitas, pero solo las que desafían nuestras ideas de lo que significa ser humano son vistas como "fenómenos", el término cruel que usamos para aislar a quienes no encajan dentro de nuestros conceptos de lo que es ser humano.

Durante la época victoriana y a principios de la década de 1900, los espectáculos de fenómenos eran algo común. En lo que hoy sería considerado como políticamente incorrecto, era perfectamente respetable pagar para ver las rarezas médicas. Gemelos siameses, mujeres barbudas, microcefálicos, enanos, gigantes y albinos eran exhibidos como maravillas de la naturaleza. Antes de la llegada de la medicina moderna, muchos padecían desfiguraciones y anormalidades físicas debido a una variedad de trastornos congénitos y enfermedades degenerativas, algunas de las cuales puede tratarse hoy en día.

Los fenómenos famosos se convertían en celebridades, como Joseph Merrick, "el hombre elefante", asiduo personaje de la escena social del Londres victoriano.[1] Otros, como "Aloa, el chico cocodrilo", disfrutó de una fama menor recorriendo los pueblos desérticos de la región central de Estados Unidos durante la Gran Depresión.[2] Muchos de los espectáculos se anunciaban como monstruosidades mitad

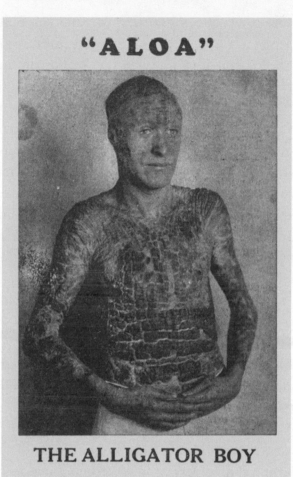

FIG. 12: Aloa, el desventurado "chico cocodrilo". Imagen del autor.

humanas, mitad animales; abominaciones que franqueaban las fronteras entre el hombre y la bestia.

Aunque los espectáculos de fenómenos entraron en desuso hace mucho tiempo, la *memorabilia* publicitaria y las postales siguen coleccionándose actualmente. Yo guardo una pequeña colección como un intenso recordatorio de cómo han cambiado las sensibilidades de las sociedades, pues aunque ahora no sea aceptable contemplar boquiabiertos las anormalidades físicas, la televisión confesional contemporánea revela que nos siguen fascinando los miembros más anormales de nuestra sociedad.

Los fenómenos humanos suponen un desafío para nuestra concepción del mundo viviente. Esperamos que la gente tenga cierta forma y cierto tamaño, y los individuos que no encajan dentro de estas expectativas son considerados antinaturales. Cuando tienen cualidades que violan las fronteras con las que clasificamos el mundo, se convierten en fenómenos. Por ejemplo, las mujeres barbudas, los hermafroditas y diversas combinaciones transexuales contradicen nuestros conceptos biológicos ingenuos de lo que significa ser un hombre o una mujer. Puede que nuestra obsesión con los genitales esté motivada por el interés sexual, pero también son indicadores evidentes de lo femenino y lo masculino. Cuando los genitales están ausentes, limitados, unidos o en el cuerpo incorrecto, la identidad del individuo se pone en tela de juicio. Asimismo, quienes están dotados de características sexuales por encima de la media son juzgados como más masculinos o femeninos. El tamaño sí importa en este caso, más que la cantidad. Quienes tienen la desventura de tener varios penes o vaginas y cualquier cosa distinta a dos senos o dos tetillas suelen ser considerados como fenómenos.[3]

¿De dónde sacamos nuestros conceptos biológicos? En este capítulo, veremos cómo el niño desarrolla una compresión del mundo vivo al aplicar el mismo razonamiento teórico-intuitivo que vimos al hablar de la mente y los objetos.[4] Los niños empiezan por organizar y clasificar el mundo en categorías. Al tratar de explicar lo que observan, suponen que el mundo vivo está impregnado de fuerzas, energías y pautas vitales invisibles que definen a qué categoría pertenecen las cosas. Esto es lo que anima la materia y hace únicas a las cosas vivientes. Tal como las teorías intuitivas de la mente que vimos en el capítulo anterior, las teorías intuitivas de la vida nos llevan a suponer una cantidad de ideas que sientan las bases del pensamiento sobrenatural.

Tal como los antiguos filósofos griegos, los niños infieren que las cosas vivas contienen algo especial que las hace estar vivas. Suponen que hay esencias[5] que definen lo que es una cosa viviente, que hay energías vitales[6] que hacen que las cosas estén vivas, y que todo está conectado por medio de fuerzas. En filosofía, estas nociones, distintas pero relacionadas, son conocidas como "esencialismo", "vitalismo" y "holismo". Se trata de aproximaciones bastante acertadas a lo que sabemos de la vida a partir de la ciencia. Si abrimos cualquier libro de texto contemporáneo de biología, descubriremos que estas ideas, en efecto, son válidas científicamente. Por ejemplo, el ADN es un mecanismo biológico de la identidad y la unicidad, que son componentes clave del esencialismo. Dentro de todas las células vivas se da una reacción química conocida como el ciclo de Krebs, que produce cantidades mensurables de energía,[7] que es la fuerza vital que mantiene vivas a las células. La simbiosis es el estudio de la interconexión de los sistemas biológicos. La conexión entre los sistemas vivos puede encontrarse en la teoría de la evolución, en la fisiología simbiótica y, más recientemente, en la "Gaia", la teoría de la ecología de James Lovelock.[8] Ninguna persona —y, a decir verdad, ningún microbio— es una isla; todo debe entenderse como parte de un sistema complejo. La mayoría de nosotros desconocemos estos descubrimientos y teorías, pero mucho antes de que el ADN, el ciclo de Krebs y la simbiosis se incorporaran en la corriente científica dominante, los humanos asumían su existencia naturalmente a la manera del esencialismo intuitivo, el vitalismo y el holismo. Sin embargo, este razonamiento intuitivo también conforma el núcleo del supersentido porque inferimos propiedades esenciales, vitales y conectadas que actúan en el mundo y van más allá de lo que ha sido probado científicamente.

Aunque pensamos en esencias y fuerzas vitales y holísticas, nos veríamos en apuros a la hora de describir a qué nos referimos. Nos cuesta articular estos conceptos porque no contamos con los términos o el lenguaje adecuado. En las culturas orientales, estas nociones son designadas mediante términos antiguos como "*chi*" (chino), "*ki*" (japonés) y "*mana*" (polinesio). En Europa, solíamos usar la expresión "*élan vital*" (fuerza vital), que ha caído en desuso. Tener buenas o malas "vibraciones" es lo más que conseguimos decir muchos de nosotros para expresar estos conceptos. Bien puede que hayamos perdido las palabras para describirlos, pero nuestras conductas y opiniones revelan que el esencialismo, el vitalismo y el holismo siguen guiando nuestro razonamiento. Cuando la gente responde negativamente a la idea de ponerse el suéter de un asesino, esto es un reflejo de su razonamiento biológico ingenuo en acción. El mal que creen impregnado en la prenda es un reflejo de los mismos mecanismos que los niños aplican para inferir las propiedades ocultas de las cosas vivas.

Si estas creencias metafísicas no suelen discutirse en Occidente y nadie nos ha hablado de ellas, ¿de dónde nos vienen entonces? Una vez más, la explicación más posible puede encontrarse en el desarrollo de la mente. Es posible que vengan de nuestro modo natural de reflexionar sobre la vida. Así, la biología intuitiva de los niños planta la semilla de lo sobrenatural de los adultos, especialmente porque nuestra comprensión de la vida influye en muchas de nuestras actitudes y creencias.

CATEGORÍAS *KOSHER*

Las leyes alimenticias judías prohíben el consumo de ciertos animales descritos como impuros en el Levítico, en el Antiguo Testamento. Al principio, las listas parecen bastante arbitrarias. Entre los animales impuros se cuentan el camello, el avestruz, el tiburón, la anguila, el camaleón, el topo y el cocodrilo. A decir verdad, yo he comido tres de estos animales sin sufrir ningún efecto malsano. Algunos de los animales considerados apropiados para comer son aun menos apetecibles para el gusto moderno, como las gacelas, las ranas, los saltamontes y algunos insectos. ¿Sobre qué base decidió alguien que los tiburones son impuros, pero la mayoría de los peces son aceptables? Los tiburones son peces al fin y al cabo.

Algunas personas han sugerido que evitar ciertos alimentos tabúes reduce el riesgo de infección. Por ejemplo, hay un alto riesgo de intoxicación al comer mariscos, pues estos pueden echarse a perder fácilmente en los climas cálidos. El cerdo poco cocido puede ser una fuente de triquinosis, una infección parasitaria. No obstante, esta explicación no abarca a todos los animales impuros.

Una alternativa intrigante es que estos animales, originariamente, eran considerados puros o impuros, dependiendo de su adecuación a las cualidades del grupo al que pertenecen.[9] En el caso de los mamíferos, está claro que la pureza o la impureza tenía algo que ver con su adecuación dentro de las categorías generales en lo referente a las pezuñas y la rumia.

> Pero entre los que rumian o tienen pezuña hendida, no comeréis: camello, pues aunque rumia, no tiene partida la pezuña; será impuro para vosotros; ni damán, porque rumia, pero no tiene partida la pezuña; será impuro para vosotros; ni liebre, porque rumia, pero no tiene la pezuña partida; será impura para vosotros; ni cerdo, pues aunque tiene la pezuña partida, hendida en mitades, no rumia; será impuro para vosotros. No comeréis su carne ni tocaréis sus cadáveres; serán impuros para vosotros.
>
> —Levítico 11: 4-8

Cualquier grupo de animales debería compartir más propiedades en comparación con las de otro. Esto es lo que los biólogos llaman "taxonomía", del griego *taxis*, que hacía referencia a las divisiones principales del antiguo ejército. La taxonomía moderna se basa en una concebida originalmente por el biólogo sueco Carl Linnaeus en el siglo XVIII, pero ante de esta, las taxonomías se basaban en los distintos hábitats y modos de moverse de los animales.

Todos los diversos animales de tierra, mar y aire comparten estructuras corporales y formas de locomoción similares. Los animales terrestres tienen cuatro patas y brincan o caminan. Los peces tienen escamas y nadan. Las aves tienen alas y vuelan. Una sugerencia es que los animales impuros tienden a ser aquellos que violan las propiedades de la categoría general a la que pertenecen. Los tiburones y las anguilas viven en el mar, pero no tienen escamas. Los avestruces son aves pero no vuelan. Los cocodrilos tienen patas que parecen manos. Quizás algunos de los animales impuros sean los fenómenos de su grupo taxonómico. O de pronto los antiguos eruditos judíos creían que tales violaciones eran abominaciones del mundo natural.

Nuestra inclinación a comprender el mundo nos lleva a dividirlo en todas las diversas categorías que creemos que existen. Al buscar la estructura del mundo natural, agrupamos las cosas naturales según su tipo, y al hacerlo, reconocemos que los miembros de un grupo comparten una mayoría de características en comparación con los miembros de otro grupo. No obstante, al dividir en categorías el mundo natural, nos hacemos conscientes de que algunos miembros no encajan del todo en una categoría u otra. Los animales impuros y los fenómenos humanos son violaciones del orden natural de las cosas, un orden que construimos a partir de la biología intuitiva que desarrollamos en la infancia.

¿ES UN PÁJARO? ¿ES UN AVIÓN?

Dele a un bebé de doce meses varios aviones y pájaros de juguete. Luego recuéstese y vea cómo sucede algo extraordinario. Tras la evaluación inicial con los ojos y la boca, el bebé empezará a tocar los pájaros en orden, para luego tocar cada uno de los aviones. Aun cuando tengan formas similares, es decir, cuerpos largos con alas salidas, el niño trata a los aviones y a los pájaros como distintos tipos de cosas.[10] Lo que es más sorprendente es que bebés de seis meses a los que se les mostraron distintas fotos de perros y gatos podían distinguir la diferencia.[11] Esta sencilla demostración revela cosas muy importantes sobre los bebés. Para empezar, que tienen una inclinación natural a clasificar el mundo. Piensan acerca de las cosas y establecen categorías. Deben pensar: *Este es un tipo de cosa, mientras que este es otro*. Es exactamente el mismo tipo de técnica de observación usada por los científicos profesionales para comprender el mundo. Al clasificarlos, los bebés están diciéndonos que entienden que los perros pertenecen a una categoría mientras que los gatos pertenecen a otra. En pocas palabras, tienen una biología rudimentaria.

¿De dónde y en qué momento proviene esta comprensión biológica del niño? Susan Carey, psicóloga de Harvard, sostiene que los niños tardan un tiempo considerable en comprender la biología. Bien puede que distingan entre aviones y pájaros, perros y gatos, pero Carey piensa que esta categorización no es más que un simple reconocimiento de constantes que no requiere un entendimiento profundo de la biología. Para entender la biología, hay que apreciar la vida como un estado del ser, así como los procesos invisibles asociados a ella. Según Carey, solo a los seis o siete años empiezan los niños a comprender lo que significa estar vivo.[12]

Los bebés también pueden descubrir las diferencias entre las cosas que están vivas y las que no, pero bien podría tratarse de juicios basados en cuán parecidas a los humanos sean las cosas. En otras palabras, podrían estar pensando simplemente que cuanto más se parezca a los humanos algo del mundo natural, más probable es que tenga las mismas propiedades de los humanos. Es el antropomorfismo en acción, una vez más, y no una reflexión acerca de otras formas de vida como categorías separadas. Podemos hacernos una idea del nivel del conocimiento biológico de los niños si les mostramos imágenes de plantas, insectos, animales y objetos, y les preguntamos cosas como: ¿Puede comer? ¿Respirar? ¿Dormir? ¿Tener bebés? Cuanto más parecidas sean las cosas en apariencia y conducta a los humanos, mayores son las cualidades biológicas que los niños les atribuyen. Por ejemplo, en un estudio, los niños en edad preescolar pensaban que era más probable que los perros e incluso los monos mecánicos comieran, respiraran, durmieran y tuvieran bebés que las abejas y los ranúnculos, porque se asemejan a los humanos y parecen más intencionados que los insectos y las plantas.[13]

Y no es una mala estrategia. Es su equivalente al "blanco es, gallina lo pone y frito se come", para entender el mundo vivo. Sin embargo, investigaciones más recientes sugieren que los niños en edad preescolar tienen algo parecido a una conciencia biológica que va más allá de las simples apariencias externas. Los niños piensan que tiene que haber algo adentro de los animales que los hace ser únicos y estar vivos. Antes de entrar en el colegio, los niños empiezan a pensar como la mayoría de los adultos en términos de esencias y fuerzas vitales. Son esencialistas y vitalistas intuitivos.

LA ESENCIA DE LA VIDA

¿Qué es una esencia? Pensemos en la verdadera esencia de los compuestos químicos. Tanto los gatos como las flores producen este tipo de esencias. En perfumería, la esencia es la fragancia concentrada y reducida de una sustancia después de haber eliminado todas las impurezas. *Chanel No. 5* es uno de los perfumes más famosos, y es tan caro debido al costo de la recolección de uno de sus ingredientes esenciales: flores de jazmín. Estas son cultivadas en la región francesa de la Provenza y sobreviven un tiempo brevísimo antes de perder su fragancia.

Otra razón del alto costo de *Chanel No. 5* está en que, hasta hace poco, también contenía secreciones de almizcle de las glándulas anales del gato civeta, esa especie en vías de extinción que defeca los granos de café con que se produce el café gurmé mencionado anteriormente. (El gato civeta no es en realidad un gato, sino una criatura parecida al mapache). El almizcle es un químico usado por diversos mamíferos para atraer a la pareja y marcar su territorio. Su olor acre tarda un buen tiempo en desaparecer, por lo que los fabricantes de perfumes lo utilizan para prolongar el aroma de las fragancias más sutiles. Cuando se difundió la noticia de que *Chanel* usaba el almizcle del gato civeta en sus perfumes, la empresa decidió reemplazar el ingrediente por un compuesto sintético. No está claro si se debió a la presión de los defensores de los derechos de los animales preocupados por la crueldad infligida sobre las criaturas durante el proceso de extracción del almizcle o, lo que es más probable, al desagrado de las consumidoras al descubrir que estaban embadurnando sus cuellos y muñecas con las secreciones anales de un animal.

En filosofía, las esencias son menos olorosas. Es más, no podemos detectarlas en absoluto, pues existen más allá de la percepción humana. Los filósofos griegos pensaban que las esencias eran una especie de sustancia interior e invisible que hacía que las cosas fueran lo que eran realmente, algo así como otra dimensión de la realidad. Por ejemplo, Platón, probablemente el exponente más importante del esencialismo, planteaba en su teoría de las formas ideales que todo tiene una realidad interior que no podemos percibir. Consciente de que las apariencias pueden ser engañosas, Platón propuso que el mundo que experimentamos es solo una sombra de la verdadera realidad. Para él, la experiencia humana era como estar en una caverna y contemplar las sombras de la realidad exterior que son proyectadas en la pared de la caverna. Es un poco como la comparación de *Matrix*. Solo podemos ver una mínima parte de la realidad que existe verdaderamente. Platón pensaba que los humanos nunca podríamos llegar a la verdadera esencia o forma de las cosas debido a los límites de nuestra mente.

La analogía de Platón es verdadera en cierto sentido, mejor dicho, en todos los sentidos en realidad. Nuestro cerebro solo puede procesar la información que recibimos del mundo exterior a través de nuestros sentidos. Pero nuestros sentidos son limitados. Sabemos que hay sonidos que no podemos oír, luces que no podemos ver, olores que no podemos percibir, etc.[14] Esto quiere decir que en el mundo hay cosas que no podemos percibir directamente. Hay microbios, virus, partículas, átomos y toda clase de cosas diminutas que sabemos que existen pero son invisibles para nosotros. Solo podemos ver una porción de la realidad. Asimismo, los primeros esencialistas pensaban que las esencias están más allá de nuestro alcance sensorial. Platón pensaba que la esencia es la propiedad interna clave que le da a la cosa su identidad única.

No debemos confundir la esencia con una propiedad única cualquiera. Por ejemplo, los humanos somos los únicos mamíferos con pulgares oponibles, y puede que estos sean una propiedad única de los humanos, pero no son esenciales. Alguien que nazca sin pulgares sigue siendo humano. La esencia humana es más bien una propiedad invisible que nos distingue de los no humanos. Como en la película *La invasión de los usurpadores de cuerpos*, los replicantes pueden ser idénticos a nosotros físicamente, pero carecen de la cualidad esencial que nos hace humanos.[15]

Por más reconfortante que pueda ser la idea de la esencia humana —de que aunque nuestros cuerpos se marchiten y descompongan, hay algo imperecedero en nuestro interior—, esta postura filosófica es un fracaso en términos de lógica. Y lo es porque hay más de una forma de definir cualquier objeto, incluyendo al ser humano. Un mismo individuo humano puede ser, al mismo tiempo, un hombre, un adolescente, un príncipe, un neurótico, un artista, un deportista, un ateo, etcétera. Un objeto puede ser una piedra, un pisapapeles, un cenicero, un arma o incluso una escultura. Y si hay más de una forma de describir a un individuo, no podemos tener una esencia única de ese individuo. Aristóteles, que fue alumno de Platón, se dio cuenta de que su maestro se equivocaba en lo referente a las esencias. Así que la idea de que solo hay una esencia individual y verdadera es absurda.

Cuando los críticos de arte y los dueños de las galerías hablan de la esencia de una obra de arte, están hablando, esencialmente, de tonterías. Sin embargo, el que algo sea tonto o absurdo no hace que dejemos de creerlo, y la gente bien puede albergar un esencialismo psicológico.[16] Este nos ayuda a pensar en la unicidad como una propiedad tangible: esta es mi taza. Este es mi Picasso. Este es mi cuerpo. El esencialismo psicológico es la *creencia* en que algunas cosas individuales, como otras personas o las obras de arte, se definen por una esencia única. Como veremos en los capítulos siguientes, tal creencia explicaría muchas de las actitudes que adoptamos cuando creemos que las esencias han sido violadas, manipuladas, duplicadas, intercambiadas o, por lo general, manoseadas. A los humanos nos gusta pensar que las cosas especiales son únicas en virtud de algo profundo e irremplazable. Cuando dividimos la naturaleza en todos los diversos grupos de cosas vivientes, damos por sentado que se trata de grupos de cosas que son esencialmente diferentes.

EL NIÑO ESENCIAL

El pensamiento esencialista de los niños es asombroso.[17] Antes de llegar a la edad escolar, los niños saben que los bebés canguro criados por cabras, al crecer, se convierten en canguros adultos, no en cabras. Saben que las semillas de manzana cultivadas en macetas se convierten en árboles de manzana, no en flores.[18] Incluso saben que un bebé de piel clara criado por una familia de piel oscura conserva su color original.[19] Un insecto-hoja puede parecer más una hoja que un insecto, pero los niños de cuatro años saben que comparte características con otros bichos, no con las hojas.[20] Cuando son un poco mayores, entienden que si un científico malvado coge un mapache y lo convierte en un zorrillo al pegarle una cola peluda, pintarle una línea blanca en el lomo y ponerle una cosa que apesta entre las patas, sigue siendo un mapache aunque parezca *Pepé Le Pew*.[21] El pensamiento esencialista les permite a los niños comprender que la mona, por más que insista en vestirse de seda, mona se queda. Y nadie tiene que enseñarles esto, pues hace parte de su comprensión biológica intuitiva.

El esencialismo infantil es realmente sorprendente, ya que las apariencias externas suelen engañar a los niños en edad preescolar.[22] Sin

embargo, en cuanto entienden lo que puede y lo que no puede ser
alterado por el entorno, son unos esencialistas comprometidos que
ven características esenciales por todas partes. Creen que hay algo
interior que no puede ser alterado. No saben qué es, y les costaría
describirlo, pero en lo que respecta a su comprensión de las cosas vivientes, realmente parecen ver que hay algo en lo más profundo que
hace que los animales y las plantas sean lo que son. Es una creencia
universal compartida por distintas culturas, que sugiere que el esencialismo es un modo natural de ver el mundo.

Si bien los niños y la mayoría de los adultos no pueden describir
qué es exactamente una esencia, pueden decirnos dónde está, aunque
sea indirectamente. En un estudio, se les habló a niños de distintas
edades acerca de un viejo bloque de hielo que contenía varios animales congelados.[23] Los científicos querían determinar cuáles eran los
distintos animales por medio de pruebas en pequeñas muestras tomadas del interior del bloque. Entonces, les preguntaron a los niños
si el lugar donde se tomara la muestra tendría alguna importancia.
Los de diez años razonaban como los adultos al contestar que no
importaba, pues lo que sea que define a un animal está esparcido por
todo el cuerpo. Los de cuatro años, los más pequeños del estudio,
insistían en que la verdadera identidad de un animal se encuentra
en un solo lugar y no esparcida por todo el cuerpo. Al indagar aún
más, estos niños parecían pensar que el lugar correcto donde buscar
estaba en el centro del cuerpo. Lo que empieza como una idea muy
localizada de la esencia se convierte en una creencia acerca de algo
que se esparce por todo el cuerpo, aun cuando nunca mencionaran
conceptos científicos como el ADN.

RATONES POLARES Y PAPAS-PESCADO

El pensamiento esencial moldea cada vez más nuestras actitudes hacia el mundo moderno. Por ejemplo, para cuando las hojas de una

planta de papa empiezan a marchitarse, las papas que están bajo tierra ya se han atrofiado debido a que la planta intenta compensar por la ausencia de agua. ¿Qué pasaría si la planta pudiera avisarnos que necesita agua antes de que las hojas empiecen a marchitarse? Existe una planta de papa cuyas hojas empiezan a brillar con un tono verde fluorescente cuando necesitan agua, es decir, que puede avisarnos que necesita agua antes de que las papas se sequen. Y puede hacerlo porque en su estructura genética se ha implantado un gen de una medusa. Se trata de una planta modificada genéticamente. Cuando los niveles de agua llegan a un punto crítico, el gen implantado activa la reacción fluorescente. Una papa que puede comunicar sus necesidades es realmente sorprendente, casi sociable. Pero ¿comería usted estas papas-pescado?[24]

¿Y qué me dice de un superratón que puede sobrevivir a temperaturas bajo cero? La platija de Alaska produce una proteína que, a su vez, produce un anticongelante en la sangre que le permite sobrevivir en aguas congeladas. El año pasado se reprodujeron unos ratones con este gen para protegerlos de la hipotermia,[25] y estos ratones transmitieron este gen a sus crías, lo que demuestra el potencial para crear nuevas especies de animales que superan las barreras taxonómicas tradicionales. En otras palabras, estos superratones eran unos fenómenos genéticos.

Las fronteras biológicas que usamos para dividir el mundo son cada vez más propensas a ser quebrantadas por la nueva ingeniería genética. Y hay una preocupación real ante estas tecnologías porque no es fácil predecir con exactitud qué consecuencias negativas e imprevistas puedan surgir de la combinación artificial de material genético que no se da por naturaleza. En la nueva versión del clásico de ciencia ficción *La mosca*, el científico Seth Brundle construye una máquina que descompone el cuerpo en sus partículas de ADN y las transporta de un receptáculo a otro donde son reconstruidas.[26] Durante uno de sus primeros experimentos, una mosca común entra por casualidad en el receptáculo con Seth. Inicialmente, al salir del otro receptáculo, Seth no nota nada, pero a lo largo de la película se va transformando poco a poco en un híbrido de mosca humana, con todas las desagradables costumbres alimenticias de las moscas (y es sabida la opinión que tengo de las moscas). Muchos piensan que la ingeniería genética nos ha llevado hasta el punto en que el caso de Seth Brundle ya no es un descabellado relato sobre los peligros de juguetear con la ciencia.

La preocupación no está en el hecho de la posibilidad de la manipulación genética. Al fin y al cabo, hemos manipulado genes desde los inicios del cultivo agrícola y la cría de animales. Todos los perros modernos descienden de un programa de miles de años de crianza selectiva de lobos.[27] El problema es que la implantación de genes elude rápidamente la selección natural. No hay tiempo para evaluar las combinaciones que podrían resultar perjudiciales. Lo que preocupa a los expertos es el potencial de consecuencias imprevistas en las combinaciones espontáneas.

Los gobiernos del mundo entero sopesan ansiosamente las preocupaciones generadas por la manipulación genética con los potenciales beneficios de las nuevas soluciones a los problemas. Por ejemplo, las células madre son las células de los fetos que tienen el potencial de reemplazar las células afectadas de los adultos.[28] Muchas personas que padecen males y enfermedades como el Alzheimer podrían beneficiarse. Pero, por desgracia, no hay suficientes óvulos disponibles para realizar estas investigaciones y, por tanto, una solución ha sido crear óvulos animales compuestos casi por completo de ADN humano. El embrión resultante, sin embargo, seguiría conteniendo una pequeña porción del material genético del animal donante. En principio, este embrión híbrido de animal y humano podría ser un verdadero potencial de Seth Brundel. Y aunque estos embriones nunca podrían ser viables en realidad, la idea de híbridos de animal y humano es, sencillamente, algo inaceptable para la mayoría de nosotros. En marzo de 2008, el gobierno británico tuvo que enfrentar una crisis cuando la Iglesia católica instó a los políticos católicos a renunciar tras la introducción del proyecto de Ley de la Fertilización Humana y Embriología, que permitía la investigación mediante la introducción de ADN humano en células animales. Antes, la ética solía ser un departamento académico de la filosofía moral bastante adormilado, donde se reflexionaba sobre cuestiones hipotéticas de la vida. Actualmente, los avances en la ingeniería genética han puesto a la ética en el centro de atenciones, con la expectativa de que suministre las respuestas a este campo minado de dilemas morales.

En tanto que miembros promedio de la sociedad que no han tomado cursos de filosofía o genética seguimos horrorizándonos con la posibilidad de la combinación de especies. Y esto se debe al esencialismo, es decir, a la manera como clasificamos el mundo viviente según los distintos grupos. Pensamos, de manera intuitiva, que los miembros de una misma categoría comparten esa propiedad esencial e invisible que define su admisión a su grupo. Por ejemplo, pensamos que todos los perros tienen una esencia "perruna" que los hace parte de la familia canina y que todos los gatos tienen una esencia "gatuna" que los diferencia de los perros y los hace miembros de la fraternidad felina. Cuando oímos hablar de los científicos que introducen genes de pescado en ratones o en papas, nos sentimos asqueados. Es algo que no parece estar bien, simplemente. No es natural.

¿Quién no sintió el factor "*puaj*" al ver por primera vez la foto de un ratón sin pelo y con lo que parecía una oreja humana en el lomo, publicada en los periódicos del mundo entero? Pero lo cierto es que no se trataba de un ejemplo de la manipulación genética, sino de una demostración de cómo un animal podría ser un receptor sustituto para la implantación de biomoldes.[29] Nuestra reacción se debía no solo a la singularidad de la foto sino, en realidad, a que nos sentimos asqueados y fascinados al mismo tiempo porque la posibilidad del híbrido humano-animal viola la visión esencialista del mundo que desarrollamos durante la infancia. Cuando estaba preparando este capítulo, mi hija menor miró por encima de mi hombro y vio la imagen del ratón con la oreja humana. Primero dejó escapar un audible

FIG. 13: Un ratón con un biomolde implantado. Muchas personas han malinterpretado esta imagen como un ejemplo de la ingeniería genética. © British Broadcasting Company.

"¡*puaj*!", para luego preguntarme si ese ratón podía oír mejor. Al parecer, todavía sigue hablando del tema con sus compañeros.

QUE LA FUERZA ESTÉ CONTIGO

Relacionada con la noción de esencia está la idea de una fuerza vital, algo que hay en el interior de los animales vivos pero no de los muertos. Esto es el vitalismo, la creencia antigua en que hay una energía interior que motiva al cuerpo. Es lo que, hasta el siglo XIX, en Occidente se conocía como *élan vital*, una fuerza vital que no obedece a las leyes conocidas de la física y la química.[30] En la mayoría de las concepciones, se le identifica con la identidad única de lo individual. En otras palabras, es el alma esencial que muchos creen que habita nuestro cuerpo y que al morir se traslada a otra dimensión/cuerpo/lugar/tiempo (borre los términos, dependiendo de su sistema de creencias en la vida después de la muerte).

Aunque no podemos ver la energía generada en nuestro cuerpo, la mayoría sentimos, de manera intuitiva, que está allí. No dentro de todas las células vivientes, como lo describe el ciclo de Krebs, sino más bien como un todo unificado que anima al cuerpo. Yo puedo entender este modo pensar. En ocasiones, he tenido que matar animales, ya fuera para comer o porque empezaban a dar la lata. Vivo en el campo y crío los pollos que comemos. Cuando llega la hora, les tuerzo el pescuezo. Cuando uno mata a un animal grandecito, en comparación con aplastar a una mosca con un periódico enrollado, se experimenta una sensación de que algo abandona el cuerpo. Una entidad viva que estaba animada hacía un instante, batiendo las alas agitadamente, ahora está quieta. Pero pareciera que hay algo más que la sola ausencia de movimiento.

También he visto varios cadáveres en la sala de disección, pero nunca he visto morir a nadie. Sin embargo, he hablado con amigos y colegas que han estado junto al lecho de un moribundo y suelen decir que algo parece partir. Hasta el momento, nadie me ha dicho que realmente haya visto algo que salga del cuerpo, sino que se tiene la sensación de que alguien o algo se ha ido. Tal vez sea una creación de nuestra mente para darle sentido al cambio de situación: de repente, en la habitación, hay una persona menos. ¿Cómo puede haber una persona menos si no es porque alguien se ha ido?

En la cultura popular, el momento de la muerte suele ser representado como una fuerza o energía vital, que es como una especie de copia semitransparente de la persona, que sale del cuerpo. Puede que sea una noción puramente psicológica, pero hay muchas personas que creen que un alma tangible sale del cuerpo al morir.[31] En 1907, el doctor Duncan Macdougall, de Massachusetts, anunció que el alma pesa exactamente 21 gramos, basándose en su cuidadosa medición de seis pacientes moribundos en una serie de balanzas industriales.[32] Desde entonces, sus descubrimientos fueron y han sido tratados con escepticismo y se han explicaciones alternativas que van desde el fraude hasta la debilidad metodológica. Dado que dicha pérdida de peso no era confiable ni replicable, los descubrimientos no eran científicos. Cuando se le prohibió realizar más investigaciones con humanos, el doctor Macdougall se dedicó a la investigación con perros, que sacrificaba en su búsqueda científica del alma. Los resultados de estas investigaciones no mostraron ninguna evidencia de pérdida de peso en el momento de la muerte, lo que el doctor Macdougall, impertérrito, interpretó como prueba de la creencia cristiana de que los animales no tienen alma. En cuyo caso la palabra "animal" no sería la más adecuada puesto que viene del latín *anima*, que significa alma.

En términos científicos, la muerte es otro estado continuo de vida. Al morir, la máquina de carne deja de funcionar como un sistema unificado y empieza a descomponerse. Empieza a desmontarse a sí misma. Debido a la ausencia de oxígeno, las células empiezan a morir. El ciclo metabólico de Krebs se apaga, y el sistema empieza a dar marcha atrás. Las colonias bacterianas que antes ayudaran a mantener la vida ahora empiezan a desintegrar el cuerpo. Cual saqueadores oportunistas, requisan diversas sustancias materiales para embarcarse en sus propios ciclos vitales aisladamente. Es como el desmembramiento de un ejército. Una vez concluida la batalla, los soldados individuales toman lo que pueden y se largan. El estado de la muerte es, sencillamente, el proceso de la vida en distintas direcciones. Con los sistemas de defensa apagados, toda clase de microbios, insectos y bestias saquean el cuerpo en busca de recursos. Si pudiéramos grabar y representar nuestra vida como una de esas películas de frutas y animales en descomposición, veríamos que la composición y la descomposición son continuas.

Pero esta explicación no resulta reconfortante ni aceptable para la mayoría. ¿A dónde ha ido la persona en esta versión? El cuerpo permanece, pero la persona está ausente. Una fuerza vital que antes daba energía al cuerpo y ahora se ha marchado es la única explicación aceptable para la mayoría de la gente. El dualismo de la mente y el cuerpo que intuimos cuando estamos vivos nos explica lo que sucede cuando morimos. Y así como el dualismo, la idea de una energía vital que habita el cuerpo es un concepto que surge en la infancia.

Los niños pequeños entienden la vida en términos de una energía vital que es necesaria para mantener el cuerpo en marcha.[33] En una investigación, a los niños se les hicieron varias preguntas del estilo de: "¿Por qué respiramos?". Para ayudarles a responder, los investigadores ofrecían a los niños tres tipos de explicación: las que se basan en objetivos mentales (porque queremos sentirnos bien), explicaciones mecánicas (porque los pulmones toman el oxígeno y lo convierten en dióxido de carbono) o vitalistas (porque nuestro pecho obtiene un poder vital del aire). Hacia los seis años, la mayoría de los niños daba la explicación vitalista, mientras que los niños mayores y los adultos escogían la explicación mecánica. Puede que la educación les haya enseñado acerca del oxígeno y el dióxido de carbono, pero la explicación basada en la energía vital era la versión predeterminada de los niños más pequeños. Algunos hablaban de que la sangre lleva energía a las manos para poder moverlas. La educación nos proporciona nuevos contextos explicativos, pero como vimos con las teorías ingenuas de la gravedad y otros modelos intuitivos del mundo, no está claro que abandonemos del todo nuestros primeros modos de pensar. Una fuerza vital imperecedera parece una explicación posible de la vida.

El concepto de la energía vital imperecedera no es completamente extraño. Un cuerpo vivo genera energía al transformar energía de una fuente en otra. De eso se trata el metabolismo. La energía nunca se pierde. Esta es la primera ley de la termodinámica, desarrollada a lo largo de los últimos trescientos años. La energía no se pierde sino que cambia de estado. Mientras que muy pocos de nosotros estamos enterados de las leyes de la termodinámica, para muchos la transición de la vida a la muerte es sencillamente el movimiento de una fuente de energía de un estado a otro. Muchos adultos que desconocen los hechos biológicos relacionados con el metabolismo y la energía pueden imaginar una cierta fuerza que reside en una cosa viviente pero se traslada en el momento de la muerte. Somos vitalistas intuitivos.

Pero los niños no empiezan siendo vitalistas. Estas preguntas los confunden porque aún no han empezado a pensar acerca de su propio cuerpo como algo separado de su mente. Esto podría explicar por qué les cuesta entender la muerte, como vimos en el capítulo anterior. Al clasificar a los niños de cinco años entre aquellos que pensaban en términos de fuerzas vitales y los que no, los vitalistas eran los que entendían que la muerte es irreversible, inevitable y universal, y algo que se aplica únicamente a las cosas vivientes.[34] Los más pequeños y no vitalistas estaban simplemente confundidos. De modo que el vitalismo ingenuo emergente les ayuda a los niños a comprender la naturaleza de la muerte como algo definitivo y que le sucede a todo el mundo. Las teorías intuitivas no tienen que ser científicamente exactas para ser útiles.

LA GRAN CADENA DEL SER

La fuerza vital esencial no es solo un concepto intuitivo que se encuentra en todos los niños; también es una creencia que ha sobrevivido miles de años en distintos modelos del cuerpo humano, tanto religiosos como médicos. Los griegos antiguos describían la fuerza vital esencial en su teoría de los humores sobre el funcionamiento del cuerpo. Ellos creían que un cuerpo sano depende de mantener el balance de los cuatro fluidos que son la sangre, la flema, la bilis amarilla y la bilis negra. Sin embargo, dado que estos fluidos corporales son perecederos a la larga, un quinto elemento, o "quintaesencia", es necesario para animar el cuerpo con un espíritu.[35] Una idea similar sigue siendo el componente clave de la filosofía y la medicina oriental tradicional, cuyos tratamientos y rituales implican la manipulación y canalización de la energía. Los griegos también reconocían un concepto holístico de la vida; la doctrina de que en el universo todo está conectado por energías y fuerzas invisibles. Estas conexiones son permanentes, de modo que la acción sobre alguna cosa en el universo tiene consecuencias a lo largo de la cadena, y cuanto más conectadas estén las cosas, más fuertes son las consecuencias de dicha acción.

Tal idea sostuvo a la teoría medieval occidental del universo como la *gran cadena del ser*, la creencia en que todas las cosas, incluyendo los animales, los vegetales y los minerales, están relacionadas.[36] Todas las cosas tienen su origen en la misma fuente, están organizadas en una jerarquía de asociaciones y se mantienen unidas por correspondencias divinas, es decir, fuerzas invisibles que conectan a los diversos elementos. Estas fuerzas podrían ser simpáticas, al compartir correspondencias comunes que pueden combinarse, o antipáticas, cuando los elementos se oponen y pueden usarse para eliminarse mutuamente.

En una ilustración del plan natural de Dios publicada en 1617, el diagrama de Robert Fludd muestra cómo el hombre estaba naturalmente conectado con el sol, que estaba conectado con la parra, que estaba conectada con el león, que estaba conectado con el oro. Por tanto, los hombres eran nobles. El oro era considerado un metal noble, así como el nombre dado a la moneda de oro en esa época. La vid era noble, y el hongo que se forma en la uva al podrirse y produce un fuerte olor característico era conocido como "podredumbre noble". El león era una bestia noble. Asimismo, la mujer estaba naturalmente conectada con la luna. Su ciclo menstrual estaba claramente relacionado con la actividad lunar, que estaba relacionada con el trigo, que estaba relacionado con el águila, que estaba relacionada con la plata, etc. El hombre estaba opuesto a la mujer, el sol a la luna. Por todas partes en la naturaleza podían encontrarse pruebas de empatías y antipatías al buscar las "signaturas" de las órdenes ocultas de Dios. Las pruebas eran abrumadoras. Bastaba con mirar alrededor y ver todas las conexiones, lo que era realmente fácil para una mente humana diseñada para detectar constantes e inferir conexiones en el mundo natural.

Por todas partes, las constantes de la naturaleza eran interpretadas como reflejo de un modelo causal más profundo basado en las

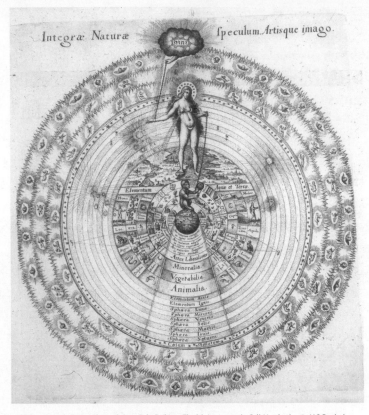

FIG. 14: La "gran cadena del ser" de Robert Fludd. Imagen de Bill Heidrich. © UC Berkeley.

correspondencias ocultas de Dios. A veces, Dios dejaba pistas en los animales, los vegetales o los minerales que compartían correspondencias simpáticas. Este modo de razonar se hizo conocido como el "*ars signata*", y era la base de buena parte de la alquimia y la medicina popular.[37] Por ejemplo, puesto que las nueces se parecían al cerebro, eran utilizadas para el dolor de cabeza. El sauce llorón era considerado como una cura para la melancolía por la clara signatura del desaliento decaído de sus ramas. La dedalera (*digitalis*) era considerada como un remedio para las enfermedades respiratorias, porque evocaba unos pulmones enfermos. La cúrcuma, la raíz usada comúnmente para teñir de amarillo las comidas indias, era usada para el tratamiento de la ictericia, una enfermedad que hace que la piel adquiera una palidez amarilla. Las raíces de mandrágora, que parecen unos humanos marchitos, eran consideradas especialmente potentes y, debido a sus toxinas alcaloides, eran utilizadas para provocar estados alterados de la conciencia para toda clase de propósitos. La hierba pezonera (*lapsana communis*), una hierba alta y con pequeñas cabezas amarillas, era usada para el tratamiento de los pezones resecos. La celidonia menor (*ranunculus ficaria*), con sus tubérculos nudosos, habla por sí misma.

Aún hoy en día, muchas sociedades valoran los alimentos mágicos que se cree que contienen propiedades curativas o potenciadoras en virtud de su parecido con las partes del cuerpo. Los higos y las granadas tienen propiedades que se parecen a los genitales masculinos. El coco de mar se parece a la pelvis de la mujer y es muy valorado para la fertilidad.[38]

Los alimentos con forma de falo como los bananos y los espárragos también son considerados muy potentes en virtud de su parecido con el pene, por lo que no resulta demasiado sorprendente que los penes de verdad sean ofrecidos como un alimento que puede potenciar el desempeño masculino. El *Guolizhuang*, en Beijing, es el primer restaurante chino en especializarse en penes animales. Los empresarios pueden llegar a pagar hasta seis mil dólares por comer pene de tigre porque creen que mejorará su virilidad y su energía vital.[39]

Buena parte de la medicina china tradicional se basa en las nociones esencialistas y vitalistas de las empatías. A las mujeres embarazadas se les recomienda comer la sopa dragón-tigre-fénix, que combina las energías de la serpiente, el pollo y nuestra vieja amiga la civeta. Pues sí. No basta con que bebamos sus excrementos en el café y nos embadurnemos el cuello con sus secreciones sexuales; también es un ingrediente de una popular sopa medicinal china. Y es probable que las civetas terminen riéndose de sus torturadores humanos, pues el brote del síndrome respiratorio agudo severo [SARS, por sus siglas en inglés], que estuvo a punto de convertirse en una pandemia mundial en el año 2003, fue trasmitido a los humanos por las civetas

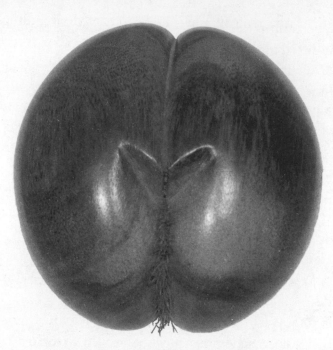

FIG. 15: Una nuez de coco de mar. ¿A qué se le parece? Imagen del autor.

enjauladas en los infames mercados asiáticos antes de ser enviadas a los restaurantes. El SARS es un *coronavirus*, es decir, que se reproduce al apropiarse del contenido de ADN de una célula y reemplazarlo por su propio material genético. Podría decirse que un *coronavirus* sustituye una esencia por otra. Qué ironía que la preciada esencia sobrenatural de unos "gatos" infectados fuera en realidad una esencia mortífera con una tasa de mortalidad de uno en diez.

LA HOMEOPATÍA ES ESENCIAL

Asimismo, la homeopatía moderna es una descendiente directa de la lógica mágico-simpática y se basa principalmente en la ley de lo semejante del médico alemán Samuel Hahnemann (1755-1833): *si-*

milia similibus curantur (lo semejante se cura con lo semejante). Si a
su bebé le da pañalitis, la homeopatía recomienda tratarla con hiedra
venenosa, una toxina que produce irritaciones fuertes. Para la diarrea
de los niños, una dosis de matarratas. Pero no se preocupe, el principio de lo semejante fue complementado por la ley de los infinitesi-
males, que sostiene que cuanto más diluida sea la dosis, más eficaz
será el tratamiento.

Los remedios homeopáticos están diluidos hasta tal punto que es
improbable que el líquido contenga algo distinto a pura agua. Esto se
debe a que el médico añade el ingrediente a un vaso de precipitados
con agua, para luego tomar un centésimo de esta solución y repetir el procedimiento una y otra vez. Un remedio homeopático típico
está tan diluido que contiene una partícula del ingrediente original
en 1000 000 000 000 000 000 000 000 000 000 000 000 000 000 000
000 000 000 000 000 partículas de líquido. Bien puede imaginárselo.
Habría que beber veinticinco toneladas métricas de agua para que
hubiera una posibilidad remota de ingerir tan solo una molécula de
la sustancia original. Lo que, al parecer, no es un problema. Según la
homeopatía, darle diez golpecitos al frasco que contiene la solución
hace que se libere la energía vital del ingrediente activo, que deja un
rastro grabado en el agua.

Sobra decir que para la comunidad científica la homeopatía es un
curanderismo sobrenatural, pues está basada en creencias holísticas,
vitalistas y esencialistas. Sin embargo, es una aproximación alternativa a la salud que es cada vez más popular. En el 2007, el *Times Higher
Education Supplement* del Reino Unido anunció un aumento de una
a tres en las solicitudes para estudiar medicina alternativa en insti-
tutos alternativos y un correspondiente descenso en las solicitudes
para estudiar anatomía, fisiología y patología en las universidades
tradicionales.[40] La homeopatía está disponible mediante el Servicio
Nacional de Salud [NHS, por sus siglas en inglés], y en Bristol se
encuentra uno de los cinco hospitales homeopáticos del NHS, aun
cuando las pruebas de la eficacia de los tratamientos homeopáticos

es, como mucho, equívoca. *Boots*, la cadena de farmacias más grande
del Reino Unido, solía rechazar la homeopatía y ahora no solo vende
una gama de remedios homeopáticos, sino que además incluye un
curso por Internet para enseñarles a los niños sobre la homeopatía,
las fuerzas vitales, la sanación holística y por qué la miel diluida es
buena para las picaduras de abejas.

¿Qué pasa con la medicina occidental que hace que la gente pre-
fiera poner su fe y el cuidado de su cuerpo en manos de los remedios
sobrenaturales? Por un lado, la homeopatía funciona. Funciona porque los pacientes creen que funcionará. En promedio, uno de cada
tres pacientes enfermos mejorará si cree que está recibiendo un tratamiento eficaz. Es el llamado efecto placebo, el maravilloso descubrimiento de que las personas se mejoran si creen que están tomando un
medicamento o recibiendo un tratamiento, incluso si no tiene ningún
ingrediente activo. Todos los fármacos regulados en el Reino Unido
deben superar unas pruebas clínicas que demuestran que es más eficaz que los resultados alcanzados por el placebo. Pero esta norma no
aplica para los tratamientos homeopáticos. En los Estados Unidos,
por ejemplo, *Nicorette*, una goma de mascar que ayuda a dejar de fu-
mar, tuvo que pasar una rigurosa evaluación clínica antes de que su
fabricante obtuviera la licencia para venderla. Pero en la misma far-
macia, uno puede comprar *CigArrest*, el equivalente homeopático que
no tuvo que superar tal evaluación. Parecería que a las autoridades
reguladoras les preocupan más los potenciales efectos secundarios de
los medicamentos con componentes activos que los tratamientos que
no pueden distinguirse del agua. En todo caso, ¿cómo podríamos probar que cualquier remedio homeopático no tiene el ingrediente activo
adecuado? ¡No podríamos encontrarlo si lo buscáramos!

El efecto placebo es muy real, y si las creencias mejoran la salud,
¿acaso deberíamos preocuparnos por lo sobrenatural en nuestra asis-
tencia sanitaria? Después de todo, los remedios homeopáticos son
solo agua, y la mayoría de los médicos se refieren a estos como una
medicina complementaria pensada para ser utilizada en conjunción

con tratamientos clínicamente evaluados. Si potencia el efecto placebo, que así sea. El problema aparece cuando los tratamientos complementarios son considerados como alternativas igualmente efica-
ces, lo que fue revelado en un escándalo acerca de los tratamientos
homeopáticos contra la malaria. La *London School of Tropical Medicine* se inquietó al recibir cada vez más viajeros que regresaban con
malaria porque no habían tomado el tratamiento convencional. Y
descubrieron que, entre diez homeópatas seleccionados al azar, todos
recomendaban tomar únicamente los tratamientos homeopáticos,[41]
pese a las recomendaciones de la Sociedad de Homeopatía del Reino
Unido, que reconoce que no hay un tratamiento homeopático eficaz
contra la malaria.

Tiene que haber otras razones por las que la gente rechaza los
tratamientos modernos, de eficacia comprobada, y prefiere las curas sobrenaturales. Durante las últimas décadas, ha habido un cambio en las actitudes hacia la medicina moderna. En primer lugar, los
tratamientos holísticos consideran a la persona como un todo y, en
consecuencia, los médicos alternativos dedican mucho más tiempo a escuchar a los pacientes y sus problemas en comparación con
los doctores que trabajan en un régimen marcado por el tiempo. La
satisfacción del paciente y la mejora significativa en la salud están
directamente relacionadas con la cantidad de tiempo dedicada por
el médico para escuchar al paciente.[42] Un problema compartido no
solo es un problema reducido a la mitad, sino que suele llevar a una
mejora significativa de la salud.

Otra explicación del aumento de la popularidad de la medicina
alternativa está en que los avances científicos y los tratamientos que
parecen antinaturales nos preocupan cada vez más. ¿Ha advertido la
frecuencia con que la palabra "natural" se usa en la publicidad actual? En nuestra llamada era "posmoderna", anhelamos regresar a
una época más sencilla, y la preferencia por los productos naturales
refleja este cambio de actitud y la ansiedad ante la ciencia moderna.
Pero ¿qué es exactamente una cura natural? ¿Es menos peligrosa que

los tratamientos médicos modernos? La verdad es que la naturaleza tiene muchas más toxinas naturales que las sintetizadas por el hombre. De hecho, buena parte de la homeopatía funciona según el principio de que un poquito de lo malo es bueno. Por tanto, el simple hecho de que una sustancia se dé de manera natural no implica que esté libre de riesgos.

INVESTIGADORES REPUGNANTES

La base sobrenatural de la medicina alternativa suena un poco parecida a la jeringonza que solemos limitar a las épocas oscuras de las sociedades precientíficas, pero no deberíamos estar tan prestos a burlarnos de quienes buscan estos tratamientos. Hoy en día, las mismas leyes de la magia simpática hacen parte de la vida cotidiana de todos nosotros, especialmente en la particular experiencia humana del asco y nuestros miedos a la contaminación, los cuales reflejan nuestra renuencia a establecer contacto físico con las cosas que nos resultan repugnantes. Puede que logremos vencer el impulso y superar el asco, pero también hay ocasiones en que este actúa en un nivel visceral y, por tanto, muy difícil de controlar mediante la razón.

Hay cosas que desatan el asco de manera automática y no son necesariamente aprendidas. El ácido sulfúrico, el metano, la cadaverina y la putrescina son cuatro de los olores más repugnantes para la nariz humana, que pueden encontrarse en diversas excreciones humanas, pero se concentran principalmente en los cadáveres en descomposición. Al pisar el estómago de aquel gato muerto cuando tenía diez años, fue este coctel químico lo que atacó mis sentidos. Sin embargo, otros desencadenantes del asco no están tan integrados en nuestra biología, y por eso resulta tan interesante para los psicólogos: a veces, puede ser desencadenado por la sola creencia.

Anteriormente, hablamos de Paul Rozin dentro del contexto del suéter del asesino, pero esta investigación proviene de su trabajo sobre el origen y el desarrollo del asco humano. Rozin es uno de los investigadores más repugnantes del mundo entero. Después de leer acerca de sus investigaciones, es probable que el lector se cuide de ir a cenar a su casa.[43] Por ejemplo, Rozin evalúa cómo responden los adultos a diversos desafíos que provocan la reacción del "*puaj*". ¿Podría usted beber de un vaso que ha sido tocado por una cucaracha esterilizada? ¿Se comería un delicioso chocolate en forma de mojón de perro? ¿Sorbería una cucharada de su sopa favorita después de haberla revuelto con un matamoscas totalmente nuevo? ¿Por que nos resulta asqueroso el hecho de escupir en nuestra propia comida siendo que necesitamos la saliva para la digestión? Como se imaginará, a la gente le desagrada la idea de casi todas estas posibilidades, aun cuando el verdadero riesgo de contaminación es mínimo o inexistente en todas las situaciones.

También están las variaciones culturales. Muchos de nosotros atacamos felizmente un sándwich con tocineta (al parecer, una de las cosas que más les cuesta dejar a las personas que solían comer carne al volverse vegetarianas), mientras que un árabe o un judío devoto lo consideraría asqueroso. En Occidente, nos horrorizamos ante la facilidad con que en el Lejano Oriente se consumen insectos, penes, vesículas, serpientes, gatos, perros y monos. Claramente, algunas clases de asco están determinadas culturalmente. ¿Cómo es esto posible?

CONTAMINACIÓN ESENCIAL

Las variaciones culturales prueban que algunos desencadenantes del asco deben ser aprendidos. Cuando vemos que otras personas arrugan la nariz ante ciertos alimentos o ciertas imágenes, podemos tender a copiar sus reacciones. Pero el asco y el miedo a la contaminación asociado a este no siguen las reglas simples del aprendizaje de un modo normal. Para empezar, estamos programados para responder automáticamente al asco de los otros. El simple hecho de ver a alguien haciendo una expresión de asco es suficiente para inducir nuestros propios sentimientos de desagrado. Por ejemplo, si usted ve a alguien haciendo una mueca después de olfatear un trago, esto activa la corteza insular, la misma región del cerebro que se activa normalmente cuando usted mismo huele algo repugnante.[44] Es un aprendizaje al primer intento. Así de rápidas e infecciosas pueden ser las emociones.

Para mí, el aspecto realmente interesante del asco y el asociado miedo a la contaminación es que muestran todos los distintivos del pensamiento sobrenatural.[45] Esto se debe a que desencadenan el esencialismo psicológico, el razonamiento vitalista y la magia empática. Por ejemplo, esta magia plantea que una esencia puede transmitirse por contacto y continúa ejerciendo influencia después de haberse acabado el contacto, lo que se conoce como la ley de la contigüidad: "las cosas que han estado en contacto y han dejado de estarlo continúan actuando las unas sobre las otras, como si el contacto persistiera".[46] Algo que apreciamos puede estropearse por el hecho de entrar en contacto con un contaminante repugnante. Por ejemplo, que alguien que consideramos repugnante toque ligerísimamente nuestra comida hace que el plato se vuelva incomible. Hay un viejo refrán que dice que una gota de aceite puede estropear un barril de miel, pero una gota de miel no puede estropear un barril de aceite. Este es el sesgo negativo de los humanos en lo referente a la contaminación.[47] De manera intuitiva, sentimos que la integridad de algo bueno puede estropearse más fácilmente por el contacto con algo malo que al revés.

Sin embargo, es difícil ser racional en lo referente a la contaminación una vez ha sucedido. Es como si el contaminante tuviese una energía que puede diseminarse. Por ejemplo, supongamos que su postre preferido es el pastel de cereza y que tiene la posibilidad de escoger entre un trozo muy grande y otro mucho más pequeño. Pero el camarero toca accidentalmente la masa del trozo más grande con el dedo sucio. El mismo dedo que acababa de meterse a la nariz. ¿Qué pedazo escogería? Dadas las circunstancias, la mayoría optaríamos por el más pequeño, aun cuando podríamos cortar el pedazo tocado por el dedo del camarero y aún así comeríamos un trozo más grande. En lo que a la mayoría de nosotros respecta, se ha estropeado todo el pedazo... así como nuestro apetito.

LA SABIDURÍA DE LA REPUGNANCIA

El asco no solo afecta nuestras actitudes hacia las cosas que nos llevamos a la boca, también nubla nuestros juicios morales. Muchas personas se basan en el asco para decidir lo que creen que está bien o mal. Leon Kass, ex asesor ético del presidente George W. Bush, sostenía que el asco es un barómetro confiable de lo que deberíamos considerar moralmente inaceptable, la llamada reacción visceral. En su ensayo *La sabiduría de la repugnancia*, plantea que el asco refleja nociones profundamente arraigadas y debería ser interpretado como prueba de la naturaleza intrínsecamente perjudicial o maligna de algo.[48] Si nos sentimos asqueados al enterarnos de algún acontecimiento, esto se debe a que eso está mal. El problema con esta postura es que lo que consideramos repugnante depende de cada uno.

Pensemos en el incesto entre unos hermanos que están de acuerdo con ello. En la mayoría de las sociedades, el incesto es considerado como repugnante. ¿Por qué? ¿Qué tiene malo que dos personas relacionadas genéticamente tengan relaciones sexuales? Podríamos argumentar que esta reacción es una consecuencia evolutiva de los riesgos de la endogamia. Desde el punto de vista genético, hay mayor riesgo de anormalidades genéticas en la descendencia. Pero si unos hermanos deciden tener relaciones sexuales en privado, de modo que nadie tenga que enterarse, usando anticonceptivos y evitando cualquier riesgo de embarazo, aun así consideramos moralmente inaceptable este tipo de relación sexual. También están todas las otras cosas extrañas que puede llegar a hacer la gente. ¿Por qué es repugnante limpiar el inodoro con la bandera nacional o comerse el cadáver de un pollo que acaba de usar para masturbarse? Puede que sean actos extraños, pero no hay ninguna razón intrínseca por la que estén mal.[49] ¿Qué tiene de malo ponerse el suéter de un asesino? De hecho, la gente suele quedarse sin palabras a la hora de explicar sus razones. Se quedan moralmente anonadados, en palabras del psicólogo Jonathan Haidt.[50] Por cierto, en caso de que esté sorprendido con la imaginación retorcida de mi mente, estos ejemplos perturbadores provienen todos del trabajo de Haidt. Así que escríbale a él si se siente ofendido.

Las explicaciones biológicas son demasiado limitadas como para dar cuenta de todas las cosas que consideramos asquerosas. Por eso, la respuesta ha de estar en otro mecanismo que se vale del asco para algún otro propósito. Una posibilidad es que el asco funciona como mecanismo de cohesión social. Para formar un grupo cohesionado, necesitamos una serie de reglas, creencias y prácticas que definen al grupo y que cada miembro se compromete a cumplir. Así es como cada grupo se distingue de los demás, es decir, son los códigos morales de conducta que se encuentran en las diferentes culturas del mundo. La violación de estas reglas implica la ruptura de un tabú, que a su vez implica una reacción emocional negativa. El infractor debe sentirse culpable, y el resto de nosotros debemos castigarlo. Así funciona la justicia. El efecto neto es el fortalecimiento de la cohesión del grupo.

Si bien los tabúes definidos culturalmente pueden producir cohesión social, no están basados en ninguna otra razón distinta a que estos definen al grupo. Por eso, aquellos individuos que se muestran dispuestos a tocar el suéter de un asesino son considerados como marginados. Al vincular una conducta con una reacción visceral, podemos valernos del asco para controlar a los miembros individuales del grupo. Y también podemos valernos del asco para aislar a otros. En el próximo capítulo, veremos cómo ese pensamiento esencial es la causa de la intolerancia dirigida hacia las personas que algunos preferirían mantener a cierta distancia debido a su color u origen social. Podemos tratar mal a aquellas personas que no comparten nuestros valores porque sentimos que eso está bien. ¿Y por qué sentimos que está bien? Creo que la respuesta está en que el supersentido de que hay unas propiedades invisibles que actúan en el mundo hace que estas sensaciones parezcan razonables, y el asco es la consecuencia negativa de la violación de nuestros valores sagrados.

¿Y AHORA, QUÉ?

En este capítulo, hemos echado un vistazo al surgimiento de una compresión biológica del mundo que depende de una categorización basada en las apariencias exteriores y la inferencia de unas propiedades invisibles. Nuestro diseño mental parece programado para buscar pautas y explicaciones causales más profundas de las distintas clases de cosas que creemos que existen en el mundo viviente. Este procedimiento nos lleva a desarrollar los conceptos espontáneos y no aprendidos de las esencias, las energías vitales y las conexiones holísticas. Muchas de estas creencias también pueden encontrarse en modelos antiguos del mundo natural, donde se creía que estructuras y mecanismos ocultos reflejaban un orden sobrenatural del universo.

Mientas que estos conceptos intuitivos tienen una validez científica hasta cierto punto, nuestro ingenuo modo de reflexionar acerca de ellos nos lleva a atribuir propiedades adicionales que, de ser ciertas, serían sobrenaturales. Por ejemplo, lo sobrenatural conforma la base de la creencia de aquellos que abogan por los poderes empáticos de las pociones diluidas y los alimentos mágicos que comparten cierta semejanza con la dolencia en cuestión. En estas situaciones, la sola creencia es suficiente para producir el efecto deseado aun cuando la poción o el alimento carezca del ingrediente activo. Al igual que la ilusión de control expuesta en el primer capítulo, a veces, basta con creer que obtendremos beneficios.

Tales creencias influyen también en nuestro modo de vernos como miembros de un grupo. Nuestro supersentido nos lleva, especialmente, a inferir que en nuestro grupo hay algo esencial e integral que no debería ser violado ni contaminado por influencias externas. Cuando esto sucede, nos sentimos asqueados, un estado emocional desencadenado por mecanismos que presentan propiedades sobrenaturales como las simpatías, las antipatías y la contaminación espiritual. De este modo, nuestro supersentido actúa para unir a los miembros del grupo mediante los valores sagrados.

Estos valores sagrados mantienen unidos a los grupos. Todos los humanos pueden sentirse asqueados, y deberíamos sospechar de cualquiera que no experimente esta particular reacción emocional. Cuando alguien dice que no tendría problema en ponerse el suéter de un asesino, lo identificamos como un individuo que no está preparado para compartir los valores sagrados del grupo aun cuando estos valores sean puramente arbitrarios. Y esto se debe a que nuestro supersentido hace que estos valores parezcan razonables dada la indignación moral que experimentamos, alimentada por nuestro sistema intuitivo emocional. En tanto que animales sociales, dependemos de nuestro supersentido, aunque no tenga ningún sentido.

En el próximo capítulo, veremos cómo este supersentido puede conducir a unas creencias y prácticas muy extrañas al creer que podemos absorber la esencia de alguien.

CAPÍTULO SIETE

¿Recibiría de buen grado el trasplante del corazón de un asesino?

DOS TERCIOS DEL CUERPO HUMANO están compuestos de agua, lo que quizá explique nuestra propensión a describir a las otras personas con un vocabulario "acuoso", especialmente aquellas con quienes tenemos que compartir cierta intimidad. Algunas son babosas y otras escurridizas. Algunas son pegajosas, mientras que otras rezuman felicidad. ¿Acaso es una coincidencia que estas descripciones reflejen comparaciones con la baba, una sustancia usualmente asociada al asco?

Así como la comida, algunas personas pueden ser deliciosas y otras asquerosas. Y así como la lógica esencialista influye en la manera como nos sentimos al introducir comida en nuestro cuerpo, lo mismo sucede con nuestras relaciones con otras personas. Cuando la abuelita le dice que "quisiera comérselo entero", no solo lo está comparando con algo delicioso, ¡sino que podría absorberlo!

Cuando reflexionamos acerca de los demás, nuestros juicios están teñidos por nuestro sentido de conexión esencial. Los humanos somos tribales: pertenecemos a un grupo en particular y no a otro. Y también nos vemos como individuales dispuestos a compartir ciertos niveles de intimidad física con el grupo y con las personas especialmente importantes. El amor, el odio y el asco que sentimos hacia los demás son alimentados por reacciones viscerales que forjan nuestras relaciones sociales más fuertes, y concebimos la naturaleza de estas conexiones de un modo intuitivamente esencialista.

Pensamos así porque necesitamos justificar nuestras emociones de un modo tangible. En un estudio, a los sujetos adultos se les dijo que les darían una inyección de vitaminas para investigar sus efectos en las tareas visuales. A unos, efectivamente, se les dio una inyección de adrenalina, sin su conocimiento. La adrenalina es la hormona provocada de manera natural en los momentos de excitación. Respiramos más rápido, se nos acelera el corazón y nos sudan las manos. ¿Qué pensaban los sujetos ante el cambio de excitación? Todo dependía del contexto. Mientras esperaban la supuesta prueba visual, se les pidió que respondieran una encuesta sobre el ánimo. En este punto, un cómplice de los investigadores que fingía ser un participante empezaba a actuar muy irritado o muy emocionado. Los sujetos, que no eran conscientes de que su respiración y su ritmo cardíaco acelerados y sus manos sudorosas se debían a una droga, indicaron sentirse felices o enfadados dependiendo del ánimo representado por el cómplice.[1] ¿Recuerda a los *duros-de-mollera* del capítulo 5? Es como si el jefe del departamento central recibiera informes de todas partes del cuerpo que le decían que algo estaba pasando y que debía enviar un comunicado de prensa para explicar por qué se sentía tan excitado. La experiencia consciente era la portavoz que daba sentido a estos mensajes.

En otro estudio, una atractiva investigadora entrevistaba a sujetos masculinos mientras atravesaban un angosto puente peatonal sobre un barranco profundo.[2] Después de la entrevista, les daba su número telefónico, pues el interés se medía dependiendo de si la llamaban después, y la cantidad de entrevistados en la mitad del puente que la llamaron fue el doble de los entrevistados al pie. La explicación sería tan ingeniosa como el descubrimiento: los sujetos entrevistados en la mitad del puente estaban más excitados fisiológicamente por el peligro de la situación e interpretaban dicha reacción física como atracción sexual hacia la entrevistadora femenina. Es decir, que nuestra experiencia de las emociones es una combinación de sensaciones corporales y nuestros esfuerzos por interpretarlas. Intentamos darles sentido a nuestras emociones.

Cuando nos encontramos con alguien que nos produce una reacción emocional, aplicamos los mismos procedimientos interpretativos. Quizá no podamos definir con precisión qué es lo que nos gusta o nos disgusta de la persona, pero sentimos cosas. Por ejemplo, ¿alguna vez se ha sentido incómodo en presencia de alguien pero sin saber por qué exactamente? Tal vez estaba demasiado cerca, o quizá le apretó la mano con más fuerza de la esperada. O puede que le haya tocado el brazo durante la conversación. El contacto físico puede ser encantador o repulsivo. ¿Por qué? Creo que la respuesta está en que el contacto físico conduce a la creencia en la contaminación potencial durante la interacción social. Si se trata de una persona hacia la que nos sentimos atraídos, como un potencial amigo o alguien que conocemos, el contacto es bienvenido. Si se trata de alguien que no nos gusta, entonces el contacto físico puede resultar desagradable. Ambas reacciones actúan sobre la base del esencialismo fisiológico, incluso cuando no somos plenamente conscientes de esta amenaza de contaminación. Por ejemplo, los miembros de la casta más baja en el sistema social de la India eran conocidos como los "intocables": eran considerados tan repugnantes que un miembro de una casta más alta se contaminaría si entraba en contacto con ellos. Y aunque el término "intocable" se abolió oficialmente en 1950, sigue funcionando en el sentido en que los miembros de distintas castas mantienen diversos grados de separación física.[3] Lo mismo puede decirse de la segregación en Estados Unidos y el *apartheid* en Suráfrica.

Referirse a las personas con términos como "indeseables" o "inmundas" no solo las deshumaniza sino que también puede llevar a los demás a tratarlas como esencialmente distintas y contaminadas.

¿Cómo podría un vecino *hutu* masacrar a un niño *tutsi* con un machete si no es porque el niño ha dejado de ser humano para convertirse en una cucaracha?[4] El esencialismo justifica el que acojamos o rechacemos a los otros al otorgar una razón física a nuestras acciones. Puede que nuestras acciones sean motivadas socialmente y para el bien del grupo, pero también sentimos que es lo correcto. ¿De dónde vienen estos sentimientos y cómo los relacionamos con las otras personas?

Creo que la respuesta está en el esencialismo que desarrollamos en la infancia, combinado con el desarrollo de la idea de la contaminación. Es fácil ver cómo este modo de pensar puede empezar a moldear la manera como reaccionamos a las cosas vivientes que esencializamos, particularmente los otros seres humanos. Si creemos que las esencias son transferibles, no nos consideraremos como individuos aislados, sino más bien como miembros de una tribu potencialmente vinculados mediante la creencia en las conexiones sobrenaturales. Veremos a los otros en términos de las propiedades que los hacen esencialmente diferentes a nosotros, lo que sugiere que ciertas cualidades esenciales son más susceptibles de transmitirse que otras. La juventud, la energía, la belleza, el temperamento, la fuerza e incluso las preferencias sexuales son cualidades esenciales que atribuimos a los demás. Por tanto, estamos más inclinados a pensar que estas cualidades pueden ser transmitidas en comparación, por ejemplo, con el color del pelo, la habilidad para jugar ajedrez o la persuasión política, que tienden a ser consideradas como propiedades no esenciales, que son más arbitrarias y que pueden cambiar con el tiempo.

Cuanto más esencial consideremos una cualidad, mayor es el potencial de contaminación. Es más, como hemos visto con el suéter del asesino, este razonamiento siempre está parcializado para suponer un mayor potencial negativo en comparación con la contaminación positiva, posiblemente porque, como vimos con lo referente al asco en el capítulo anterior, la evolución está más orientada a protegernos del daño al hacernos sensibles a las amenazas. Sin embargo, hay pruebas abundantes de que la creencia sobrenatural en que podemos absorber las buenas esencias de los otros es algo común en nuestras costumbres y actitudes.

DRÁCULA ERA UNA MUJER

Empecemos con una historia de terror. Las historias de terror suelen asustarnos porque incluyen abominaciones y violaciones de nuestro esencialismo intuitivo. Uno de los ejemplos más obvios en la cultura popular actual es el mito de los vampiros. Estos han existido en el folclor durante miles de años y en todas las sociedades del mundo. Todas las culturas tienen relatos sobre los no muertos que recurren a los vivos en busca de esencias vitales. Y de todos los distintos monstruos creados a lo largo de milenios, la historia del conde Drácula de Bram Stoker, publicada en 1897, es la más famosa.

Suele creerse que la novela estaba ligeramente basada en el príncipe rumano del siglo XVI Vlad Dracula, más conocido por su apodo "Vlad el Empalador". El príncipe Vlad, quien fue especialmente exitoso en la defensa de Rumania contra los invasores turcos, se deleitaba al empalar sus víctimas vivas en afilados postes de madera. Sin embargo, parece que lo único que Stoker tomó del príncipe rumano para su personaje fue el nombre. El escritor irlandés tenía más influencia de los sucesos del lago Ginebra, en Suiza, en 1816, cuando un grupo de escritores góticos, incluida Mary Shelley, pasó una noche en la casa de lord Byron y el doctor John William Polidori inventando historias de terror para asustarse mutuamente. Shelley inventó la de Frankenstein, otra historia de abominaciones y violaciones esencialistas, mientras que Byron contó la historia de un vampiro, que luego sería publicada por el doctor Polidori bajo el nombre de Byron. La criatura descrita en *El vampiro* de Byron era, indudablemente, él mismo, descrito como un noble de ojos penetrantes. Sin embargo, el historiador Raymond McNally cree que el Drácula de Stoker recibió

una fuerte influencia de una mujer, la condesa húngara del siglo XVI
Erzsebet (Elisabeth) Báthory, quien torturó y asesinó a 650 mujeres,
supuestamente para bañarse en su sangre y rejuvenecer.[5] Por eso, el
conde Drácula tenía esa pasión por la sangre y parecía no envejecer.

La condesa Báthory era una de las mujeres más hermosas e inteligentes de Hungría, pero también la más depravada. Según cuenta la
leyenda, un día, tras golpear violentamente a una de sus criadas en
la oreja, la mano le quedó manchada de sangre. Y a pesar de enco-
lerizarse por esto en un principio, la condesa advirtió que, al secarse
la sangre, su piel parecía absorber la juventud de la joven criada. Se
decía que este fue el origen de su pasión por bañarse en la sangre de
mujeres jóvenes, que eran atadas y luego degolladas para drenar de
sus cuerpos la savia rejuvenecedora. La condesa, ávida de sangre, tenía al menos la cortesía de pagar el entierro de sus víctimas.

Con el tiempo, el número de cadáveres fue ascendiendo, y el cura
local se negó a seguir enterrando a las chicas que habían muerto en
circunstancias sospechosas en el castillo. Impertérritos, la condesa y
sus sirvientes abandonaron las pretensiones de guardar las apariencias y empezaron a echar los cuerpos en los campos vecinos. Y en
el momento en que tiraron cuatro cuerpos desde las murallas del
castillo, ante los ojos de los lugareños, estos decidieron finalmente
quejarse ante el rey.

Cuando el rey húngaro Matthias II se enteró de las sádicas actividades de la condesa, a quien además debía dinero, vio la oportunidad
perfecta de matar dos pájaros de un tiro, por así decirlo. El 29 de
diciembre de 1610, ordenó un asalto al castillo, donde descubrieron
aún más cadáveres de jóvenes. El oficial que arrestó a Elisabeth resultó ser primo de ella, y en un esfuerzo por encubrir el escándalo familiar y salvar a la condesa, los cuatros criados implicados en los asesinatos fueron juzgados cuanto antes y quemados vivos. A uno se le
evitaron los tormentos de la hoguera y fue decapitado. Sin embargo,
la condesa Elisabeth Báthory nunca se presentó a juicio, y su primo la
mantuvo encerrada en el castillo, donde murió tres años después.

La condesa Báthory era una asesina sádica, pero el que se haya bañado en la sangre de sus víctimas es algo dudoso. Doscientos años después, cuando aparecieron los documentos de los testigos presentados en el juicio de 1611, no había ninguna mención de baños de sangre. La condesa, que seguramente se empapaba en sangre, era más una caníbal que una vampira, pues la habían visto mordiendo trozos de la carne de las jóvenes, incluyendo sus pechos. Quizá la leyenda de los baños de sangre por vanidad resultaba más aceptable que la posibilidad de que la hermosa e inteligente condesa fuese en realidad una asesina depravada y psicótica.[6]

LA FUENTE DE LA JUVENTUD

Bañarse en sangre para reducir los signos del envejecimiento es solo uno de los mitos populares creados por los humanos en su búsqueda de la eterna juventud. A veces, la realidad es más extraña que la ficción. A medida que envejecemos, nos sentimos cada vez más preocupados por el modo como envejecemos, y la mayoría de nosotros, dada la oportunidad, preferiríamos vernos más jóvenes que viejos. Una de las industrias mundiales más valiosas son los cosméticos rejuvenecedores. Se calcula que ronda los doce mil millones de dólares en el Reino Unido. La mujer británica promedio gastará unos 374 mil dólares en cosméticos a lo largo de su vida, en su mayoría en cremas rejuvenecedoras.[7]

Este uso cosmético se basa, mayoritariamente, en las creencias de la magia empática. Diversas preparaciones son elaboradas a partir de animales asociados a la vitalidad, tales como la placenta o los líquidos amnióticos. Se dice que las famosas cápsulas *tai bao* de China están hechas de fetos humanos abortados, aun cuando la mayoría de las cápsulas vendidas por la medicina china tradicional están hechas supuestamente de placenta humana pulverizada. Sean humanos o animales, se supone que al aplicarnos o ingerir estos productos rejuvenecedores podemos detener, ralentizar o revertir los signos del envejecimiento. Lo cierto es que pocas de estas preparaciones tienen algún ingrediente activo que puedan ser absorbidos por la piel. Es más, nuestro ácido gástrico natural destruye fácilmente cualquiera de estos nutrientes que ingiramos. En efecto, tal como con las medicinas homeopáticas, muchos cosméticos carecen de ingredientes activos, con lo que se evitan el problema de tener que satisfacer a las autoridades reguladoras. Aun así, muchas personas creen que es posible beber la esencia de la juventud.

En febrero de 1998, los telespectadores británicos contemplaron horrorizados un episodio de "TV Dinners" transmitido por el Canal 4. En el que probablemente sea uno de los ejemplos más repugnantes de la televisión explotadora, vimos al simpático, adorable y aclamado chef Hugh Fearnley-Whittingstall crear una cena muy especial para que Rosie Clear les sirviera a sus parientes e invitados en la celebración del nacimiento de su hija, Indi-Mo Krebs (que no tiene nada que ver con el del ciclo vital). Fearnley-Whittingstall frió la placenta de la señora Clear y preparó un paté que habría de servirse sobre pan focaccia. Aunque su esposo Lee comió siete raciones, los invitados estaban menos emocionados. Entretanto, los espectadores corrían al baño o al teléfono. El canal recibió un aluvión de quejas y una seria reprimenda de la British Broadcasting Standards Commission por lo que se consideraba un episodio que "habría sido desagradable para muchos". ¿Por qué la gente estaba tan molesta? ¿Por qué estaban moralmente anonadados los espectadores? En una entrevista publicada unos años después en su página web, Fearnley-Whittingstall identificó al supersentido de la gente como el culpable:

Fue bastante interesante ver cómo las personas se iban encolerizando sin ser capaces de poner el dedo en la llaga de lo que les molestaba. Era la exploración de un tabú alimentario, y creo que es un campo muy interesante. No me arrepiento, pero es un poco duro que la gente te catalogue como "el tipo de la placenta", porque había algo más que eso.[8]

Y es cierto que había algo más. Además de la placenta, el paté contenía chalotes y ajos flambeados en vino tinto, así como una generosa pizca de sobrenaturalismo.

EL GEMELO QUE ABSORBIÓ AL OTRO

Puede parecer increíble, pero realmente es posible absorber la esencia de otra persona e incorporarla en su cuerpo. En el tercer capítulo, echamos un breve vistazo a las investigaciones con gemelos separados al nacer y criados en hogares distintos. Los gemelos idénticos dan miedo porque parecen la misma persona, y esto nos plantea un problema, puesto que nuestra naturaleza nos lleva a concebir a los individuos como únicos, así como nos vemos a nosotros mismos como individuos. Eso significa la palabra "individuo". Los gemelos idénticos, es decir los hermanos que vienen de un mismo óvulo dividido en dos, parecen dos copias de una misma persona. Pero lo más sorprendente es que a veces puede suceder lo contrario. Y cuando dos personas se vuelven una, volvemos a enfrentarnos con el problema de lo que significa ser un individuo. En la versión estadounidense de la aclamada comedia de Rick Gervais *The Office*, el asistente del gerente regional es un personaje llamado Dwight Shrute, un gemelo que absorbió a su gemelo en el útero, lo que le daría, ya de adulto, "la fuerza de un hombre maduro y un bebé". Puede que Dwight sea un personaje ficticio, mas no así su afirmación.

Cuando Lydia Fairchild recibió una citación de los servicios sociales del estado de Washington en el año 2002, supuso que sería para una entrevista de rutina por el subsidio social que había solicitado tras separarse de su compañero, Jamie Townsend.[9] Pero la reunión resultó ser un interrogatorio y el comienzo de una pesadilla, algo sacado de una historia de terror. Tanto a Lydia como a su compañero les exigieron pruebas de ADN para que los analistas pudieran comprobar que eran los padres de los niños. Al recibir los resultados, se comprobó que Jamie era el padre, pero Lydia no era la madre. Al principio, Lydia pensó que sería una confusión, pero recuerda cómo una de las trabajadoras sociales le dijo: "Pues no. La prueba de ADN es ciento por ciento infalible, y nunca miente". Las autoridades la trataron como si fuera una criminal, pues temían que hubiera algún chanchullo. Fairchild, que estaba embarazada de su tercer hijo, fue acusada de fraude y secuestro a pesar de que había registros clínicos que probaban que había dado a luz a sus dos hijos. La corte ordenó que los niños quedaran al cuidado del servicio social y exigió que hubiera un testigo presente durante el nacimiento de su tercer hijo. El mundo de Fairchild se desmoronaba.

Por fortuna, la pesadilla de otra persona sería su salvación. Cuatro años antes, Karen Keegan, de cincuenta y dos años, había recibido una carta con los resultados de los análisis de sangre que esperaba que fueran la respuesta a sus oraciones.[10] Karen necesitaba un transplante de riñón, y la familia se había hecho pruebas de compatibilidad para ver si alguno podría ser el donante. Pero lo que se llevó fue una verdadera sorpresa, pues la carta decía, abiertamente, que dos de sus tres hijos no podían ser suyos pues no tenían el mismo ADN, por tanto, debían ser hijos de otra mujer. Entonces, empezaron las sospechas. ¿Habría habido alguna confusión en el hospital? ¿Cómo era posible que dos de sus hijos hubieran sido intercambiados al nacer? Karen sabía que había dado a luz a todos sus chicos. No es algo que se olvide fácilmente o se tienda a inventar. Solo dos años después, los médicos descubrieron la respuesta. Karen era una quimera. En la mitología, la quimera es una criatura monstruosa que vomita llamas y tiene una mezcla de cuerpo de león y cabra con cola de serpiente. Pero en biología, el quimerismo es la presencia de más de una fuente única de ADN en un individuo. ¿Cómo es posible? La verdad es más extraña de lo que podría imaginar un escritor de terror.

Al principio del embarazo de la madre de Karen, se estaban desarrollando dos embriones gemelos, y habría dado a luz a dos gemelas, pero algo cambió, y las dos se volvieron una. Karen había absorbido a su hermana gemela y, por tanto, poseía dos códigos genéticos distintos en su cuerpo. En términos biológicos, Karen es dos personas. Así, al repetir las pruebas encontraron el otro conjunto de ADN que se correspondía con el de sus hijos. Los resultados de este caso asombroso fueron publicados en el *New England Journal of Medicine* en 2002.[11] Para fortuna de Lydia Fairchild, cuando el caso de Karen Keegan se hizo público, las autoridades se dieron cuenta de que habían cometido un error terrible. Se realizaron nuevas pruebas genéticas y, para alivio de Lydia, también resultó ser cuestión de quimerismo. De modo que se retiraron los cargos, así como la solicitud de subsidio, pues Lydia y Jamie se reconciliaron poco después de haberse terminado la pesadilla.

Los casos insólitos de individuos que son dos personas en términos biológicos plantean un desafío a nuestra idea de lo que significa ser un individuo único, puesto que nuestra concepción de los individuos como únicos, masculinos o femeninos, implica que dos individuos no pueden ocupar un mismo cuerpo. Esto sería inaceptable para una mente diseñada para categorizar a los individuos. Sin embargo, estos individuos tienen un solo cuerpo y una sola mente, y eso es lo que nos deja tan perplejos.

De un modo parecido, los hermafroditas y los mosaicos desafían nuestra comprensión fundamental de lo que es ser humano. Puede que sean poco comunes, pero no son sobrenaturales. Simplemente, son variaciones naturales que se dan en el imprevisible azar genético de la vida. Pero nuestra biología intuitiva no nos permite aceptar estas excepciones a la regla, y entonces tratamos a estos individuos como fenómenos, porque violan nuestro orden natural. Si los gemelos son idénticos, entonces deben de ser telepáticos. Si algún infortunado padece una enfermedad dermatológica que le hace parecerse a un cocodrilo o un elefante, quizá se comporte como tal.

Irónicamente, la misma biología intuitiva que nos lleva a la confusión al categorizar a los individuos también nos conduce a albergar creencias que tendrían que ser sobrenaturales para ser ciertas. Puede que tratemos a los otros como únicos porque ocupan cuerpos separados, pero el esencialismo también nos lleva a pensar que los individuos tienen propiedades esenciales en su cuerpo que podemos incorporar al nuestro. Algo no menos dramático que en los casos en que literalmente absorbemos a otra persona en nuestro cuerpo.

LA EXTRAÑA HISTORIA DE ARMIN MEIWES

La idea de que podemos absorber la esencia de una persona es un tema recurrente en las explicaciones del canibalismo. Sin embargo, el canibalismo es un tema polémico entre los académicos, quienes debaten acerca de si realmente ha existido y por qué.[12] Las investigaciones sobre la enfermedad del *kuru* socavan la afirmación de que nunca ha existido. Se trata de una variante de la enfermedad de Creuztfeld-Jacob, la versión humana del "mal de la vaca loca".[13] El *kuru* era especialmente común en la tribu *fore* de Papúa-Nueva Guinea, donde la palabra "kuru" significa "temblar de miedo". Se cree que la enfermedad fue transmitida mediante la costumbre caníbal, hasta la década de 1950, de comerse a los parientes muertos en lugar de enterrarlos. Desafortunadamente, la parte más digestible de los muertos, pero también la más contaminada era el cerebro, que se preparaba especialmente para las mujeres, quienes luego transmitían fácilmente la enfermedad a sus bebés. Las mujeres y los niños eran las víctimas más vulnerables. A pesar de la prohibición de esta costumbre caníbal hace cincuenta años, el período de incubación del *kuru* es tal que se siguieron presentando nuevos casos hasta los noventa, lo que indica que la enfermedad había permanecido latente en esos niños.[14]

Richard Marlar, quien ha estudiado a los antiguos indígenas del suroeste estadounidense conocidos como los *anasazi*, refuerza el argumento sobre la existencia del canibalismo. Marlar estudió las deposiciones encontradas por los arqueólogos junto con restos carbonizados de huesos humanos en ollas que datan de alrededor del siglo XII, lo que desató la polémica sobre la posibilidad de que la tribu practicara el canibalismo. Esto se resolvió por medio de análisis bioquímicos de las deposiciones encontradas en los campamentos, las cuales contenían proteína humana. Y el único modo de que esta llegara hasta allí era tras haber sido consumida.[15]

De modo que sí existió el canibalismo, pero el que la idea fuese absorber la esencia de otra persona es menos evidente, puesto que las razones de dicha costumbre varían. También depende de si los cuerpos consumidos pertenecían a enemigos o a parientes, y de cuánta cantidad fuera ingerida. La tribu *wari* de Suramérica se comía a los miembros de la tribu como rito funerario, mientras que los *kukukuku* de Papúa-Nueva Guinea preferían comerse a sus enemigos pero ahumar a los parientes.[16] Al capturar a un enemigo, los hombres le golpeaban las piernas con palos hasta rompérselas, para que no pudiera escapar y luego dejaban que los niños lo apedrearan hasta matarlo. Luego cortaban el cuerpo en pedazos, lo envolvían en una corteza y lo cocinaban con vegetales en un horno tradicional. Si la víctima era joven, les daban las partes musculares a los niños de la aldea para que pudieran absorber su poder y valentía. Los parientes fallecidos, en cambio, eran ubicados en su choza, donde encendían una fogata para ahumar el cuerpo lentamente a lo largo de seis semanas. En su sistema de creencias, el espíritu seguía presente, y los sobrevivientes actuaban en consecuencia al tratar el cuerpo curtido como si siguiera vivo.

Estas prácticas desaparecieron hace mucho tiempo, pero el tabú del canibalismo reaparece de vez en cuando en las entrañas de la depravación humana. En el 2002, siguiendo una pista sobre un bicho raro que ponía anuncios en Internet diciendo que quería comer hombres, la policía allanó la casa de Armin Meiwes, de cuarenta y dos años, en la pequeña ciudad alemana de Rotemburgo. Lo que encontraron era realmente espeluznante. Armin tenían un congelador que contenía partes de un cuerpo humano y una grabación de la noche en que mató y descuartizó a su víctima. La historia se convertiría en un caso aún más impresionante de esencialismo caníbal.[17]

Un año antes, Armin había puesto un anuncio en un chat de Internet dedicado a debates sadomasoquistas, diciendo que buscaba a un hombre joven para matarlo y comérselo. Al parecer, hablar sobre las fantasías caníbales no es del todo infrecuente en Alemania. Por increíble que parezca, Bernd Brandes, un ingeniero berlinés de cuarenta y tres años, respondió. De hecho, Armin había recibido la visita de varios hombres, pero parece que solo Bernd estaba dispuesto a llegar hasta el final. El ingeniero albergaba un deseo profundo de ser comido. Tras un breve intercambio de mensajes electrónicos, acordaron reunirse en la casa de Armin.

En la fatídica noche del 9 de marzo de 2001, en la casa de Meiwes, Bernd Brandes ingirió veinte pastillas para dormir, acompañadas con media botella de *Schnapps*. Luego, le rogó a Armin que le cortara el pene para comérselo entre los dos. ¡Quería ser comido en vivo! Tras un primer intento fallido con un cuchillo desafilado, Armin logró cortárselo. A Bernd le costó comerse su propia virilidad, que le resultó demasiado correosa, por lo que Armin decidió freírla con ajo, pero terminó quemando la preparación. Bernd, quien sangraba profusamente, decidió darse un baño mientras Armin leía una novela de *Star Trek*. Después de un par de horas, subió al baño para darle a Bernd un beso de despedida antes de clavarle un cuchillo en la nuca. Luego, descuartizó el cuerpo, guardó las partes en el congelador junto a las pizzas congeladas y enterró la cabeza en el jardín. El incidente completo quedó grabado en una cinta de video, donde se prueba que Bernd Brandes no solo estaba dispuesto al sacrificio, sino que además alentaba a su verdugo. Cuando la policía llegó a la casa de Armin, en diciembre del 2002, este se había comido veinte kilos de Bernd cocinados en aceite de oliva y ajo, acompañados de vino tinto surafricano.

En el consiguiente escándalo mediático, se plantearon las preguntas obvias. ¿Por qué lo había hecho? Armin alegó que desde pequeño había querido comerse a una persona. Lo que resultaba aún más perturbador era que alguien pudiera querer ser comido. ¿Cómo era posible que Bernd Brandes deseara una muerte tan terrorífica y hasta pretendiera comerse su propio pene?

Solo podemos especular acerca de las razones de Brandes, y está visto que no es fácil obtener respuestas de Armin Meiwes, quien cumple su condena en Alemania. Repetidas veces he solicitado reunirme con él, pero mis peticiones han sido rechazas. No obstante, los testimonios e informes disponibles indican que los dos tenían un perverso sentido del esencialismo, el vitalismo y el holismo.

En el mensaje electrónico de respuesta al anuncio inicial, Bernd decía que quería existir dentro del cuerpo de otra persona. Claramente, creía en la posibilidad de otra vida dentro del otro. Era como el ratón muerto dentro del cocodrilo que los niños creían que seguiría teniendo una vida mental. Armin, por su parte, albergaba creencias sobrenaturales recíprocas acerca de su víctima: quería que alguien viviera dentro de su cuerpo. A lo largo de las entrevistas policiales, Meiwes indicó que el sabor de Bernd era parecido al del cerdo, pero que su recuerdo aumentaba con cada bocado. Se sentía mucho mejor y más estable con él en su interior. También señaló que su inglés había mejorado. Bernd Brandes hablaba un inglés fluido. En la entrevista más reciente, en el 2007, Armin dijo que Bernd seguía en su interior.[18]

MEMORIA CELULAR

A lo mejor nunca tenga la oportunidad de preguntarle a Armin Meiwes por sus creencias sobrenaturales, pero he podido hablar con un hombre mucho más afable y asequible, Ian Gammons, quien vive con su querida esposa, Lynda, en el pequeño pueblo de Weston, Inglaterra. Lynda e Ian se casaron hace más de treinta años y comparten una intimidad que va mucho más allá de lo que puede esperar la mayoría de las parejas.[19]

En el año 2005, se descubrió que Lynda era una donante compatible para Ian, quien padecía insuficiencia renal. Ella no lo dudó en absoluto, y la operación fue todo un éxito. Unos dos meses después, Lynda e Ian estaban de compras cuando sucedió algo extraño. Ian miró a Lynda y le dijo: "Estoy disfrutando mucho esto".

Ian y Lynda han sido siempre una pareja muy unida, pero con intereses muy distintos. Ian es el típico hombre que odia ir de compras, cocinar, trabajar en el jardín y todas las actividades que le encantan a Lynda. La idea de que Ian estuviera disfrutando las compras parecía demasiado extraña. Además, había empezado a cocinar y a trabajar en el jardín. Antes se limitaba a calentar una comida congelada. Cuando Lynda planteó la idea de comprar un perro, Ian aceptó a pesar de que había preferido los gatos toda la vida. Y las semejanzas van más allá de los gustos y pasatiempos:

> Sigo teniendo nuevas experiencias. Estoy volviéndome más intuitivo y tengo una conciencia mayor. Ahora compartimos, sobre todo, muchos más sueños. Anoche Lynda se despertó y me dijo que había tenido un sueño extraño con un caballo blanco en un campo verde junto al mar. Yo tuve exactamente el mismo sueño. ¿Será cierto que nuestro ADN se está mezclando? ¿Podría ser eso lo que está sucediendo?

Ian es un hombre de habla pausada que realmente quiere saber el porqué de sus experiencias. No es el típico *hippie* nueva era que habla de esencias, energías vitales o las relaciones del cosmos. La única respuesta sensata, según Ian, es que él y Lynda ahora comparten un vínculo porque él tiene parte de ella en su interior. Ha absorbido una parte de su esposa y se está convirtiendo en ella sutilmente.

En realidad, se trata de algo no poco común en los pacientes de transplantes. Cerca de uno de cada tres cree haber heredado cualidades psicológicas del donante.[20] El ejemplo más famoso es el de Claire Sylvia, quien recibió el corazón y los pulmones de un hombre joven en la década de 1980.[21] Después de la operación, empezó a desarrollar un gusto por la cerveza y los *nuggets* de pollo, un cambio extraño en una bailarina. Y lo que fue más extraño aún, empezó a sentirse atraída por las mujeres rubias y de baja estatura. La novia del fallecido era rubia y de baja estatura. Y, en efecto, al joven le gustaba tomar cerveza y comer *nuggets* de pollo.

La gente suele esgrimir estas historias como ejemplo de la memoria celular, una creencia sobrenatural en que los aspectos psicológicos de un individuo están almacenados en el tejido del órgano y pueden ser transmitidos al receptor. Algunos alegan que todas las células del cuerpo están conectadas. Si el cerebro crea la mente, y las células cerebrales contienen los estados psicológicos de la memoria, entonces otras células del cuerpo comparten esta información. A primera vista, la idea de Ian de haber incorporado estados mentales de Lynda por el ADN transplantado parece algo lógico.

En algún momento, parecía haber algunas pruebas científicas de esta extraña idea. En las décadas de 1950 y 1960, James McConnell, un polémico personaje de la comunidad científica, realizó experimentos con gusanos para calcular cuánto tardaban en aprender a recorrer un laberinto.[22] Tras haber entrenado a una cantidad de gusanos para recorrer el laberinto, McConnell hizo algo muy poco común: partió los gusanos en pedacitos y se los dio a comer a otros gusanos no entrenados. Y estos gusanos caníbales aprendieron a recorrer el laberinto más rápido que otros gusanos que no habían recibido la dieta caníbal.

Otros estudios con roedores parecían sugerir que los animales que eran alimentados con partes del cuerpo de animales entrenados aprendían a recorrer laberintos más rápidamente.[23] ¿Cómo puede ser esto posible si no es por la memoria celular? Resulta que el entrenamiento implicaba estresar al animal con choques eléctricos para evitar que repitiera errores al recorrer el laberinto. ¿Recuerda a John

Watson, el Pequeño Albert y la conducta condicionada? Este tipo de estrés provoca la liberación de hormonas que permanecen en el cuerpo. Una de las razones por las que los mataderos tratan de reducir el estrés del ganado, pues los cambios asociados al estrés afectan la calidad de la carne. Al darles de comer el corazón y el hígado de los ratones entrenados a los ratones novatos, esto producía una diferencia perceptible en el desempeño de los últimos al aprender a evitar los choques eléctricos. ¿Acaso esto prueba que haya transmisión de la memoria? No. Si se sometía a los ratones que no habían recibido ningún entrenamiento al estrés de sacudirlos en un tarro para luego matarlos y alimentar con ellos a otros ratones no entrenados, estos también mostraban un mejor aprendizaje en el laberinto.[24] No era la memoria lo que ingerían, sino un corazón o un hígado enriquecido hormonalmente. Como sucede cuando tomamos algún estimulante para estudiar para un examen, la estimulación hace que aprendamos más rápido. Ningún científico serio realiza este tipo de investigaciones hoy en día. Aun así, esto no ha evitado la divulgación de la hipótesis de la memoria celular, que todavía puede encontrarse en los libros de texto escolares.

Aparte de la cuestionable lógica que motivó a James McConnell a realizar un experimento tan extraño, está claro que creía que el conocimiento puede transmitirse al ingerir el cuerpo de otro. Como sucede con muchos ejemplos de la pseudociencia, es difícil distinguir entre el razonamiento natural y el sobrenatural, pues las hipótesis de McConnell producían una credibilidad superficial. Si alimentarse con un animal entrenado marcaba una diferencia en una tarea relacionada con la memoria, ¿por qué no pensar que se trata de una memoria celular? Aunque esta línea de investigación ha sido desacreditada por la comunidad científica, se le sigue citando como prueba del transplante de memoria por quienes creen en las conexiones sobrenaturales. Y algunos casos de estudio parecen ensanchar los límites de la credibilidad.[25] Por más inexplicables que parezcan las experiencias de Ian y Lynda Gammons, no parecen estar más allá de la coincidencia o la razón. Más difíciles de explicar son ciertos casos como el de la niña de ocho años que recibió un transplante de corazón de una niña de diez años que había sido asesinada. Se decía que la niña empezó a tener unas pesadillas terribles y que en algún momento pudo suministrar una descripción detallada del hombre que asesinó a su donante, con lo que la policía pudo capturar y enjuiciar al asesino.

Estas historias son mitos que perpetúan las creencias sobrenaturales. Los parientes y los pacientes del transplante de órganos deben estar influenciados por el esencialismo intuitivo. Esto explica por qué hay una disposición a creer que podemos heredar las cualidades psicológicas de otras personas a través de sus órganos. Aunque para las familias de los donantes puede resultar reconfortante pensar que alguna esencia del ser querido perdure, puede llegar a tener un efecto negativo a la hora de la donación. La idea de una esencia eterna puede ser reconfortante para algunos parientes, pero también puede llevar a otros a negar su consentimiento, debido a la creencia en que el pariente fallecido seguirá viviendo dentro del otro. ¿Y los pacientes receptores? ¿Cómo se adaptan psicológicamente al hecho de tener el órgano de otra persona dentro de su cuerpo? En un caso, una adolescente británica recibió un transplante de corazón contra su voluntad porque temía que sería "diferente" al tener el corazón de otra persona.[26] La idea de perder su identidad única le producía más miedo que la idea de perder la vida. Tal es el poder de las creencias esencialistas.

La investigadora sueca Margareta Sanner ha estudiado la opinión de la gente acerca del transplante de órganos y ha obtenido unas respuestas muy interesantes.[27] Así, descubrió que el contagio moral es un factor muy importante ("¿Y si viene de un pecador?"), así como la preocupación ante los xenotransplantes, es decir, la sustitución de órganos humanos por órganos animales. Ante la posibilidad de escoger entre distintos órganos, la respuesta típica de los adultos era: "El corazón y el hígado de un cerdo son compatibles, pero solo recibiría un corazón humano" o "Todo está en el corazón; no quiero ni darlo ni recibirlo". Uno de los entrevistados opinaba incluso que "quizá me vería más puerco con el hígado de un cerdo".

Hace poco examinamos este tipo de creencias en estudiantes saludables al pedirles que calificaran el rostro de veinte personas, dependiendo de cuán atractivos e inteligentes les parecían, primero, y segundo, dependiendo de cuánto les agradaría recibir un transplante de corazón de cada una de esas personas si estuvieran a punto de morir por falla cardíaca.[28] Después de que calificaron el rostro de todos los donantes potenciales según todas las variantes, les dijimos que la mitad de esas personas eran asesinos que estaban en la cárcel y la otra mitad eran trabajadores voluntarios. Entonces, les pedimos que repitieran la calificación según el atractivo, la inteligencia y la disposición a recibir el corazón de cada una de esas personas. Y no sería de extrañar que, aunque todas las calificaciones de los asesinos disminuyeron, donde se vio un mayor efecto fue en la disposición de los participantes a recibir el transplante del corazón de un asesino. Probablemente pensaban que la maldad de un asesino es una propiedad tangible que puede conservarse y transmitirse en un simple bombeo del tejido muscular.

¿Y qué decir del fanatismo y el racismo? En 1998, el Northern General Hospital de Sheffield, Inglaterra, recibió críticas severas por aceptar los órganos de un donante bajo la condición de que solo podían ser transplantados a un paciente blanco.[29] Tras un caso parecido, en el que la familia se negó a permitir que los órganos del fallecido fueran transplantados a un paciente que no fuera blanco, el estado de Florida aprobó una ley que prohibía tales restricciones en la donación de órganos.[30]

Uno de los descubrimientos más fascinantes de Margareta Sanner surgió de sus entrevistas con pacientes que habían recibido un transplante de riñón de un donante vivo en comparación con pacientes que lo habían recibido de un donante muerto.[31] A diferencia de Ian y Lynda Gammons, los pacientes que habían recibido el riñón de un donante vivo mostraban mucha menos preocupación por la incorporación de aspectos psicológicos de la personalidad del donante que aquellos que lo habían recibido de un donante muerto. A lo mejor los receptores de los donantes vivos estaban mejor preparados (estas operaciones se planean con antelación) y sabían que el donante seguía vivo y sano y en plena posesión de su identidad única. Pero los receptores del órgano de los donantes muertos sabían que estos ya no estaban ahí y se preguntaban si algo de ellos seguiría viviendo en su interior.

Claramente, el esencialismo psicológico influye en nuestro modo de pensar: como donantes, puede que sigamos viviendo en el cuerpo de otra persona, o, como receptores, puede que cambiemos al tener a otra persona en nuestro interior. Este tipo de sobrenaturalismo puede encontrarse en la preocupación más común de la conducta humana: las relaciones sexuales.

SEXO ESENCIAL

Si usted es hombre y tiene más de cuarenta años, entenderá por qué una de las primeras películas que me marcó fue *Barbarella*, de 1968.[32] La secuencia inicial del *striptease* ingrávido de Jane Fonda provocó sentimientos extraños en la mayoría de jóvenes prepubescentes como yo, pero fue una secuencia posterior la que me dejó profundamente impresionado. Al llegar a un planeta maligno, nuestra heroína entra en el palacio de los placeres, donde hay unas amazonas sentadas en grandes cojines, fumando una enorme pipa de narguile. Un hombre joven nada dentro del cuenco de cristal. Las mujeres están claramente drogadas por el humo embriagador. Cuando Barbarella les pregunta qué están fumando, la respuesta es escalofriante: "Esencia de hombre". Para un chico en los umbrales de la conciencia sexual, esto fue una revelación aterradora. ¿Acaso el sexo era cuestión de que le absorbieran a uno la esencia?

Las relaciones sexuales están surcadas por creencias esencialistas, vitalistas y holísticas. Pueden ser provocadas por impulsos hormonales (excitación), estímulos sensorial (olores, sabores e imágenes), instintos funcionales (necesito hacer un bebé) e incluso presiones sociales (hágalo, es lo que se espera), pero nuestros pensamientos durante la copulación y cuando pensamos en ella están plagados de ideas sobrenaturales. Ser uno solo. Almas gemelas. Alcanzar una unión sagrada. En el que debe de haber sido uno de los momentos más vergonzosos para cualquier miembro de la familia real británica, el príncipe Carlos habló de reencarnar como el tampón de su amante en una conversación telefónica que estaba siendo grabada secretamente. El país quedó asqueado con las revelaciones del *Camillagate*, y aunque puede que lo haya dicho en broma, esas ideas reflejan el deseo del amante de incorporarse íntimamente en el cuerpo de la amada. Y esto se debe a que los amantes desean alcanzar una unión tanto física como espiritual.

Incluso el lugar tiene consecuencias espirituales. Hace poco, un hombre y una mujer fueron arrestados en una catedral italiana después de que los feligreses oyeran unos gemidos que provenían del confesionario. Al abrir las cortinas, las autoridades encontraron a un mujer que estaba de rodillas, pero no por arrepentimiento, sino porque le estaba practicando sexo oral a un hombre cuyos gemidos se debían al placer carnal más que a la angustia moral. La pareja alegó que, al ser ateos, tener relaciones sexuales en la iglesia no era nada distinto a hacerlo en otro lugar. Sin embargo, la iglesia consideraba que era un acto tan sacrílego, que se necesitaría una ceremonia especial para purificar el confesionario.[33] El acto había contaminado al confesionario. Esto me suena sorprendentemente parecido al efecto Macbeth, descrito en el segundo capítulo, y al uso de rituales de exorcismo para purificar lugares contaminados por el mal.

Si usted abriga ideas esencialistas, es fácil entender cómo podría ver las relaciones sexuales como potencialmente contaminantes, ya sea con cualidades negativas o positivas, dependiendo de lo que opine de la otra persona. Por eso, la violación no solo es un abuso físico, sino también psicológico que hace que la víctima se sienta "sucia". Muchas personas consideran inaceptables las relaciones sexuales por fuera de una relación de pareja, ya sean forzadas o en complicidad, porque la integridad esencial del compañero es profanada. Piense en cómo los diversos actos sexuales se clasifican según el trasfondo esencial. No necesito explicarlos letra por letra, en todo caso, cuanto más físico sea el contacto, la penetración y el intercambio de fluidos corporales, más esencialistas son nuestras actitudes hacia dichos actos. Puede que los orgasmos alcanzados sin contacto físico con otra persona sean algo pervertido (las llamadas eróticas e incluso el cibersexo), pero no tan esencialmente perturbadores como la verdadera penetración física.

Además, ¿por qué solemos considerar desagradables las relaciones sexuales entre las personas mayores, cuando muchas de ellas siguen siendo sexualmente activas? Quizá la preferencia general a tener relaciones sexuales con parejas más jóvenes sea producto de un impulso evolutivo a apearse con parejas más saludables y de vida potencialmente más prolongada, pero el asco que sentimos al pensar en otras personas en pleno acto sexual se deriva del esencialismo. Y estas creencias discriminatorias respecto a la edad no son nada trivial, pues el impulso a tener relaciones con parejas más jóvenes conduce a la explotación. Los individuos mayores, más fuertes y dominantes buscan a los más vulnerables, porque en muchas culturas las relaciones sexuales con niños son consideradas como una manera de recuperar la juventud y la vitalidad.

Y pensemos en lo que realmente hacemos allí abajo en la zona genital. ¿Cómo es posible que alguien disfrute de los placeres de una zona recreativa atravesada por una salida de aguas negras? Solo podemos hacerlo si consideramos excitante a la otra persona. De lo contrario, con un extraño que no nos resulta excitante, se vuelve algo totalmente repugnante. ¿Por qué unas relaciones invocan placer y otras, asco? Sospecho que estas actitudes provienen de una perspectiva psicológica arraigada en la noción esencialista de la necesidad de establecer una conexión profunda con otra persona al diseminar la semilla esencial.

Esta lógica sexual sobrenatural acarrea un peligro potencial. Según estadísticas oficiales, cerca de sesenta menores de quince años fueron violados diariamente en Suráfrica a lo largo del año 2001.[34] Se cree que la cifra real debe ser mucho alta, puesto que solo uno de cada treinta y cinco casos es reportado a la policía. Los diversos organismos que monitorean la situación creen que las víctimas son cada vez más jóvenes. Una explicación a esta tendencia es el mito de la llamada "cura virginal", que se extiende hasta la violación de bebés.[35] En el 2000, el Consejo de Investigaciones Médicas de Suráfrica informó que "la creencia en que tener relaciones sexuales con una virgen puede dejar a un hombre libre de VIH está ampliamente difundida en África subsahariana". Y una encuesta con más de quinientos obreros automotrices reveló que uno de cada cinco pensaba que la cura virginal era cierta. El origen de este mito está en la magia empática y puede rastrearse hasta en la Europa medieval. Sin embargo, sospecho que la pandemia del VIH/sida solo llevará a un aumento de la incidencia de estos ataques mientras las personas infectadas y desesperadas sigan tratando de curarse por sí mismas, lo que se debe al poco impacto que puede llegar a tener la educación en los sistemas de creencias tradicionales. A pesar de contar con uno de los programas más intensivos del mundo en educación sanitaria sobre las causas y la prevención del virus, los estudios revelan que los surafricanos siguen esgrimiendo las explicaciones tanto biológicas como sobrenaturales de la causa de la enfermedad. Estos dos sistemas de creencias —natural y sobrenatural— no son vistos como inconsistentes entre sí sino más bien como complementarios. Por ejemplo, saben que la causa está en un virus biológico, pero también sostienen que la brujería es responsable de que una persona contraiga el virus y no otra.[36]

EL UNGÜENTO ARMARIO

El esencialismo, el vitalismo y la magia empática tienen una larga historia en la medicina. Por ejemplo, el *unguentum armarium* medieval era un tratamiento popular para las heridas provocadas por armas, basándose en la idea de que una herida podía curarse al actuar sobre el arma que la había ocasionado.[37] He aquí una receta del ungüento armario del renombrado alquimista suizo del siglo XV, Paracelso:

> Tomar el musgo del cráneo de un ladrón que haya sido ahorcado y dejado colgando, de una momia verdadera, de sangre humana, aún caliente; de cada uno, una onza; de grasa humana, dos onzas; de aceite de linaza, trementina y madera armenia; de cada uno, dos dracmas. Mezclar bien todo en un mortero y conservar el ungüento en una urna estrecha y alargada.

Una vez preparado el ungüento, era importante recuperar el arma original y aplicárselo. Mientras tanto, la herida debía limpiarse con agua fresca y nuevos vendajes cada día tras la extracción del "pus laudable".

La lógica del ungüento armario revela una cantidad de malinterpretaciones sobrenaturales. El arma tenía una conexión empática con la herida por el hecho de haberla ocasionado. Los diversos ingredientes eran escogidos porque tenían una afinidad empática con el proceso curativo. Puede que algunos ingredientes hayan sido escogidos porque se creía que contrarrestaban los aspectos negativos de la infección al ejercer fuerzas antipáticas para anularlos. Los truculentos ingredientes de la poción demuestran la presencia de un pensamiento esencialista. El empleo de tejido humano refleja la creencia en que posee fuerzas esenciales que pueden incidir en el proceso de curación. Especialmente valioso se consideraba el tejido de quienes habían muerto jóvenes y saludables. Nadie quería la grasa y la sangre

de los enfermos y los viejos; por lo que la mayoría de las recetas recomendaban recurrir a quienes habían sido ejecutados, y cuanto más
jóvenes y viriles, mejor, pues los jóvenes tenían más energía vital que
los enfermos y los moribundos.

El ungüento armario funcionaba, pero no por mecanismos sobrenaturales, sino por el sencillo hecho de limpiar la herida y reemplazar
las vendas todos los días, que permitía que el cuerpo combatiera la
infección, que era la causa más común de mortalidad. Sin embargo,
quienes recurrían al tratamiento creían que funcionaba por razones
equivocadas. Una historia parecida surgiría de otro extraordinario
episodio de la medicina occidental.

LOS DOCTORES DE LAS GÓNADAS

Al parecer, la idea le vino de la época en que trabajó como un médico joven y sin título en un matadero de Kansas, donde advirtió las
proezas sexuales de los machos cabríos. El doctor John R. Brinkley,
conocido como "el doctor de las gónadas de cabras", supuso que si
podía trasplantar las gónadas de los machos cabríos a los hombres
cuya libido empezaba a disminuir, podría revigorizar aquellas partes
que la edad volvía ineficaces.[38] La lógica de Brinkley era esencialismo y vitalismo puros, unidos a la ingenua idea de la relación de las
gónadas con la función sexual. Los estudios sobre el transplante de
órganos animales fueron concebidos inicialmente como una aplicación de la lógica empático-esencialista, es decir, aquello de que lo
semejante produce lo semejante. Si los machos cabríos se destacan
por su apetito sexual, y la libido de un hombre disminuye, entonces,
pongamos un poco del chivo en su maquinaria.

El primer paciente fue un granjero de edad, quien se quejaba de
una libido disminuida y estaba dispuesto a que Brinkley ensayara a
insertar en su escroto una porción de gónadas de chivo. La mayoría
de los individuos quedarían horrorizados ante la idea de insertar te-

jido animal en su cuerpo, a diferencia de su estómago, pero cuando al sexo y la vejez se refiere, la historia humana está repleta de costumbres insólitas que supuestamente aumentan, mejoran y prolongan la experiencia sexual. Según cuentan, el granjero no solo sobrevivió a la operación, sino que además disfrutó de una revivificación de su vida sexual y engendró a un hijo. Así empezó el ascenso meteórico de la fama y la fortuna John Brinkley, quien se convirtió en uno de los curanderos más exitosos de Estados Unidos del siglo XX. De allí en adelante, realizaría miles de operaciones por las que cobraba cerca de 750 dólares. Por cinco mil dólares, una cantidad enorme para aquel entonces, Brinkley transplantaba gónadas humanas tomadas de jóvenes prisioneros condenados a muerte. A lo largo de su vida, poseería mansiones, aviones, barcos y estaciones radiales, y hasta llegó a postularse dos veces para gobernador de Kansas. Incluso llevaba una barba "de chivo" que cuadraba con la temática de su práctica médica. Finalmente, la Asociación Médica Estadounidense, frustrada ante el alcance y el éxito de sus transplantes de gónadas, expulsó a Brinkley del país, quien terminaría perdiendo su fortuna en el intento por reestablecer su carrera en el extranjero.

La idea de que las glándulas sexuales animales podían funcionar como un elíxir de vida había existido desde hacía un tiempo. En el París del siglo XIX, el fisiólogo de Harvard Charles-Édouard Brown-Séquard afirmaba haber rejuvenecido tras insertarse un líquido extraído de testículos machacados de perro y cerdo de Guinea. ¡Ay! Me estremezco con solo escribirlo. Quizá el doctor de gónadas más famoso de la época fuera el físico nacido en Rusia Serge Voronoff, quien se inyectó a sí mismo el líquido extraído por Brown-Séquard, pero con resultados decepcionantes. Voronoff pensó entonces que a lo mejor el tejido debía permanecer intacto y decidió perfeccionar el transplante o técnica de injerto. Primero, utilizó las joyas familiares de jóvenes criminales y las transplantó directamente a las caídas bolsas de viejos millonarios que podían costear la operación. Cuando se quedó sin jóvenes y atentos sinvergüenzas, pasó a utilizar monos y

FIG. 16: El doctor de las gónadas de cabra, John R. Brinkley ©
Kansas State Historical Society.

simios. Líderes mundiales, capitanes industriales y actores envejecidos pagarían sumas enormes para operarse, y al cabo de un tiempo,
el injerto de gónadas animales se impondría en el mundo occidental,
a excepción de Inglaterra. Al ser grandes amantes de las mascotas, los
ingleses habían prohibido la vivisección de animales, pero consideraban perfectamente aceptable el transplante de las pelotas de otro
hombre.

A diferencia del caso de Brinkley en Estados Unidos, Voronoff disfrutó de los elogios de sus colegas europeos durante un tiempo. En
julio de 1923, *The Times* anunció que en una reunión de setecientos
cirujanos destacados en el Congreso Internacional de Cirujanos en
Londres, Voronoff recibió un aplauso por haber desarrollado la operación de rejuvenecimiento con la que forjaría una sustanciosa fortuna que le permitiría mantener un séquito de criados y amantes.[39] No
obstante, como sucedió con Brinkley, la corriente de apoyo cedería

finalmente al hacerse evidente que las afirmaciones de Voronoff no podían corroborarse.

Aunque la reputación de Voronoff quedó destruida, algunos aspectos de su investigación eran sólidos. Los testículos producen la hormona testosterona, un mecanismo esencial para la masculinización de los varones. En el útero, la testosterona vuelve masculinos los fetos femeninos. Por eso, tienen tetillas los hombres. A lo largo de la vida, la testosterona es determinante en las llamadas características sexuales secundarias que aparecen alrededor de la pubertad con el cambio en los genitales, la masa corporal y el vello. Al envejecer, los niveles de testosterona disminuyen. Y junto con otros síntomas de la vejez, la disminución en los niveles de testosterona puede producir una disminución de la libido; por eso, la terapia de reemplazo hormonal es un polémico tratamiento de la llamada menopausia masculina. También hace parte del proceso de reasignación sexual de las mujeres que quieren convertirse en hombres mediante cirugía. Sin embargo, en su aplicación moderna, las hormonas elaboradas sintéticamente son utilizadas para evitar tanto el rechazo de los tejidos animales por parte del sistema inmunológico de los humanos como el riesgo de la transmisión de enfermedades animales.

Fue precisamente este riesgo lo que sacó a Voronoff de su relativa oscuridad en 1999, cuando un artículo, publicado en la revista científica *Nature*, planteó que sus trasplantes de gónadas para rejuvenecer las disminuidas libidos de los millonarios envejecidos habían transmitido inadvertidamente el mortal virus del VIH de los monos a los humanos.[40] Vaya ironía, de ser cierta. Una vez más, los animales se vengan de sus supersticiosos torturadores.

En circunstancias normales, las células de un animal no pueden reemplazar las de otro. Incluso para los trasplantes de humano a humano se requiere que haya compatibilidad y el uso de drogas para suprimir la reacción inmunológica natural del cuerpo para rechazar la invasión ajena. El que las inyecciones y los trasplantes de gónadas parecieran funcionar se debía a la creencia placebo en que funcionarían. Y aunque la lógica que yacía detrás de los tratamientos de estos doctores era esencialista en su naturaleza, finalmente llevaría al descubrimiento de los mecanismos subyacentes de las hormonas, entonces desconocidos. Al observar los efectos de la castración en hombres y animales, Voronoff vio cómo la ausencia producía un desequilibrio y supuso que el problema se solucionaría sencillamente al reemplazar lo que estaba ausente. Una idea ingenua basada en las leyes de la magia empática conduciría a la realidad científica.

AGUA SAGRADA

Se dice que cuando Carlos I, el rey británico, fue decapitado en una fría mañana de enero de 1649, la gente se abalanzó en tropel para meter sus pañuelos entre la sangre real que chorreaba del patíbulo.[41] Si esto es cierto, una posible explicación de esta truculenta reacción podría estar en la creencia en que la sangre real tenía poderes curativos, porque los reyes y las reinas tenían una conexión directa con Dios. Se creía que el hecho de tocar a un rey o una reina curaba la enfermedad de la piel conocida como escrófula, una forma de tuberculosis. La adoración esencial de santos y reyes sigue existiendo hoy en día.

El lugar más visitado en la provincia italiana de Umbría es Asís, el amurallado pueblo medieval que alberga la basílica donde pueden encontrarse los restos del santo más famoso de Italia, San Francisco de Asís. El sepulcro de este santo del siglo XIII no fue descubierto sino hasta 1818, lo que resulta sorprendente si tenemos en cuenta que eran los restos del único responsable de la formación de la Orden franciscana. Un Papa del siglo XV había ocultado la tumba original, pero al descubrirla tras unas excavaciones en el XIX, los restos mortales fueron trasladados a la cripta subterránea que los peregrinos pueden visitar actualmente. El día que estuve allí, reinaba una temperatura abrasadora de treinta y cinco grados centígrados bajo el inclemente sol toscano. Por eso, pese a los cientos de visitantes que inundaban la basílica, el lento desfilar hacia la cripta subterránea y alrededor del sarcófago de piedra protegido por un enrejado de hierro fue un alivio bienvenido.

Había tanta gente que simplemente había que avanzar con la silenciosa mayoría. No había vuelta atrás. Cuando algún susurro emergía de entre la muchedumbre, una voz incorpórea de alguna autoridad eclesiástica invisible nos reprendía e imponía un adusto "*silenzio*". Debíamos conservar una actitud reverencial. Sin embargo, así como los museos indican su "Por favor, no tocar", en este caso, era comprensible que los visitantes quisieran meter las manos por entre las rejas para establecer contacto físico con el antiguo monumento de piedra. Algunos se concentraban en oraciones silenciosas mientras lo tocaban.

Fue entonces cuando presencié algo bastante perturbador y esencialista por naturaleza. Un monje entró y regó los arreglos de flores permanentes en la parte delantera de la tumba, y el agua de las flores empezó a escurrirse sobre la piedra antigua. Lo que yo no me esperaba, y no pude fotografiar debido a las restricciones, fue un súbito frenesí en quienes estaban más cerca de esta parte de la tumba. Como si hubieran sido abrasados por un sol desértico, apretaban los rostros contra la reja, intentando lamer el agua que chorreaba por el altar sagrado. En un esfuerzo por beber algo del fluido vital, se lamían los dedos humedecidos en esta agua. Un agua que probablemente habían sacado de un pozo común y corriente del suministro municipal hacía unos pocos minutos se había vuelto sagrada por el contacto con la tumba. Era demasiado extraño todo. La admiración y la adoración se habían convertido en contaminación esencial del agua normal.

TIERRA SAGRADA

El pensamiento esencial está en el corazón de un sueño comercial de Alan Jenkins y Pat Burke,[42] a quienes conocí el año pasado en Dublín, cuando presentaron su nueva aventura comercial, su compañía de exportación de suelo antiguo: *The Auld Sod Export Company*. Alan es un hombre mayor, reservado y quizá un poco demasiado serio, mientras que Pat es un ingeniero agrícola mucho más joven y jovial, que hablaba con entusiasmo acerca del nuevo producto que estaban vendiendo en los Estados Unidos: tierra irlandesa. No cualquiera, sino verdadera y auténtica tierra irlandesa. La idea se le ocurrió a Alan al asistir a un funeral en Florida y oír a los parientes lamentarse de que el fallecido no pudiera ser enterrado en su antiguo suelo y de que al menos un puñado de tierra irlandesa esparcida sobre el ataúd habría sido un consuelo.

La tierra está llena de microbios y contaminantes en potencia. Las aduanas y las restricciones a las importaciones agrícolas de Estados Unidos son unas de las más estrictas del mundo, por tanto, la tierra tendría que ser minuciosamente esterilizada para eliminar cualquier potencial riesgo biológico. Esta era la función de Pat en el negocio: producir la tierra más limpia del mundo, tanto que podría comerse. La bolsa de doce onzas se vende a quince dólares, y un anciano neoyorquino originario de Galway ha encargado cien mil dólares de tierra para poder tener su tumba irlandesa en Manhattan. La compañía ha diversificado ahora sus actividades para lanzarse a la venta de tréboles que pueden cosecharse en Estados Unidos en tierra irlandesa, para la popular celebración del Día de San Patricio. La creencia es que la esencia irlandesa permanece en alguna parte de lo que ha de ser la tierra más estéril de la Tierra. Con semejante potencial para el esencialismo psicológico dentro de la enorme comunidad irlandesa expatriada en suelo estadounidense, Alan y Pat parecen haber dado con una mina de oro.

Durante la Segunda Guerra Mundial, Alemania invadió Yugoslavia, y la familia real se exilió en Londres. El rey Pedro II, último rey de Yugoslavia, se casó con la princesa Alexandra de Grecia en 1944, y al año siguiente esperaban la llegada de su primer hijo. Preocupado porque el heredero al trono no nacería en su tierra natal, Pedro II hizo una petición especial a Winston Churchill. Durante un solo

día en el verano de 1945, el primer ministro británico, Sir Winston
Churchill, concedió a Yugoslavia la suite 212 del hotel Claridge's en
Brook Street, Londres, de modo que el príncipe Alexander pudiera
nacer en territorio yugoslavo. Debajo de su cama, pusieron una vasija
de suelo yugoslavo para añadir el ingrediente esencial a esta decisión
política.[43]

¿Y cómo podía trasladarse el vampiro del comienzo de este capítulo sin correr peligro a plena luz del día? Viajando en ataúdes que
contenían la tierra de su nativa Transilvania, por supuesto.

¿Y AHORA, QUÉ?

En este capítulo, hemos visto diversos modos como los humanos
podemos experimentar o buscar una conexión íntima con nuestra
pareja, basándonos en la creencia que podemos absorber las cualidades de otras personas. Esta experiencia puede ser negativa o positiva,
dependiendo de las propiedades que creamos que podemos incorporar. Mientras que la contaminación biológica por medio de virus e
infecciones es un verdadero modo de transmisión entre individuos,
también creemos que otras propiedades que no son físicas, como la
vitalidad, la moralidad e incluso la identidad, pueden transmitirse
como si fueran entidades físicas. Puede que estas creencias estén basadas en la idea de las esencias que inferimos naturalmente al pensar
acerca de otros individuos, y yo creo que son un producto natural del
modo como pensamos en los otros.

El razonamiento esencialista nos viene tanto de las entrañas como
de la mente, y esto se debe a que está basada en sentimientos intuitivos que estimulan las emociones. Estas son la leña que aviva nuestras
decisiones. Sin emociones, nuestras decisiones son frías y carecen de
sentimientos. Y aunque puede que esto esté bien a la hora de elegir
qué periódico comprar o qué calcetines ponerse, a la hora de tomar
decisiones que implican a otras personas, las emociones son una guía

importante de nuestro modo de pensar. Si esas personas son importantes para nosotros, personas con quienes compartimos un compromiso interpersonal, entonces las emociones son esenciales, tanto porque la relación debe tener un componente emocional para ser significativa, como porque es más fácil comprender la experiencia de la emoción como algo que emana de una verdad interior de la persona con quien nos sentimos conectados.

Si nuestras emociones hacia los otros se basan en un razonamiento esencialista, deberíamos poder demostrar que los principios de la contaminación esencial también aplican. Los objetos personales, las piezas de vestir y las moradas antiguas adquieren algo de su dueño anterior; en otras palabras, empezamos a tratar los objetos inanimados como si estuvieran teñidos de la esencia de las personas hacia las que adoptamos una postura emocional. Y para hacerlo, debemos ver a esa otra persona como un individuo único.

CAPÍTULO OCHO

¿Por qué los viajantes de comercio duermen con osos de peluche?

CUANDO SUPE QUE ESTE LIBRO sería publicado, una de las personas a quien quería contarle la noticia era Steve Bransgrove. Hace cuatro años, había entrado en la pequeñísima tienda de Steve, ubicada en una calle adoquinada del antiguo pueblo de Frome, Inglaterra. La tienda de coleccionables de Steve Vee Bransgrove era una cueva de Aladino de objetos del pasado, como postales, juguetes de hojalata, cómics, cajas de remedios y toda clase de objetos comunes sin un valor evidente, pero la gente pagaba buenas cantidades de dinero por ellos, sobre todo por los juguetes. Eran objetos muy evocadores. Al cerrar los ojos, uno podía oler las décadas paseándose a su alrededor. La tienda tenía, literalmente, un maravilloso aroma del pasado, surcado por el olor del tabaco de Steve.

Recuerdo el día en que me volví adicto. Había estado ojeando unas postales que estaban en una caja, para descubrir una de Tommy "Twinkle Toes" Jacobsen, el pianista manco. En la foto publicitaria, se mostraba a un jovial hombre de bigote que vestía un esmoquin negro y se balanceaba cuidadosamente sobre un piano, ¡tocando con

los pies desnudos! Me quedé asombrado de que hubiera una época
en que las personas como este pianista fueran consideradas como
celebridades. Compré la postal, y ese fue el comienzo de mi breve
obsesión coleccionista. Durante unos cuantos años, visité la tienda
de Steve con regularidad. Al principio, buscaba postales de espectáculos de fenómenos y vodevil. Luego, por alguna razón, me expandí
a las postales en blanco y negro de las jóvenes estrellas de la década de
1930. Con frecuencia, iba a la tienda de Steve sin intenciones de comprar, pero charlábamos sobre el coleccionismo y los individuos (en
su mayoría hombres, según su experiencia) que siguen este extraño
pasatiempo. Y, por supuesto, salía siempre con una pequeña adición
a mi colección.

Steve tenía muchas historias maravillosas sobre el coleccionista
obsesivo; la mirada agitada, el cambio de expresión al encontrar algún objeto codiciado, la voz inquieta. Él solía guardar objetos bajo
el mostrador para los clientes asiduos, sabiendo que comprarían lo
que tenía para ofrecerles. Steve recordaba los fetiches de cada uno
de sus clientes. Cual vendedor de drogas, comprendía plenamente
el poder de la adicción, pues tanto él como su esposa Shirl también
eran coleccionistas. Steve apenas podía vivir de su negocio, pero lo
disfrutaba tanto que apuesto que habría trabajado únicamente para
pagar el arriendo.

¿Por qué la gente colecciona cosas? En este mundo de actualiza-
ciones instantáneas, duplicaciones e innovaciones modernas, esta
parece una conducta muy extraña. Al entrar en el reino del coleccionista, descubrí un mundo reflejo poblado por legiones de personas
que recorren ventas de garaje y mercados de las pulgas todos los fines
de semana en busca de la autenticidad. Llueva, truene o relampaguee,
estas personas salen en manadas a la caza de lo original.

El coleccionismo puede dar dinero, pero no es el único objetivo
de los coleccionistas. Para la mayoría, el dinero es una simple justi-
ficación de la necesidad. El actor Tom Hanks, un hombre adinera-
do según el estándar de cualquiera, colecciona máquinas de escribir

anteriores a la Segunda Guerra Mundial, y a veces gasta más de lo que valen en repararlas.[1] Cualquier coleccionista puede verse identificado. Por ejemplo, los autos antiguos son el capricho de los sumamente adinerados, pues este tipo de colecciones no tienen un sentido económico.

Otros coleccionan por la dicha de la búsqueda de la pieza faltante. Estos coleccionistas se ven motivados a completar series aun cuando no puedan poseerlas físicamente. Por ejemplo, en el Reino Unido, hay personas que coleccionan números de trenes. Estos individuos (hombres en su mayoría) se ubican al final de los andenes de estaciones concurridas y se dedican a escribir los números de serie de los distintos trenes que van y vienen. Son como los observadores de aves, esos obsesivos individuos (de nuevo hombres en su mayoría) que recorren el país entero para poder ver la mayor cantidad posible de especies de aves. Esta pasión masculina por completar series cuadra con la teoría de Simon Baron-Cohen, mencionada en el capítulo 5, sobre cómo los hombres están naturalmente inclinados al orden y la sistematización.

En todo caso, coleccionar series es solo una parte de la obsesión. Muchos coleccionistas se ven motivados por la emoción producida por los objetos y la conexión que esos objetos establecen con el pasado. Les entusiasma la emoción sentimental que puede producir el hecho de tener y sostener algo de otra época. Si el objeto está relacionado con una persona o un suceso significativo, la sensación de conexión se intensifica. Hace poco, realizamos un estudio grande sobre las actitudes de los adultos hacia estos objetos y descubrimos que no solo valoramos los objetos auténticos, sino que también queremos tocarlos.[2] Por eso, hay quienes pagarían cantidades desmesuradas de dinero por el collar de perlas falsas de Jackie Kennedy Onassis o por un pedazo del traje de novia de la princesa Diana. Estos objetos auténticos inspiran valores distorsionados en la mente del coleccionista.

Este tipo de ejemplos demuestra que la necesidad de coleccionar objetos de *memorabilia* puede parecer increíble o extraña, pero Steve tenía la teoría de que las personas coleccionan los objetos que les recuerdan su propia infancia o épocas en las que creen haber sido felices. Los objetos son vínculos físicos y tangibles con el pasado que pueden devolvernos instantáneamente a esos otros tiempos mediante una sensación de conexión. No coleccionamos objetos que nos ponen tristes. No estoy seguro de cuáles serían mis motivos al coleccionar postales de los espectáculos de fenómenos y las prometedoras estrellas de Hollywood, pero recuerdo el placer de descubrir en la tienda de Steve un cómic o un juguete que había visto de pequeño, esa sensación de regreso al pasado. Cada uno de esos objetos era como un encuentro inesperado con un amigo al que había perdido de vista hacía mucho tiempo.

Cuando le conté que estaba escribiendo un libro sobre el desarrollo infantil y el origen de las conductas irracionales, Steve me prometió que me contaría historias de sus clientes más famosos y sus vergonzosos secretos de coleccionistas. Si conseguía quién me lo publicara, nos reuniríamos para discutir el asunto, puesto que hay unas cuantas cosas más irracionales que la obsesión humana por coleccionar.

Al acercarme a la tienda de Steve para darle la buena nueva de la publicación del libro, lo primero que advertí fue que no estaba en la entrada conversando con los transeúntes, con su característica taza de café y el cigarrillo liado a mano. Entonces, vi la nota pegada a la ventana desde adentro. El corazón me dio un vuelco. ¿Habría abandonado el negocio? No podía ser. Yo sabía que tenía la tienda por el placer de trabajar con los recuerdos y no por el dinero.

La verdad era peor. Steve había muerto prematuramente hacía apenas unas semanas tras un deterioro rápido y repentino, antes de que yo pudiera enterarme siquiera de que estaba enfermo. En la nota pegada al vidrio, su esposa Shirl agradecía a todos por las palabras de apoyo, pero no podía mantener el negocio sin Steve y cerraría la tienda. No volví sino hasta hace poco, para descubrir que el diminuto local había sido vaciado por completo y no quedaba más que el mero armazón, con la nota aún pegada a la ventana. Me sorprendí al ver lo

FIG. 17: "Steve Vee Bransgrove Collectables" en Frome (2007), donde pasé muchas horas felices. Imagen del autor.

grande que era realmente la tienda; Steve la había llenado con tantos objetos que daba una sensación de abarrotamiento acogedor. Era como si le hubieran rasgado las tripas a un animal grandote, peludo y amigable. Un poco como el hombre mismo. Estoy seguro de que esa imagen le habría roto el corazón a Steve.

Para mí, lo más doloroso de la historia no era tanto la muerte de Steve (todos tenemos que irnos), sino la comprensión de cómo nos preocupamos e inquietamos por las posesiones mientras vivimos. Acumulamos objetos con la idea de que son importantes. Codiciamos cosas simples e inanimadas. Invertimos emoción, esfuerzo y tiempo, ¿y para qué? Solo las colecciones realmente importantes sobreviven, y estas suelen incluir obras de arte reconocidas y con un valor comercial, no las cosas que la mayoría de nosotros podríamos

poseer algún día. Las posesiones personales suelen tener muy poco
valor económico, y, sin embargo, nos sentimos molestos o enfadados
si se dañan o pierden. Esto se debe a que los objetos definen lo que
creemos ser. Tratamos a los objetos como a una extensión de nosotros mismos. Cuando alguien muere, la mayoría de sus posesiones
son distribuidas, vendidas o heredadas, pero con mucha frecuencia
terminan en los mercados de las pulgas o en la basura. Ver lo vana que
resulta una vida dedicada a coleccionar objetos cuando desaparece el
coleccionista es algo que nos hace pensar. Sin embargo, cuando los
objetos se convierten en símbolos de una persona que nos importa,
pueden adquirir un valor esencial.

En 1943, Michel Levi-Leleu vio por última vez a su padre Pierre,
quien llevaba una maleta de cartón al abandonar la seguridad de un
refugio en Aviñón, Francia, en busca de un nuevo hogar para su familia judía. Michel no volvió a verlo, pero la maleta reaparecería sesenta
años después en el centro de una batalla legal por su propiedad.[3]

La época en que el padre de Michel y su maleta desaparecieron fue
una época terrible. El holocausto judío de la Segunda Guerra Mundial fue uno de los crímenes contra la humanidad más atroces de los
tiempos modernos. Para el medio millón de personas que visitan hoy
en día el museo de Auschwitz, una de las imágenes más perturbado-
ras es la montaña de maletas abolladas que alguna vez contuvieran las
posesiones mundanas de familias cuyos días acabarían en el campo
de muerte. Todas las maletas estaban rotuladas con el nombre de sus
dueños por la creencia en que volverían a reunirse con sus pertenen-
cias. Los nazis sabían que para mantener la farsa, las personas tenían
que creer que sus posesiones serían guardadas a salvo y devueltas en
algún momento.

En 2005, Michel visitó el Memorial de la Shoah en París, donde
había una exposición temporal sobre el holocausto que incluía algunas de las maletas de Auschwitz. Él sabía que su padre había muerto
durante la guerra, pero no podía dar crédito a sus ojos al descubrir
la maleta con la etiqueta escrita a mano: PIERRE LEVI. Entonces,

pidió que se la devolvieran. Cuando el museo se negó a devolvérsela, Michel llevó el caso a los tribunales. "Las maletas de los prisioneros deportados a Auschwitz que son exhibidas en el museo son unos de los objetos más valiosos que tenemos", declaró el museo, que recibió el apoyo del gobierno polaco.

Los museos se nutren de la exhibición de objetos auténticos, pero hoy en día muchos tienen que enfrentar batallas legales por la devolución de artículos a los descendientes o los países de donde los tomaron. Por ejemplo, Gran Bretaña se ha visto envuelta en una pelea diplomática de décadas por la devolución de los mármoles del Partenón del Museo Británico a Grecia. En Estados Unidos, las tribus indígenas estadounidenses han exigido la devolución de objetos sagrados.[4] Actualmente, hay muchos museos que exhiben copias y réplicas sin advertírselo al público, o al menos uno tiene la impresión de estar viendo algo auténtico. Esto se debe a que queremos establecer una conexión con el original. Pero, como la belleza, la autenticidad también depende del cristal con que se mire.

Una vez más, este tipo de razonamiento es algo que he experimentado en carne propia. La expedición familiar a las cuevas de Niaux que describí en el capítulo 3 no fue mi primera visita a una cueva prehistórica. En un paseo por Francia en 1990, me encontré por casualidad con las famosas cuevas de Lascaux en la región de la Dordoña.[5] Era una oportunidad inesperada y que no podía dejar pasar. En aquella época, no tenía ningún conocimiento ni ningún interés especial por las pinturas prehistóricas, y tampoco entendía el francés particularmente bien, pero había oído hablar de las cuevas de Lascaux, y eran increíbles. Los dibujos de los animales, cuidadosamente iluminados en un recorrido subterráneo increíblemente accesible, eran impresionantes. Yo era tan ingenuo que no me di cuenta de mi equivocación. Fue solo al salir cuando tomé un folleto que explicaba que la cueva que acababa de visitar era en realidad una reproducción de la cercana cueva original, que se había cerrado al público en 1963, debido a los efectos corrosivos del aliento sobre las pinturas originales. Me sentí estúpido y engañado. Si lo hubiera sabido probablemente no me habría tomado la molestia de hacer el recorrido. Por fortuna, el viaje a la genuina cueva de Niaux, donde, quince años después, avancé a tropezones por entre la oscuridad profunda, me devolvió la capacidad de asombro ante el arte prehistórico. Por más buena que sea una reproducción, el hecho de saber que no es original destruye cualquier sentido de conexión producido por dicha experiencia.

ARTE ESENCIAL

En el 2005, en Londres, Sotheby's vendió el cuadro *Dama sentada a la espineta* por treinta y dos millones de dólares, después de diez años de polémica acerca de si era un original de Vermeer o una falsificación del siglo XX atribuida al experto falsificador Han van Meegeren.[6] Tras anunciar que se trataba de un original, su valor se disparó. En el cuadro, no había cambiado nada, solo la opinión de los expertos sobre su autor, lo que demuestra que la apreciación del arte va más allá de la imagen de algo. También depende de quién creemos que sea su autor. Las casas de subastas suelen cobrar hasta el 20 por ciento de comisión sobre las ventas, por lo que no resulta sorprendente que la autenticación del Vermeer fuera proporcionada, claro, por los expertos de Sotheby's.

En el mundo del coleccionismo, la procedencia es la prueba de la originalidad. Los coleccionistas buscan originales auténticos con procedencia porque son más valiosos. Pero ¿por qué es más valioso un original que una copia idéntica? Podría alegarse que las falsificaciones o las copias idénticas reducen el valor de los originales, porque comprometen las fuerzas de oferta y demanda. Del mismo modo como un artista prolífico socava el valor atribuido a cada una de sus piezas al inundar de obras el mercado, lo excepcional implica una oferta limitada. Para muchos coleccionistas, sin embargo, poseer un objeto original satisface una necesidad más profunda de conectarse con el dueño anterior o la persona que lo creó. Yo creo que una falsificación artística es inaceptable porque no produce la perspectiva esencialista psicológica de que algo del artista está, literalmente, en la obra.

Este esencialismo psicológico ha sido llevado a su conclusión lógica en el mundo del arte contemporáneo, especialmente con el movimiento de artistas británicos de la década de 1990, más conocido como *BritArt*. Una de las obras esencialistas más famosas es *My Bed*, de Tracey Emin, preseleccionada para el premio Turner en 1999 y vendida al coleccionista Charles Saatchi por trescientos mil dólares. La pieza consiste simplemente en la cama de la artista, destendida y rodeada por su ropa interior sucia, una botella de vodka y paquetes arrugados de cigarrillos, tomada en la época en que pasó varios días en cama debido a una depresión suicida. Otros artistas, como los íconos vivientes Gilbert & George, son igualmente famosos por obras de arte elaboradas con sus fluidos corporales y excrementos. No obstante, probablemente la obra más esencialista sea la que ha sido considerada como pieza representativa del *BritArt*.

La obra *Self* de Marc Quinn, de 1991, por la que Saatchi pagó 26 000 dólares, es una escultura de autorretrato realizada con unos cuatro litros de su sangre congelada, recogida mediante transfusiones a lo largo de cinco meses. En el 2002, las noticias de prensa de que unos obreros que estaban renovando la cocina de Saatchi habían desconectado accidentalmente el congelador que contenía la cabeza, avivaron el interés por la obra.[7] Sin embargo, la obra fue exhibida en la galllería Saatchi un año después, lo que suscitó dudas y preguntas sobre su autenticidad. Dada la naturaleza deteriorable del material, Quinn rehace la escultura cada cinco años con su propia sangre. En el 2005, Saatchi vendió la obra a un coleccionista estadounidense por tres millones. Y uno se pregunta qué sucederá con esta obra de arte en el momento en que la fuente del material original se agote. ¿Se esperará acaso que los descendientes de Quinn repongan el suministro de sangre después de que el artista haya muerto?

FIG. 18: *Self*, de Marc Quinn. © Marc Quinn. Imagen de Stephen White, Cortesía de Jay Jopling / White Cube Gallery (Londres).

Todos atesoramos los objetos sentimentales de nuestra vida que no tienen necesariamente un valor intrínseco que vaya más allá de su conexión con un familiar o un ser querido. Estos objetos son esencialmente irremplazables. Por ejemplo, los anillos de compromiso o matrimonio son los típicos artículos sentimentales que son únicos. Si se pierden o se los roban, la mayoría de las personas no verán al anillo idéntico de reemplazo como un sustituto satisfactorio porque son objetos que están impregnados de una cualidad esencial. Psicológicamente, los tratamos como si tuvieran una propiedad invisible que los hace ser lo que son.

Pero ¿y si fuera posible hacer copias idénticas? Imagine que hubiera una máquina que pudiera duplicar la materia en un nivel subatómico, de modo que ningún instrumento científico pudiera medir o advertir la diferencia entre el original y el duplicado; como una especie de fotocopiadora de objetos. Si se tratara de un objeto de valor sentimental, ¿estaría dispuesto a aceptar el segundo objeto como un reemplazo válido? Para la mayoría de la gente, la respuesta es, sencillamente, no. Piense en su argolla de matrimonio. Supongamos que está usted felizmente casado y valora la argolla de oro que lleva en el dedo. ¿Aceptaría un duplicado idéntico, incluso si no pudiera distinguirlo del original? Si siente una reacción emocional, probablemente su respuesta sea negativa.

Los reemplazos idénticos no son aceptables porque, psicológicamente, creemos que los objetos individuales no pueden duplicarse exactamente, aunque sea mediante una hipotética copiadora perfecta. Esta actitud se basa en la suposición de que la originalidad está codificada, de alguna manera, en la estructura física de la materia. De manera intuitiva, percibimos que ciertos objetos son únicos debido a su esencia intangible. No obstante, se trata de una noción sobrenatural. Permítame explicar por qué con un ejemplo mucho más grande: un barco entero.

EL BARCO DE TESEO

En la mañana de un lunes de mayo del año 2007, se cree que unos incendiarios prendieron fuego al decimonónico velero atracado en Greenwich, el *Cutty Sark*, una de las mayores atracciones turísticas de Londres. Los informes iniciales de los bomberos que acudieron al lugar de los hechos indicaban que el barco había quedado destruido casi por completo. Sin embargo, el barco estaba siendo objeto de una restauración de cincuenta millones de dólares, y Chris Livett, de la fundación *Cutty Sark*, confirmó que la mitad de su estructura había sido retirada previamente. Livett aseguró que el barco había sobrevivido a muchos desastres potenciales en el pasado y que la crisis de ese momento sería superada.[8] Aun cuando el *Cutty Sark* pudiera ser restaurado, la pregunta es la misma: ¿Seguirá siendo el original? ¿En qué momento la restauración y la reparación se convierten en reemplazo? ¿Cuánto del original puede reponerse antes de que deje de ser considerado como la misma cosa?

Trátese de un barco o de una obra de arte en deterioro, las preguntas sobre la restauración y la conservación suscitan el problema filosófico de la identidad. Si el material estructural de un objeto es reemplazado en su totalidad, ¿puede decirse que el objeto resultante sigue siendo el original? ¿Qué proporción de sustitución es aceptable antes de que el objeto deje de ser el original? ¿Qué pasa si la renovación se hace de manera paulatina?

Estos asuntos suscitan preguntas interesantes sobre cómo la mente representa objetos en términos de originalidad después de haber sido restaurados. En los comunicados de prensa publicados pocas horas después del incendio, los custodios del *Cutty Sark* no tardaron en señalar que al menos la mitad del barco se encontraba almacenada y libre de riesgos. ¿Cómo podían hablar de dicha proporción tan pronto? Sospecho que estaba basada en la intuición de que un daño repentino superior al 50 por ciento habría sido considerado como la pérdida catastrófica del original.

Este moderno acto de vandalismo nos recuerda a Plutarco, el historiador griego que hablaba de un antiguo proyecto de conservación emprendido para preservar el barco de Teseo, el legendario rey de Atenas. Durante años, el barco se mantuvo en servicio mediante el simple reemplazo de las maderas que se gastaban o se podrían por nuevos tablones, hasta el punto en que ya no sabían cuánto quedaba del barco original. Plutarco se preguntaba si seguía siendo el mismo barco. ¿Y si las maderas reemplazadas hubieran sido guardadas para formar con ellas un segundo barco? ¿Cuál de los dos —se preguntaba Plutarco— sería el barco original de Teseo?

Los psicólogos han empezado a analizar en el laboratorio estas preguntas sobre la autenticidad y la actitud esencialista hacia los objetos. Por ejemplo, a niños de cinco y siete años y a adultos se les mostró una foto del "*quiggle*" de Sam, un objeto absurdo creado explícitamente para el estudio.[9] A un grupo se le dijo que se trataba de un pisapapeles inanimado, y al otro se le dijo que era una extraña especie de mascota. Luego se les dijo a todos los participantes que Sam se había ido a unas vacaciones muy largas y que, mientras estaba ausente, se habían reemplazado paulatinamente varias partes del *quiggle*. Entonces, se les mostró una secuencia de fotos en las que se veía cómo iba cambiando semana tras semana. Por último, se les mostraron dos fotos: una del *quiggle* que se había ido transformando poco a poco y que ahora tenía una apariencia completamente distinta a la de la primera foto, y otra del *quiggle* hecho con todas las partes extraídas y recombinadas para parecerse al *quiggle* original. La pregunta clave era: Al regresar de su viaje de vacaciones, ¿cuál sería el *quiggle* de Sam?

Tanto los niños como los adultos tendían a responder que el original era el *quiggle* transformado gradualmente, aun cuando tenía una apariencia muy distinta y el *quiggle* reconstruido a partir de las partes reemplazadas se parecía más a la foto del original. El efecto de identidad continuada durante el cambio era más fuerte cuando se creía que el *quiggle* era una especie de animal viviente, lo cual encaja con la biología intuitiva de los niños pequeños planteada anteriormente. Ellos comprenden que las cosas vivientes tienen algo en su interior que las hace ser lo que son, y que, a pesar de las apariencias y los cambios exteriores, las cosas vivientes son esencialmente las mismas. Este modo de pensar resulta perfectamente razonable porque todos, en tanto que individuos, experimentamos cambios significativos a lo largo de nuestra vida a medida que envejecemos. No solo nuestra apariencia externa cambia radicalmente, también nuestro interior. El cuerpo repone constantemente sus propios recursos y células a lo largo de la vida, aunque muy pocos seamos conscientes de estas sutilezas biológicas. Por ejemplo, si usted está en la edad mediana, la mayor parte de su cuerpo es unos diez años más joven.[10] Un dato que vale la pena recordar al pensar en nuestras actitudes ante los cuerpos en proceso de envejecimiento.

Sin embargo, tanto los niños más grandes como los adultos consideraban incluso al *quiggle* descrito como un pisapapeles como el mismo objeto tras experimentar una transformación tan radical que no se parecía en absoluto al original. Los más pequeños, en cambio, no pensaban igual. Lo que demuestra que, con la edad, tendemos a pensar que un objeto sigue siendo el mismo aun cuando haya sido reemplazado completamente con partes nuevas. En otras palabras, hay algo adicional a la estructura física de un objeto que lo hace ser lo que realmente es. ¿Cuál es esta propiedad adicional? ¿Dónde está? No es algo que exista realmente, pero inferimos que debe estar allí. Es la esencia que define a un objeto. A medida que envejecemos, aplicamos cada vez más nuestro esencialismo intuitivo a los objetos y las cosas vivientes en el mundo. Y yo creo que este esencialismo psicológico es una de las bases principales de la creencia sobrenatural universal de que hay algo más en la realidad. ¿Cuándo y dónde aparece por primera vez esta tendencia a tratar ciertos objetos como especiales e irremplazables? Sorprendentemente, puede que aparezca desde la cuna.

OBJETOS DE CONSUELO

Esta mañana estaba oyendo la radio, cuando sonó la última canción de Fergie, *Big Girls Don't Cry* [La chicas grandes no lloran].[11] En el coro, dice: "Y te extrañaré como un niño extraña a su frazada". Cualquier padre que haya criado a un hijo apegado a una manta o un oso de peluche no solo entenderá a qué se refiere Fergie, sino que estará familiarizado con la intensidad de la emoción que puede producir una pérdida semejante.

Los cálculos varían, pero entre la mitad y tres cuartos de los niños establecen un lazo emocional con una manta o un juguete específico durante el segundo año de vida. A estos objetos se les han dado diversas denominaciones, como juguetes de consuelo, transición o apego. Son objetos "de consuelo" porque los niños se aferran a ellos en momentos de miedo o soledad. Son objetos "de apego" debido al vínculo emocional que establecen con ellos. Y también se les conoce como objetos "de transición", porque hay una teoría de que le permiten al niño hacer la transición de dormir con la madre a dormir solo, lo que explicaría por qué esos objetos son más comunes en las culturas occidentales mientras que son bastante inusuales en sociedades como la japonesa,[12] donde los niños siguen durmiendo con la madre hasta bien entrada la infancia.

Aunque el tema no me era ajeno gracias a Linus, el personaje de la tira cómica de *Snoopy* que lleva siempre consigo su frazada, no comprendía plenamente el significado de esta conducta hasta que mi primera hija desarrolló un apego excesivo a su propia "mantita", una cobija multicolor que había en su cuna. "Mantita" iba a todas partes con ella. Si algo la alteraba, necesitaba a su mantita.

La pérdida accidental de estos objetos puede ser algo desastroso. Al hablar del tema en uno de esos programas de radio en que el público hace preguntas por teléfono, recibí llamadas de padres consternados porque habían sufrido las consecuencias de la pérdida de los objetos de apego de sus hijos. Es una tragedia bastante común y, como sucede con las mascotas perdidas, los padres también ponen carteles como el que vemos en la imagen de la página siguiente.

Como me produjo curiosidad, me puse en contacto con la madre de la niña que había colgado este anuncio en un parque local. Ella me contó que no lo habían encontrado pero, sorprendentemente, alguien que vio el cartel le llevó la foto del juguete perdido a su abuela, quien tejió una copia del "ratón", utilizando los mismos materiales. Pese a la amabilidad de los desconocidos, la pequeña Laurel no aceptó el ratón de reemplazo. No tenía la esencia del original.

La mayoría de los niños abandonan su objeto de apego hacia la época en que entran al colegio. Sin embargo, muchos se convierten en adultos que conservan sus bienes preciados. Cuando empecé a

FIG. 19: Cartel de la búsqueda desesperada del "ratón" de Laurel, perdido en el parque de Bristol. Imagen © Katy Donnelly.

investigar este fenómeno, encuesté a doscientos estudiantes universitarios y descubrí que tres cuartos decían haber tenido un objeto de apego en su infancia, por lo general un juguete de peluche o una manta. No había diferencias entre hombres y mujeres. No obstante, la mayoría de los hombres había abandonado su objeto de apego hacia los cinco años, mientras que una de cada tres universitarias conservaba su objeto de apego. Estas cifras se basan en un sondeo informal de opinión sobre los recuerdos de un grupo de estudiantes y no pueden utilizarse para describir a la población general. A la mayoría de las personas les da demasiada vergüenza admitir que conservan sus objetos sentimentales de la infancia. En todo caso, una encuesta reciente con dos mil viajantes de comercio solitarios realizada por una cadena hotelera del Reino Unido reveló que uno de cada cinco dormía con un oso de peluche; más que las mujeres viajeras.[13]

Bien puede que el apego a los objetos se desarrolle en la infancia, pero es una conducta que no conoce límites de edad. Pamela Young tiene ochenta y siete años. Al leer sobre mi investigación sobre los objetos de apego, su hijo, Rabbi Roderick Young, me contactó para hablarme del bien más preciado de su madre: Billy, un almohadón de su cuna infantil, que ha tenido consigo desde que tiene memoria.

Pamela duerme todas las noches con la cabeza sobre Billy, aferrándose a él con la mano derecha cerca de su rostro. Solo una vez ha tenido que separarse de él, y esto sucedió durante el bombardeo alemán sobre Londres. Pamela estaba hospedada en el Hotel Savoy con su esposo cuando empezaron a sonar las alarmas para que los huéspedes se desplazaran a los refugios. Cuando descubrió que había dejado a Billy en la habitación, fue necesario refrenarla físicamente para que no regresara a buscarlo. Tal es el poder de los objetos sentimentales. Pamela ha pedido que pongan a Billy con ella en su ataúd, una promesa que Roderick está decidido a cumplir.

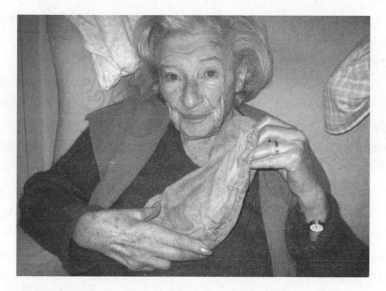

FIG. 20: Pamela Young con "Billy" en el 2007. Imagen © Roderick Young.

LA MÁQUINA COPIADORA

¿Qué es lo que tanto valoran los niños de los objetos de apego? Obviamente, las propiedades físicas son importantísimas para la identificación, pero Paul Bloom y yo sospechamos que el apego va mucho más allá del olor, la apariencia y la sensación producida al tacto por estos objetos. ¿Por qué son tan irremplazables? Para responder a esta pregunta, decidimos construir la máquina copiadora.

Según diversos físicos, las máquinas duplicadoras son teóricamente posibles pero increíblemente improbables porque requieren inmensas cantidades de dinero y energía.[14] Sin dejarnos intimidar, Bloom y yo construimos una máquina copiadora con un presupuesto muy reducido. Constaba de dos cajas con apariencia científica, llenas de botones y cuadrantes con luces centelleantes.[15] Ambas cajas se abrían por delante, para introducir en ellas los objetos. Entonces les mostramos esta "máquina" a niños de cuatro y cinco años y demostramos su funcionamiento. Poníamos varios juguetes en una de las cajas, accionábamos la máquina, retrocedíamos y esperábamos unos segundos. Después de un rato, la segunda caja se activaba por su cuenta para avisarle al operador que la copia estaba lista. Era asombroso. Al abrir las dos cajas, había dos juguetes idénticos, uno en cada una. Así copiamos varios juguetes, creando duplicados exactos de los originales. Los niños estaban convencidos de que la máquina funcionaba realmente y no se daban cuenta de que había un segundo experimentador escondido detrás de la máquina que suministraba los duplicados. La prueba crítica estaba en el hecho de si los niños nos permitían copiar sus juguetes. Por supuesto que no podíamos copiarlos, pues no teníamos mantas y juguetes duplicados. Simplemente tenían que decidir qué caja abrían para poder sacar el objeto.

Identificamos dos grupos de niños: los que tenían juguetes favoritos mas no un apego particular a estos, según sus padres; y los que tenían que dormir con su objeto todas las noches. Los niños con juguetes favoritos pensaban que la máquina era "genial" y estaban dispuestos a ofrecer sus juguetes para duplicarlos e incluso preferían abrir la caja que supuestamente contenía la copia. Es más, muchos se mostraban decepcionados cuando abríamos las dos cajas y les confesábamos que todo había sido un truco. Los niños con objetos de apego, en cambio, ora no nos permitían introducir su objeto en la máquina, ora exigían enfáticamente la devolución del original. Al explicarles el montaje, se mostraban aliviados de descubrir que su objeto no podía ser copiado. No querían una copia idéntica del objeto de apego. Y yo creo que querían recuperar el original porque una copia carecería de la cualidad única y esencial que atribuimos a los objetos sentimentales.

¿Y los objetos que no les pertenecían? ¿Podríamos encontrar pruebas de que los niños pensaban que otras personas también podían tener objetos únicos? ¿También tratarían al original y al duplicado como esencialmente diferentes? Entonces volvimos a utilizar la máquina copiadora para investigar los orígenes de la autenticidad y el valor que atribuimos a los objetos de *memorabilia*. Les mostramos a niños de seis y siete años una cuchara y una copa metálica y les dijimos que uno de los objetos era especial porque estaba hecho de plata y el otro era especial porque había pertenecido a la reina Isabel II. Esta vez era fácil producir una copia idéntica, pues habíamos comprado dos de cada uno. Al presentarles la segunda copia, les pedimos a los niños que valoraran cada artículo con fichas. Si habíamos descrito al objeto como especial porque estaba hecho de plata, el niño atribuía un mismo valor a la copia y al original. Estaban hechos del mismo material. Sin embargo, si el objeto era especial porque había pertenecido a la reina, los mismos niños atribuían más valor al original que a la copia. Había algo en el original que no podía duplicarse. ¿Era una simple asociación o los niños pensaban que el objeto conservaba algo de su dueño anterior?

EL SUÉTER DEL SEÑOR ROGERS

El programa de la televisión pública estadounidense que más ha durado es *Mister Rogers' Neighborhood* [El vecindario del señor Rogers], que empezó a transmitirse en 1968 y tuvo su episodio final en el 2001. Todos los capítulos empezaban siempre del mismo modo: el simpático Fred Rogers regresaba a casa cantando su canción, *¿Quieres ser mi vecino?*, mientras se ponía unos zapatos cómodos y un suéter. Era un programa infantil que trataba sobre las ansiedades del crecimiento, el manejo de problemas y la expresión de las emociones, todo por medio de una fórmula serena y apacible que no cambiaría con el pasar de las décadas. Fred Rogers, un pastor presbiteriano en la vida real, era un personaje hogareño, plácido y reconfortante para los niños. Con cerca de mil episodios, el señor Rogers se convirtió en un personaje importante para millones de estadounidenses. Recibió numerosos premios y galardones, e incluso se bautizó un asteroide en su honor: "26858 Misterrogers". Tras recibir un reconocimiento por toda su trayectoria en los Emmy de 1997, el señor Rogers hizo llorar al público con un discurso humilde y sencillo. A su muerte, la Cámara de Representantes de Estados Unidos aprobó por unanimidad la resolución 111 en honor del señor Rogers por "su servicio legendario para la mejora de la vida de los niños y su dedicación a difundir la amabilidad mediante su ejemplo". El robo de su viejo automóvil suscitó todo un escándalo público. Al parecer, el auto fue devuelto al mismo lugar de donde había sido robado, con una nota que decía: "¡Si hubiéramos sabido que era suyo, no nos lo habríamos llevado!". No importa si la historia es cierta o no. La gente prefiere creer que sí, pues se trata de un personaje adorado por generaciones.

El símbolo icónico del señor Rogers era su característico suéter. A lo largo de su carrera, utilizó veinticuatro chaquetas de punto tejidas por su madre, una de las cuales está exhibida ahora en el Museo de Historia del Instituto Smithsonian. Tal es la reverencia hacia el señor Rogers. No podría haber nadie más distinto a Fred West.

En un estudio sobre el contagio sobrenatural, los investigadores querían saber si los niños verían al suéter del señor Rogers como una prenda especial impregnada de su bondad.[16] Primero, les mostraron dos suéteres iguales y les dijeron que uno había pertenecido al señor Rogers. Después, se les mostró una foto de otro niño que no sabía que uno de los suéteres había pertenecido al famoso personaje y les preguntaron si ponerse los suéteres haría que el niño luciera, se sintiera o se comportara de otro modo. Los niños más pequeños, de cuatro a cinco años, no creían que el hecho de usar el suéter del señor Rogers tuviese algún efecto. Los niños de seis a ocho años, sin embargo, mostrarían los inicios de la idea de la contaminación mágica al responder que el niño se comportaría de otro modo y se sentiría más especial. También creían que el suéter le transmitiría algo del señor Rogers.

El resultado más sorprendente, en todo caso, no provino de los niños sino de veinte estudiantes, en su mayoría mujeres. La mayoría pensaba que el hecho de ponerse el suéter del señor Rogers tendría un efecto en un niño que no supiera a quién pertenecía. Cuatro de cada cinco adultos pensaban que la esencia del señor Rogers estaba en la prenda, aun cuando ellos mismos no estuvieran particularmente dispuestos a ponérsela. Lo que demuestra que hay un supersentido, en lo referente a la contaminación positiva, que es la otra cara del efecto del suéter de Fred West. Tanto el bien como el mal son percibidos como esencias tangibles que pueden transmitirse a través de prendas de vestir y contaminarlas, y esta creencia se fortalece a medida que nos hacemos adultos.

EL TRUCO FINAL

Una de mis últimas películas favoritas es *El truco final.*[17] Es la historia de magos victorianos rivales que tratan de superarse mutuamente con el truco supremo conocido como "el hombre transportado", que en ambos casos consiste en variaciones perfectas en las que el mago, al parecer, es transportado instantáneamente de un armario de madera a otro. "El truco final" es el efecto ilusorio alcanzado de distintos modos por cada mago. Uno de ellos, Alfred Borden, usa el mismo principio de nuestros experimentos de la máquina copiadora al hacer que su hermano idéntico pero desconocido aparezca en el segundo armario justo en el momento adecuado para que parezca que el primer hermano ha sido transportado. El otro mago, Rupert Angier, utiliza su riqueza para reclutar la brillantez del enigmático Nikola Tesla, un personaje real de la época, para que le construya una máquina copiadora que duplique al mago en la segunda ubicación.[18] En la película, Tesla consigue lo que nuestra máquina copiadora solo finge hacer.

Claro que se trata de una obra de ficción, pero hay físicos teóricos que han planteado que la teletransportación de un objeto podría ser posible al decodificar su información física en una ubicación y enviar dicha información para reconfigurar la materia en el otro extremo, lo que crearía dos versiones del mismo objeto. Y esto está muy bien cuando se trata de objetos inanimados, pero ¿qué sucede con las personas de verdad? ¿Cómo nos enfrentaríamos a una copia idéntica de nosotros mismos? En la película, Rupert Angier resuelve el problema ahogando al original cada vez que se duplica a sí mismo. Pero creo que es un panorama poco probable, pues pocas personas estarían dispuestas a matarse a sí mismas para que una copia idéntica siga viviendo por el resto de su vida. Aun así, la película suscita preguntas muy interesantes sobre la duplicación de cuerpos y mentes.

No es fácil pensar en la posibilidad de duplicarnos a nosotros mismos, y esto es producto de ese creciente sentido del dualismo descrito en el capítulo 5. Bien puede que copiemos estados físicos, mas no los estados psicológicos. De pequeños, comprendemos nuestra propia mente antes de entender que las otras personas también tienen su propia mente. Con el desarrollo, nos hacemos conscientes de la unicidad de nuestra mente y de cómo nos hace ser quienes somos. La posibilidad de la duplicación exacta de nuestra mente es una afrenta al sentido del yo. Si nos consideramos únicos —y, reconozcámoslo, eso pensamos todos—, la posibilidad de que alguien más comparta la misma mente significaría que ya no tenemos nuestra identidad propia y única. Seríamos clones exactos. Esta es la razón por la que tener un gemelo idéntico es un poco extraño pero no un problema, como sí lo sería un gemelo idéntico con la misma mente. Estamos dispuestos a considerar la clonación de animales como los afídidos, porque no creemos que los insectos tengan mente. La diferencia aparece con los animales que sí creemos que tienen mente. Eso es mucho más preocupante, y esa es la razón por la que la clonación humana le resulta tan repulsiva a la mayoría.

Paul Bloom y yo decidimos investigar los orígenes de estas intuiciones con un animal vivo que supuestamente copiamos de manera instantánea.[19] Primero, les presentamos nuestro hámster a niños de seis años y les dijimos tres características físicas invisibles y tres estados mentales de esta mascota. Dijimos que el hámster tenía una canica en el estómago, el corazón azul y le faltaba un diente. Nótese que escogimos tres cosas que no podían verse directamente. Y lo hicimos porque queríamos comparar las características físicas invisibles con tres estados mentales, que son, por naturaleza, invisibles a los demás. Luego produjimos tres estados mentales en el hámster, al pedirles a los niños que le hicieran cosquillas, le mostraran un dibujo que habían hecho ellos y le susurraran su nombre al oído. Todos los niños interpretaban que el hámster recordaría todos estos hechos. Luego pusimos al hámster en la copiadora. Tras activarse, la segunda caja se abría para revelar un segundo hámster idéntico. La pregunta clave era: ¿Cuál de los estados mentales, de haberlo, pensaría el niño que estaría presente en el segundo animal?

Un tercio de los niños pensaba que el segundo hámster era absolutamente idéntico al compartir todas las características, y otro tercio pensaba que era completamente diferente, pues no compartía ninguna de las características. El resto de los niños opinaba que las propiedades físicas se habían duplicado (el diente que faltaba, el co-

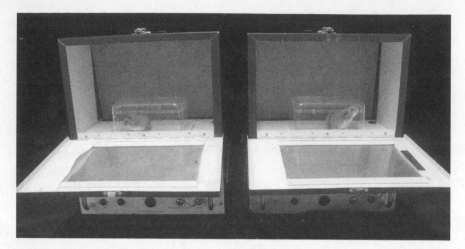

FIG. 21: Y ahora hay dos. La máquina copiadora parece duplicar a un hámster vivo. Imagen del autor.

razón azul y la canica en el estómago), pero no los estados mentales. Los niños empezaban a establecer una diferencia entre las características físicas y las mentales y la posibilidad de la duplicación. Para verificar, repetimos el estudio con una cámara digital que grababa sucesos como oír un nombre y ver una foto. También dijimos que la cámara contenía pilas azules, tenía una canica por dentro y un cierre roto. Al sacar una segunda cámara idéntica de la copiadora, todos los niños opinaron que se habían duplicado todas las características. Asimismo, si el hámster original era simplemente "transportado" de una caja a la otra, los niños pensaban que todo permanecía intacto. El problema era la duplicación.

¿Qué nos dicen estos resultados? Primero, los niños creen que la máquina puede copiar objetos fielmente, pero están menos inclinados a creer que esto sea cierto en el caso de un hámster vivo. Hacen una distinción entre la duplicación de objetos inanimados y la de animales vivos. Sobre todo, la mayoría piensa que un animal copiado sería diferente del original. Si hemos de copiar cualquier cosa, es más probable que sea algo físico que algo mental. Esto sugiere que los niños ven las cosas vivas como algo más único que los artefactos sobre la base de las propiedades no físicas. Y esto cuadra con el experimento del *quiggle* anteriormente descrito.

¿Y si hubiéramos copiado a una persona de verdad? Apuesto que la mayoría de los niños no habría pensado que la copia tenía la misma mente. Después de todo, ¿lo pensaría usted? Paul y yo seguimos pensando en si alguna vez se nos permitirá duplicar a la madre de un niño. Ya sea que realicemos o no este estudio, creemos firmemente que los niños no estarán más dispuestos a aceptar a una madre duplicada como reemplazo válido de la original de lo que estaban dispuestos a aceptar la copia del objeto de apego. Y esto se debe a nuestra creencia en que las personas tienen una identidad única y esencial. Ahora, permítame terminar con una advertencia sobre lo que sucede cuando perdemos la capacidad de esencializar el mundo.

EL SÍNDROME DE CAPGRAS Y REPLICANTES ALIENÍGENAS

De pequeño, solía desarmar mis juguetes para ver cómo funcionaban. Es algo que hacen muchos niños. La manera como las cosas se descomponen puede darnos pistas sobre su funcionamiento. De modo parecido, a los neuropsicólogos les intriga el funcionamiento de la mente y, aunque no andan por ahí desarmando mentes, les interesan mucho las mentes alteradas. La manera como la mente se descompone después de sufrir una lesión o alguna enfermedad cerebral puede ayudarnos a comprender su funcionamiento normal. Sabemos que la lesión de ciertas partes del cerebro produce cambios característicos en la mente, una de las razones por las que la mayoría de los psicólogos no albergan la creencia dualista, pues están muy familiarizados con la idea de que la mente es un producto del cerebro.

Uno de los trastornos más insólitos relacionados con la idea de la verdadera identidad de los otros es el síndrome de Capgras.[20] Se trata de un estado delirante en el que el aquejado cree que los miembros de su familia han sido raptados y reemplazados por replicantes idénticos. Afortunadamente es muy poco común, pero es un delirio que se relaciona con la paranoia y puede ser muy peligroso. Se ha sabido de aquejados que matan a los "impostores". En un caso extremo, un paciente pensaba que su padre había sido reemplazado por un robot y lo decapitó para buscar pilas y microfilmes dentro de su cabeza.[21]

Aunque los delirios suelen estar relacionados con los miembros familiares, hay casos en que también han estado relacionados con mascotas y objetos inanimados. Un paciente creía que su perro había sido reemplazado con un perro idéntico.[22] Otra mujer pensaba que sus ropas habían sido reemplazadas por prendas que pertenecían a otras personas y decidió no ponérselas porque temía que estos objetos le transmitirían una enfermedad.[23] Los pacientes que padecen el síndrome de Capgras suelen no reconocerse al verse al espejo. Un esposo tuvo que cubrir todas las superficies reflectantes de la casa porque su esposa, que padecía este síndrome, pensaba que otra mujer andaba rondando su casa para reemplazarla y robarle el marido.[24]

Yo creo que el síndrome de Capgras es lo que sucede cuando perdemos nuestro supersentido de la existencia de esencias dentro de las personas, las mascotas y los objetos.[25] Por lo general, suele tener que ver con las personas más cercanas porque son las personas con quienes tenemos un vínculo más emocional. Una teoría sobre el síndrome explica que nuestros sistemas de reconocimiento funcionan al relacionar la apariencia de las cosas con etiquetas emocionales.[26] De ahí la cálida sensación que tenemos al ver a nuestra pareja, nuestra mascota e incluso nuestro auto. Al ver a los seres más importantes para nosotros, no solo los reconocemos físicamente, sino que los sentimos. Así como la gente normal, quienes padecen el síndrome de Capgras recuerdan cómo solían sentirse ante esos seres y objetos y esperan recibir esa misma señal emocional.

El problema del síndrome de Capgras es la ausencia de esas etiquetas emocionales, de modo que al paciente le queda únicamente la información visible y, por tanto, no puede sentir que esas son las mismas personas, mascotas y cosas que solía experimentar antes de la enfermedad. La única respuesta lógica debe ser entonces que esas no son las mismas personas, mascotas o cosas. Deben ser copias idénticas. Es la única manera en que el paciente puede darle sentido a la experiencia, lo que lo lleva al delirio paranoico de que hay una conspiración para reemplazar las cosas en el mundo.

El síndrome de Capgras es una enfermedad específica dentro de una gama de trastornos en los que los pacientes creen que las cosas no son lo que parecen. Y estos trastornos disociativos revelan la importancia de la perspectiva esencialista, pues sin este sentido esencialista de la identidad, la gente piensa que el mundo es una farsa. Puede parecer normal, pero carece de profundidad emocional. Las personas que padecen el síndrome de Fregoli, por ejemplo, creen que alguien ha adoptado otra apariencia. En el síndrome de Cotard, un trastorno aún más disociativo, los pacientes creen que están muertos porque las cosas no son lo que solían percibir de ellas. El mundo ya no parece real. Irónicamente, una de las razones por las que estos síndromes son tan inusuales es porque la lesión cerebral en las zonas que producen estos trastornos suele ser fatal, por lo que la experiencia de la realidad de quienes sobreviven suele quedar distorsionada en esencia. Ese "algo" del que hablaba William James se ha ido. El supersentido es parte de esa conexión que todos experimentamos, aun cuando no seamos plenamente conscientes de cómo moldea nuestro modo de ver el mundo. En ausencia del supersentido, la experiencia pierde una dimensión vital.

¿Y AHORA, QUÉ?

¿Cuál es la mejor manera de explicar la incipiente imagen aquí esbozada? Como veíamos anteriormente, los niños pequeños tienen un razonamiento esencialista acerca de las cosas vivientes. Infieren energías y propiedades ocultas en las cosas vivas desde una edad temprana, aunque no se les enseñe a pensar de este modo.

Aun así, los objetos inanimados también pueden adquirir propiedades únicas y esenciales. Especialmente los primeros objetos sentimentales pueden ser los que nos ayuden en las primeras etapas de separación y soledad en la infancia. Es probable que estos objetos de apego tranquilicen a los niños al ofrecer una sensación de familiaridad cada vez que tienen que irse a dormir solos. Sin embargo, durante los siguientes años, los niños se apegan emocionalmente a esos objetos. Lo que puede haber empezado como un simple objeto se hace irremplazable. Y en el caso de los objetos de apego, es como si hubiera una propiedad adicional e invisible que los hace únicos.

Quizá sea de aquí de donde proviene nuestro sentido de autenticidad, pues hacia ese mismo momento los niños empiezan a entender que ciertos objetos que pertenecen a otras personas cercanas también tienen un valor intrínseco que va más allá del valor material. En nuestro estudio, era la cubertería y la vajilla de la reina, pero podría haber sido el reloj de papá o la ropa de mamá. Y yo creo que esto tiene sentido desde la perspectiva del esencialismo psicológico. Así como se desarrollan las ideas de los niños acerca del contagio, sus creencias esencialistas también pueden pasar de un foco de identidad localizado a uno que se disemina. En algún momento hacia los seis o siete años, los niños empiezan a pensar que ciertos objetos que antes pertenecían a personas cercanas adquieren las propiedades de esas personas, lo que no solo explica el origen del coleccionismo de objetos de *memorabilia,* sino también el temor ante el contacto físico con los suéteres de un asesino u otros conductos del mal. Es más, esta actitud puede intensificarse a medida que nos hacemos adultos y aplicamos la lógica esencialista a otros seres en el mundo.

La tendencia creciente hacia el esencialismo psicológico podría ser un resultado del desarrollo, por parte de los niños, de una mejor comprensión de lo que significa ser un individuo y ser único. Es posible que al hacernos mayores, tengamos modos mucho más sofisticados de pensar acerca de los otros, puesto que desarrollamos muchas más categorías con las cuales catalogar al mundo. Además, como vimos en el capítulo 5, los niños van desarrollando cada vez más el sentido de la importancia de la mente como una propiedad única del individuo; razón por la que resulta tan inaceptable la idea de la duplicación de la mente mediante una máquina copiadora. Nuestro modo natural de pensar en nosotros mismos y en los demás nos lleva a una confianza creciente en las creencias acerca de la identidad, la unicidad y las cosas que pueden o no conectarnos.

Por tanto, yo sostendría que la conducta del niño pequeño hacia su manta sucia y la obsesión de un coleccionista fanático por poseer objetos originales reflejan la misma tendencia humana a ver los objetos como portadores de propiedades invisibles que provienen de individuos cercanos o significativos. Al poseer objetos y tocarlos, podemos conectarnos con otros, y esto nos da la sensación de una existencia distribuida en el tiempo y con los otros. El efecto neto es que estamos cada vez más conectados mediante la sensación de que existen estructuras profundas y ocultas.

A lo mejor usted no esté de acuerdo con esta teoría. Podría decir que no todo el mundo establece apegos emocionales con los objetos o que hay gente que ni siquiera colecciona. ¿Cómo podría aplicarse esta teoría a toda la humanidad? Yo replicaría que así como muchos aspectos de la personalidad, estas conductas y creencias probablemente existan en un fluir continuo. Algunos estamos más inclinados a este modo de pensar que otros, pero todos percibimos que hay propiedades ocultas en el mundo. Como el supersentido, todos variamos en cuán preparados estamos para creer que hay dimensiones adicionales de la realidad. A lo mejor estas diferencias individuales tengan algo que ver tanto con la manera como está diseñado nuestro cerebro como con la cultura en la que crecemos, y también puede que nuestro supersentido tenga un sesgo biológico. Eso es lo que explico en el siguiente capítulo.

CAPÍTULO NUEVE

La biología de la creencia

LAS CREENCIAS SOBRENATURALES no se transmiten exclusivamente por lo que se nos dice que debemos creer. Yo plantearía más bien que nuestro cerebro tiene un diseño que nos lleva a inferir, de manera natural, estructuras y constantes en el mundo y a darles sentido mediante teorías intuitivas. Estas teorías crean un supersentido. Creo que esto sucede en épocas tempranas de nuestro desarrollo, incluso antes de que la cultura pueda ejercer su mayor influencia. Entre tanto, hay algo biológico en nosotros que nos lleva a creer. Es cierto que podemos creer lo que nos dicen los otros, pero tenemos la tendencia a creer que lo que pensamos podría ser lo cierto. ¿Cómo demostrar esto? La respuesta está en encontrar una creencia sobrenatural que alberguen la mayoría de las personas pero que no se origine en la cultura. Y para lograrlo tenemos que volver la vista atrás.

¿Alguna vez ha tenido la sensación de que se le erizan los pelos de la nuca y siente que alguien está observándolo, y al volver la vista atrás se da cuenta de que, en efecto, hay alguien que está mirándolo? No creo que haya una sola persona en este planeta que no haya tenido esta experiencia. Es tan común que no haberla experimentado sería

realmente extraño. Esta sensación de que alguien está mirándonos
ha dado origen a idilios y ha salvado vidas. Los ojos de los amantes
se han encontrado en medio de habitaciones llenas de gente, y algunos soldados han mirado hacia atrás justo a tiempo para evitar que
el enemigo pudiera dispararles a sus espaldas.[1] Claramente, es una
facultad con una gran capacidad de adaptación. Si fuera cierta.

Hay quienes afirman que pueden detectar que alguien está mirándolos aunque no sea posible que nuestros sentidos naturales puedan
registrarlo. Aun cuando las personas parecen saber que están siendo
observadas, no podemos ver, oler, probar o sentir el roce de una mirada. Cerca de nueve de cada diez personas tienen esta capacidad.
O creen tenerla. Tómese un momento para pensar cuán asombroso
sería si fuera cierto.

La sensación de que estamos siendo observados es un ejemplo de
un supersentido común que todos hemos experimentado. De hecho, es tan corriente que da paso a la creencia de que es una facultad
normal de los humanos. Muchos adultos cultos, que deberían estar
mejor informados, no reconocen siquiera que dicha creencia tendría
que ser sobrenatural en caso de ser cierta, y por eso vale la pena es-
tudiarla en detalle, como un ejemplo de una creencia que surge espontáneamente en el transcurso del desarrollo pero luego pasa a ser
parte de la sabiduría popular. Es una creencia que no enseñamos a
nuestros hijos.

Si no les enseñamos a nuestros hijos a creer que es posible tener
la sensación de ser observados, ¿de dónde proviene esta creencia?
Para responder a esta pregunta, vale la pena tener en cuenta algunos
elementos relacionados con ella. ¿Cómo funciona la vista? ¿Cómo
vemos los objetos que están en el mundo? ¿Se trata de una energía
que parte de los ojos cuando miramos algo? Griegos como el filósofo
Platón y el matemático Euclides creían que la vista involucraba una
"extramisión" de energía desde los ojos, algo así como la supervista
de Superman.[2] Unos rayos que emergen de los ojos como un rayo
de luz que ilumina una cueva oscura. Platón hablaba incluso de una

esencia que salía de los ojos. No obstante, al menos desde el siglo X, sabemos que la vista es el resultado de una luz que entra en los ojos desde el mundo exterior como una "intromisión", y no al revés.[3] La luz puede reflejarse en nuestros ojos, lo que explica por qué se nos irritan y enrojecen con el *flash* de las cámaras fotográficas y por qué adquirimos esa mirada felina bajo las luces de los autos.[4] Sin embargo, ningún científico moderno dedicado a estudios relacionados con la vista cree que haya alguna energía que se origine y emane de los ojos.

Por esta razón, no podemos ver nada cuando las luces de una habitación están apagadas o cuando se daña la linterna. Pero, de alguna manera, este saber del sentido común no parece afectar nuestras creencias. Podemos comprender que los lentes de sol nos protegen los ojos de las luces irritantes y, no obstante, seguimos creyendo intuitivamente que el proceso de la vista se da a la inversa. La mayoría de las personas, incluso estudiantes universitarios que han tomado clases de óptica, creen que la vista es la transferencia de algo que entra en los ojos y, a la vez, algo que sale de ellos.[5] Lo que probablemente explica por qué la sensación de que estamos siendo observados parece tan verosímil intuitivamente. Si hay algo que sale de los ojos, entonces es posible que podamos detectarlo. Sin embargo, no hay ningún contexto científico que explique esta capacidad. Se trata, entonces, de un supersentido.

FUERZAS FASCINANTES

La "fascinación" es esa atracción irresistible de la mirada del otro que nos resulta cautivadora. El psicoanalista Sigmund Freud utilizó el término en 1921 para describir el poder del amor, pero se basó principalmente en ideas de la mitología clásica y las creencias sobrenaturales.[6] Por ejemplo, la Medusa era un monstruo femenino capaz de convertir a los hombres en piedras con una mirada, y, hasta la fecha, muchas culturas todavía creen en el poder maléfico del "mal de ojo".[7] Se trata de la maldición que alguien puede hacerle a una persona con solo mirarla. Se dice que cuando el dictador fascista Benito Mussolini hablaba a las multitudes y tenía la sensación de que alguien podía estar haciéndole el mal de ojo, se tocaba los testículos para protegerse. Si esto le resulta un poco vergonzoso, o no tiene testículos para tocarse, en países mediterráneos como Turquía y Grecia todavía se consiguen amuletos mágicos para protegerse del mal de ojo.[8]

Escritores renacentistas como Petrarca (1304-74) y Castiglione (1478-1529) describieron la mirada de amor (*innamoramento*) como la transferencia de partículas del ojo del amante hacia los ojos de la amada, que luego se abren camino hacia el corazón.[9] Aquí tenemos la combinación de una teoría ingenua de la visión que se basa en esencias para explicar la fascinación. Nuestro lenguaje está salpicado de ejemplos y metáforas similares que nos muestran que tratamos la mirada como algo físico que sale de los ojos. Hablamos de ojos penetrantes o de intercambio de miradas como si se tratara de algo físico que pasa de una persona a otra.

Antiguamente, algunos científicos creían que la "extramisión" era una energía mensurable que podía ser estudiada en el laboratorio. En un artículo publicado en *The Lancet*, en 1921, Charles Russ escribió:

El hecho de que sostener la mirada fijamente sobre una persona puede llegar a ser insoportable me sugiere que es posible que el ojo humano emita rayos o radiaciones. De ser cierto, estos rayos pueden producir un efecto incómodo en la retina de la otra persona o al chocar con los rayos de ella. Es un hecho el que después de unos pocos segundos una de las dos personas necesitará desviar la mirada, al menos un momento. Muchas observaciones y experiencias diarias parecen respaldar la posibilidad de la existencia de algún rayo emitido por el ojo humano, y para secundar mi teoría con alguna evidencia experimental decidí tratar de encontrar o crear algún instrumento

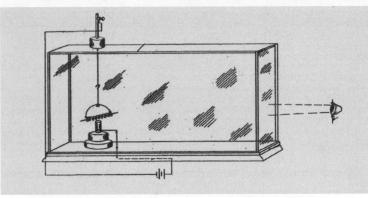

FIG. 22: Reproducción de la patente de una máquina para medir la energía que emana de la mirada del ojo humano presentada por el doctor Charles Russ en 1919. Imagen del autor.

que debería ponerse en movimiento precisamente por el impacto de la vista humana.[10]

Hay muchas cosas de otras personas que me resultan intolerables visualmente, que me hacen sentir incómodo y me fuerzan a mirar hacia otro lado, como ver a alguien meterse el dedo en la nariz o escupir, pero no cometería el error de suponer que solo porque otra persona me afecta físicamente hay un campo energético en acción. Aun así, dicha lógica no disuadió a Russ, quien patentó una caja que contenía una serie de alambres de cobre a través de un campo magnético para medir esta fuerza fascinante.

Puesto que no pude encontrar ninguna prueba que replicara las conclusiones de Russ, podemos concluir que el resto de la comunidad científica abandonó esta línea de investigación.

LA SENSACIÓN DE SER OBSERVADO

En 1898, Edward Titchener afirmó en la prestigiosa revista *Science* que nueve de cada diez de sus estudiantes del pregrado en psicología en la universidad de Harvard creían haber experimentado la sensación de estar siendo observados.[11] Cien años después, repetí esta encuesta con más de doscientos estudiantes de la universidad de Bristol.[12] Para mi sorpresa, el mismo número de estudiantes coincidió en que es posible detectar que estamos siendo observados, aun cuando estos estudiantes habían tomado cursos sobre la vista y sabían cómo funciona el proceso, por lo que deberían haber sabido que dicha capacidad es poco convincente científicamente, pero su intuición les decía otra cosa. En todo caso, el hecho de creer que podemos percibir que alguien está mirándonos no hace verdadera esta creencia.

Cabe anotar que hay estudios que aportan pruebas considerables de esta capacidad. Una manera típica de medir esto es poner a un observador de pie detrás de un participante al que se le han tapado los ojos; otros estudios utilizan una cámara y ponen a los dos individuos en habitaciones separadas (lo que haría mucho menos verosímil la explicación del campo energético de Russ). Entonces, se alterna el mirar y el no mirar, y se repiten los intentos muchas veces, para, finalmente, comparar el número de aciertos con el promedio estadístico del 50 por ciento que se esperaría si no tuviéramos la capacidad de detectar que estamos siendo observados. El estudio más amplio, que incluía dieciocho mil intentos con niños, reveló un efecto muy significativo.[13] Definitivamente, hay algo que se detecta. ¿No constituye esto una prueba suficiente de esta capacidad?

En mi opinión, uno de los descubrimientos más interesantes que surge de estos estudios no es la capacidad de detectar que estamos siendo observados, sino, más bien, la sorprendente capacidad del cerebro para detectar constantes. Algunos de los estudios que afirman que el cerebro tiene una capacidad considerable de detectar que estamos siendo observados han tendido a utilizar secuencias que puede que no sean realmente aleatorias. Es decir que lo que parece estar sucediendo es que el participante al que se le tapan los ojos aprende a detectar estas secuencias no aleatorias.[14] ¿Recuerda el ejemplo del capítulo 1, cuando le pedí que pulsara las teclas "1" y "0"? Los humanos tienen la capacidad de detectar constantes de alternación, incluso si no son conscientes de que están haciéndolo. Parecería que somos capaces de detectar constantes de secuencias si se nos proporciona una retroalimentación en cada intento. Si no se les dice a los participantes qué han logrado después de cada intento, el efecto vuelve a desaparecer y el desempeño vuelve a ser impredecible.[15]

La ciencia no puede probar categóricamente que la sensación de ser observado no es real o que nunca llegará a serlo en el futuro, pero las pruebas son tan débiles o inexistentes, que tiene que considerarse como no demostrada. Ha habido muchos fracasos a la hora de replicar el efecto de manera confiable. Así que, como dice el refrán, "una golondrina no hace verano". No es científico continuar azotando un caballo muerto si el efecto buscado no puede replicarse de manera confiable. Los científicos no solo deben encontrar pruebas para sus teorías, también tienen que saber abandonarlas cuando las pruebas no resisten un examen minucioso, especialmente si dichas teorías desmontarían las teorías convencionales que han sido tan confiables hasta ese momento. ¿Por qué una mínima posibilidad de un efecto habría de derrocar un cuerpo de trabajo que ha sido sometido a examen y comprobación rigurosos? Como dice la máxima: "Afirmaciones extraordinarias requieren pruebas extraordinarias".[16] ¿De dónde viene entonces esta creencia común en la capacidad de detectar que estamos siendo observados?

DESARROLLAR LA SENSACIÓN DE SER OBSERVADO

En mi opinión, la sensación de estar siendo observado es una creencia sobrenatural, pero una creencia cuyo origen es natural y puede remontarse a una teoría ingenua sobre el funcionamiento de la vista. Esta sensación se convierte en una poderosa creencia sobrenatural a medida que vamos adaptándonos más al lenguaje de las miradas y a nuestro creciente sentido de conexión. Si les preguntamos a los niños cómo funciona la vista, ellos responden que hay algo que sale de los ojos.[17] Por ejemplo, si les mostramos un dibujo de un globo y una persona, y luego les pedimos que dibujen el acto de "ver", lo típico es que pinten una flecha que va de los ojos hacia el globo. ¿Es algo sorprendente acaso? Después de todo, somos la fuente de la mirada, por tanto, el acto de ver debe proceder del observador. Para ver las cosas que hay en el mundo, movemos nuestra mirada alrededor. Controlamos el foco de atención de nuestra mirada y, por tanto, la experiencia que tenemos de la visión es que se origina en nuestro interior.[18] ¿Se acuerda de los *duros-de-mollera* que, desde el interior de nuestra cabeza, guían nuestro cuerpo y controlan nuestros ojos moviéndolos de un lado a otro para que podamos ver? Es fácil comprender por qué casi todos pensamos, desde muy temprana edad, que la vista funciona así.

¿Estas creencias ingenuas explican la sensación de ser observados? Las cosas son mucho más interesantes en realidad. Si les preguntamos a los niños si pueden percibir que alguien está mirándolos, la cantidad de respuestas afirmativas suele ser mucho menor que las de los adultos.[19] Y yo sospecho que esto se debe a que la mayoría de los niños están tan centrados en sí mismos que casi pueden olvidarse de las personas que los rodean. Esto es algo que cambia a medida que nos vamos haciendo más conscientes de que somos observados. De modo que la sensación de detectar que alguien está mirándonos aumenta al hacernos mayores. ¿Por qué hay más adultos que niños que creen poder detectar que alguien está mirándolos? Al fin y al cabo, los adultos deberían ser más científicos y racionales que los niños. Creo que la explicación implica nuestra creciente interrelación con los otros, nuestra atención a sus miradas, el desarrollo del dualismo de la mente y el cuerpo y la acumulación de pruebas que confirman nuestras creencias intuitivas.

ESTÁ EN LOS OJOS

Los estudios sobre el desarrollo infantil revelan que, al hacernos mayores, nos hacemos cada vez más sensibles a las miradas de los otros.[20] La mirada es un canal de comunicación tan importante que le prestamos atención automáticamente. Es más, no podemos ignorarla. Por eso, es tan molesto sostener una conversación con una persona que mira constantemente hacia otro lado, pues de ese modo frustra nuestros esfuerzos por leer sus pensamientos a partir de su mirada. La mirada es, por tanto, de una importancia crucial para nosotros.[21] Cuando alguien nos mira, su mirada estimula directamente los centros emocionales que están en lo profundo de nuestro cerebro. Mirar no es un acto pasivo, sino un acontecimiento activo que nos afecta emocionalmente.

La amígdala cerebral y el cuerpo estriado son estructuras emocionales muy profundas dentro del cerebro que se activan durante los intercambios sociales.[22] Allí se originan los sentimientos que experimentamos durante las interacciones sociales. La mirada directa, a la distancia, nos permite reconocer a la gente, pero la mirada directa de cerca puede hacernos sentir muy incómodos.[23] Si viene del amante, la mirada directa puede hacer que el corazón nos lata fuertemente y que sintamos mariposas en el estómago. Si es la mirada de un extraño, nuestra mente se acelera (¿*Qué querrá de mí?*). Por eso, nadie mira fijamente a otra persona en los ascensores. Preferimos mirar al suelo o al techo en lugar de mirarnos mutuamente. Estamos demasiado cerca como para que esto resulte cómodo.

A los niños, en cambio, hay que decirles que no sostengan la mirada. Como vimos anteriormente, los bebés miran a los ojos desde el principio, pero, al crecer, nos hacemos más conscientes de la mirada. Al aproximarnos a la edad adulta, necesitamos determinar si el otro es amigo o enemigo, y, por tanto, nos hacemos cada vez más conscientes de las sutilezas de la interacción social y del significado de una mirada. También nos hacemos más conscientes de las personas que nos rodean, y nuestra necesidad de aprobación se intensifica. Nadie que haya estado en una fiesta de adolescentes puede haber pasado por alto la cantidad de intercambios de miradas entre los dos sexos. Estos adultos en ciernes están embarcándose en los primeros estadios de la intimidad, y estos primeros pasos implican leer el lenguaje de los ojos.[24]

La excitación emocional que experimentamos cuando alguien nos mira fijamente refuerza la sensación intuitiva de que podemos detectar la mirada de otra persona como una transferencia de energía. (*¿Por qué otra razón habría de sentirme así cuando me mira fijamente?*). Ahora imagínese en una situación en la que de pronto se siente incómodo con las personas que lo rodean. Siguiendo esta teoría ingenua, estamos dispuestos a recordar todas las veces que percibimos que esta incomodidad era justificada, pero olvidamos, convenientemente, todas veces en que nos equivocamos. Como sucede con cualquier otra teoría, esta trae consigo el sesgo de buscar confirmación de las pruebas de que lo que creemos cierto.

Esta tendencia a confirmar la evidencia es conocida como el sesgo confirmatorio. Se trata del razonamiento prejuiciado del que hacemos uso cada vez que emitimos juicios que encajan con nuestras ideas preconcebidas. Casi nunca aceptamos las cosas como son, sino que tendemos a buscar confirmación de que lo que creemos es cierto. Esto ha sido usado con efectos jocosos por la compañía de crédito hipotecario *Ameriquest*, que ha puesto en marcha una campaña publicitaria que muestra lo fácil que es llegar a conclusiones falsas cuando desconocemos todos los datos y nos guiamos por nuestras ideas preconcebidas. Mi anuncio favorito es el del padre que lleva a su hija y sus amigas a alguna parte y se detiene para que la hija compre chicle. Cuando la llama para darle dinero y ella se acerca por la ventana, él le dice: "Aquí tienes algo de dinero". En ese momento, pasa una patrulla de la policía. "¿Qué está pasando aquí?", pregunta el policía cuando el hombre le está pasando el dinero a la chica, claramente menor de edad. "Soy su papi", tartamudea el hombre. Y el eslogan reza: "No juzgue demasiado rápido. Nosotros no lo haremos".

El sesgo confirmatorio revela que las ideas preconcebidas moldean fácilmente la manera como interpretamos la información. Si pensamos que podemos detectar cuando alguien está mirándonos, recordaremos todos los ejemplos que confirman esta convicción y olvidaremos, convenientemente, todas las veces que nos equivocamos.

Por último, la sensación de estar siendo observado puede fortalecerse gracias a los errores del razonamiento causal —*post hoc, ergo propter hoc* (después de esto, por tanto debido a esto)—, anteriormente descrito como la base del razonamiento supersticioso. En otras palabras, se trata de suponer una causa donde no la hay. Imagine la siguiente situación. Está caminando y pasa junto a un grupo de jóvenes. Entonces, tiene la sensación incómoda de que están mirándolo. Se detiene, se da la vuelta y confirma que estaba en lo cierto. Ahora piense en la secuencia desde la perspectiva de uno de los jóvenes. Está con sus amigos cuando un tipo pasa por su lado. Le echa una mirada, pero sigue hablando con sus amigos. De repente, el tipo se detiene y se da la vuelta. ¿Qué hace usted? Lo mira para ver por qué se ha dado la vuelta. En otras palabras, podemos pensar que nos damos la vuelta porque percibimos que alguien estaba mirándonos por detrás cuando, en realidad, esa persona nos miró porque nos dimos la vuelta para mirarla. Somos tan acomplejados y sensibles socialmente, que es probable que este tipo de circunstancias sucedan todo el tiempo. Y estos episodios lo que hacen es reforzar nuestra creencia en que podemos detectar que alguien está mirándonos.[25]

Puede que me equivoque, y miles de personas estarán en desacuerdo conmigo. Todos han tenido experiencias personales del fenómeno, y, al fin y al cabo, esa es la razón por la que creemos en lo sobrenatural. Pero como sucede con el cuadrado invisible del capítulo 1, el simple hecho de que todos experimentemos algo no lo hace real. El defensor más destacado y activo de la sensación de ser observado es Rupert Sheldrake, quien propone que esta capacidad refleja una nueva teoría científica de las mentes incorpóreas que se proyectan más allá del cuerpo físico para conectarse unas con otras. Yo considero que esta idea surge del dualismo de la mente y el cuerpo que vimos anteriormente, pero la noción ha sido rechazada por la ciencia convencional. Sin dejarse intimidar por los "vigilantes científicos", Sheldrake propone que la sensación de ser observado y otros aspectos paranormales, como la telepatía y la capacidad de conocer sucesos del futuro antes de que sucedan, son pruebas de una nueva teoría que él llama "resonancia mórfica", la cual, según él, se asemeja a otros fenómenos de campo, como los campos magnéticos y eléctricos.[26] Su idea es que las pruebas científicas de la resonancia mórfica procederán de la física cuántica, donde las leyes naturales que gobiernan el mundo físico como lo conocemos ahora ya no son válidas. Puede que esto resulte ser cierto, pero, por lo pronto, no creo que la resonancia mórfica califique como un fenómeno de campo.

El problema es que, si bien los campos eléctricos y magnéticos son fácilmente mensurables y obedecen a leyes, la resonancia mórfica sigue siendo difícil de aprehender y no hay leyes que puedan demostrarla.[27] Y ninguna otra área de la ciencia aceptaría como prueba unas evidencias tan anárquicas y débiles, razón por la cual la mayor parte de la comunidad científica ha descartado esta teoría, que, por lo demás, ha tenido poca influencia en la opinión pública. Puede que la ciencia se equivoque en lo relacionado con la sensación de ser observado, pero de lo que no hay duda es de que la creencia popular en este fenómeno es mucho más poderosa que las medidas obtenidas hasta ahora para demostrar su existencia.

¡EL GRAN HERMANO ESTÁ MIRÁNDONOS!

La sensación de que alguien está mirándonos refleja una preocupación generalizada sobre la posibilidad de ser observado y monitoreado. En la clásica novela *1984*, George Orwell describe un mundo paranoico en el que cada acto y cada creencia de los ciudadanos son vigilados por los controladores del pensamiento supervisados por los ojos del Gran Hermano.[28] Procuramos no cometer ningún crimen cuando estamos siendo vigilados. Por razones obvias, preferimos permanecer desapercibidos. Es parte de la emoción que experimentan las personas que roban artículos que podrían pagar. La recompensa es la emoción, no el objeto en sí. Si nos están observando, por lo general, actuamos de acuerdo a las reglas sociales. Cuando saben que están siendo observadas, las personas pueden llegar a comportarse totalmente de acuerdo con las reglas de la sociedad y ser muy colaboradoras.[29]

¿Alguna vez ha sentido esa sensación de culpa cuando está haciendo algo que está mal, para luego preguntarse si lo habrá visto alguien? No tiene que ser necesariamente una persona de verdad. Por ejemplo, las cajas en las que se deposita el dinero por la compra de algo sin vigilancia alguna, dependen de la honradez de las personas para reconocer y pagar lo que han utilizado. Estas cajas suelen estar en las oficinas y en los clubes que confían en que sus miembros pagarán el precio justo de algo que han consumido, por lo general una bebida caliente. Pero no suelen funcionar tan bien si no hay nadie que observe a los usuarios. En un estudio, los investigadores pusieron una foto de unos ojos o una foto de unas flores sobre la caja en la que se debía depositar el costo del café o el té.[30] En promedio, la gente pagó casi tres veces más durante las semanas en que estuvo la fotografía de los ojos que cuando lo que estaba en la pared era la fotografía de las flores, aun cuando no hubo ninguna diferencia en la cantidad de tazas de té o café que se sirvieron. ¡Los ojos hacían que la gente se sintiera culpable de no pagar sus bebidas!

Algunas veces, la idea de que alguien está vigilándonos desde la tumba es suficiente para hacernos comportarnos bien. En un estudio, unos estudiantes descubrieron que tenían la posibilidad de hacer trampa en un examen hecho en computador cuando, con alguna frecuencia, el computador proporcionaba "accidentalmente" la respuesta correcta. Los investigadores habían programado esto de manera deliberada porque querían saber si los estudiantes utilizarían esta información o si procederían correctamente. Para preparar mentalmente a los estudiantes, un asistente les contaba antes del examen, como por casualidad, que se decía que el salón estaba embrujado por el espíritu de un estudiante que había muerto allí. Los resultados de los exámenes mostraron que los estudiantes a los que se les había contado la historia del fantasma hicieron menos trampa que los estudiantes a los que no se les contó.[31] Nuestro sentido de la honestidad posiblemente está siendo vigilado por nuestros sentimientos de culpa. Y parte de esa culpa procede de que suponemos que experimentaremos la desaprobación social si alguien se da cuenta de que estamos rompiendo alguna regla. Los estudiantes que creían que un estudiante muerto podría estar presente en el salón del examen estaban menos dispuestos a hacer trampa.

Esta teoría del proceso de la culpa ha sido utilizada para explicar por qué creemos tan fácilmente en la otra vida. El psicólogo Jesse Bering piensa que la creencia en fantasmas y espíritus puede haber evolucionado como un mecanismo diseñado para hacer que nos portemos bien cuando pensamos que nos estamos siendo observados.[32] La conciencia de culpa funciona porque vigila el modo como nos comportamos, y si puede ser disparada fácilmente por la sensación de estar siendo vigilados, entonces es más probable que actuemos de un modo que beneficie al grupo. Así como los estudiantes son menos propensos a hacer trampa cuando les han contado una historia de fantasmas, si creemos que nuestros antepasados están vigilándonos, es más probable que nos adecuemos a los reglamentos y reglas de la sociedad. Lo más probable es que este modo de pensar, al ser beneficioso para el grupo, sea transmitido de una generación a la siguiente. Como vimos en el capítulo 5 sobre la lectura de la mente, suponer la presencia de otros podría ser una buena estrategia evolutiva para estar siempre a la caza de enemigos en potencia.[33] Y si estamos diseñados para suponer la presencia de agentes y espíritus en el mundo, hasta el más mínimo ejemplo de algo parecido a un rostro o un par de ojos podría ser visto fácilmente como tal. Cualquier ruido en la noche podría ser otra persona.

LA MAGIA DE LA LOCURA

Pensar que otros están mirándonos y hablando de nosotros es un síntoma clásico de una enfermedad mental psicótica, principalmente la esquizofrenia paranoide, y no es de sorprender que las creencias sobrenaturales sean un rasgo notable de los trastornos psicóticos como la manía y la esquizofrenia. La manía se caracteriza por una energía y productividad excesivas, así como un comportamiento social inadecuado. La esquizofrenia tiene diversas manifestaciones pero, por lo general, es un estado en el que la persona tiene alucinaciones paranoicas y percibe distorsiones de la realidad, especialmente alucinaciones auditivas.

Una característica de estos trastornos psicóticos es la sensación de que hay constantes importantes en los sucesos en el mundo que de alguna manera se relacionan con el paciente. Este modo de percibir constantes significativas se conoce como apofenia, un trastorno relacionado con una tendencia anormal a ver conexiones, que el paciente considera importantes, en el mundo.[34] La apofenia ayuda a explicar las bases de los síntomas psicóticos como los delirios de persecución paranoides. Por ejemplo, cuando están en medio de un episodio paranoide, los pacientes psicóticos suelen afirmar que hay una conspiración contra ellos. Están seguros de que están siendo observados, de que la gente habla de ellos, de que sus líneas telefónicas están intervenidas y, por lo general, de que hay una campaña hostil contra ellos. Para el aquejado, estos delirios son reales y están fuera del control racional.

Todos podemos percibir constantes, pero los pacientes psicóticos son más propensos a ello y a interpretarlas como sucesos significativos que se relacionan personalmente con ellos. Esto está sustentado por investigaciones que demuestran que hay una relación entre percibir constantes y manifestar síntomas de trastorno psiquiátrico.[35] Incluso los adultos que no muestran crisis psicóticas profundas han demostrado tener un fuerte supersentido. Estas creencias se denominan ideaciones mágicas y pueden medirse por su reacción ante afirmaciones como las siguientes:

> *"Algunas personas hacen que las tenga en cuenta con el solo hecho de pensar en mí".*
> *"Creo que podría aprender a leer los pensamientos de los otros si quisiera".*
> *"A veces, las cosas parecen estar en un lugar diferente cuando regreso a casa, incluso cuando nadie ha estado allí".*
> *"He escuchado sonidos en mis discos que en otras ocasiones no suenan".*
> *"He tenido la sensación momentánea de que el lugar de alguien ha sido ocupado por alguien que se le parece".*
> *"Algunas veces he percibido una presencia maligna a mi alrededor aunque no pueda ver a nadie".*
> *"A veces tengo la sensación de ganar o perder energía cuando algunas personas me miran o me tocan".*
> *"A veces realizo ciertos rituales pequeños para protegerme de influencias negativas".*

Estas afirmaciones provienen de un cuestionario de ideación mágica utilizado para estudiar la relación entre las enfermedades mentales y el supersentido.[36] La persona que obtiene un puntaje alto en este cuestionario de treinta puntos está predispuesta a la psicosis. Lo que no quiere decir que definitivamente sea psicótica o que vaya a tener una crisis, sino que puede correr el riesgo de tenerla.

Estos aspectos de la naturaleza humana suelen estar bastante extendidos entre la población, un poco como la estatura, por ejemplo. Algunos somos muy altos, otros muy bajos, pero la mayoría de nosotros estamos dentro del promedio. Lo mismo sucede con los procesos del pensamiento. Algunos somos más inteligentes, algunos más ansiosos, otros más depresivos. Lo mismo sucede con el pensamiento mágico, y la psicosis puede considerarse como un extremo de la amplia gama de creencias. Todos podemos experimentar episodios depresivos de ansiedad, tener alucinaciones, obsesiones, rasgos compulsivos o paranoicos y todas las distintas manifestaciones de una enfermedad psiquiátrica. No obstante, cuando estos episodios empiezan a ser dominantes y controlar la vida de un individuo, se consideran patológicos. Se convierten en una enfermedad que afecta el bienestar del individuo.

Los puntos del cuestionario de ideación mágica reflejan claramente algunas de las creencias relacionadas con la percepción de constantes y con las creencias intuitivas que he descrito en el libro. Todos podemos albergar este tipo de nociones, pero también podemos descartarlas fácilmente como irracionales. Si de repente tenemos una idea molesta, no nos perturba, pues podemos controlar los pensamientos que surgen en nuestra mente.

Por el contrario, los pacientes psiquiátricos son incapaces de controlarlos. Incluso es posible que lleguen a atribuir esos pensamientos a algo que procede de otra fuente, y esa es la razón por la que los esquizofrénicos suelen pensar que sus pensamientos están siendo transmitidos o invadidos por señales externas. Piense en este ejemplo tomado de una enfermera esquizofrénica que describió su primer episodio psicótico. El siguiente fragmento revela claramente el supersentido en acción:

Absolutamente todas las cosas "significan" algo. Este tipo de pensamiento simbólico es exhaustivo [...] Tengo la sensación de que todo es más vívido e importante; los estímulos que me llegan son casi imposibles de soportar. Todo está conectado. No se trata de coincidencias. Me siento enormemente creativa.[37]

El supersentido se caracteriza por creencias y experiencias que nos llevan a inferir estructuras, constantes, energías y dimensiones ocultas de la realidad. Nos vemos como si nos proyectáramos más allá de nuestro cuerpo y estuviéramos conectados por una unidad invisible del universo. Sin un control apropiado, nuestro supersentido nos abrumaría. ¿Cómo detener estos pensamientos?

DOPAMINA: ¿EL INDICADOR SOBRENATURAL DEL CEREBRO?

En este libro, he venido planteando que el supersentido es un producto natural del cerebro humano, pero no todos lo experimentamos en el mismo grado. Si no es la cultura la que explica estas diferencias en el modo como interpretamos el mundo, tiene que haber algo en nuestra biología que explique esta variación. En este punto, presento mis excusas a los científicos del cerebro por el cuadro simplista que me dispongo a dibujar.

El cerebro trabaja como un conjunto de células interconectadas en redes para procesar la información recibida, interpretarla y luego almacenarla a manera de conocimiento. Estas tareas diversas son más complicadas de lo que puede describirse en unas pocas líneas, pero todas dependen de redes de células conectadas que se comunican entre sí a través de la actividad electroquímica que se da minuto a minuto, lo que se logra por medio de los neurotransmisores que forman el sistema de señalización del cerebro.

La dopamina es uno de estos neurotransmisores químicos. Como dice el neurocientífico Read Montague: "El sistema de dopamina se ve atrapado por todas las drogas de abuso, destruido por la enfermedad de Parkinson y perturbado por diversas formas de enfermedad mental".[38] Sabemos que las drogas antipsicóticas que alivian los síntomas alucinatorios de la esquizofrenia reducen la actividad del sistema de la dopamina, mientras que administrar dopamina a los pacientes de Parkinson, que ya tienen una producción irregular de dopamina, puede inducir alucinaciones y experiencias sobrenaturales. Por ejemplo, en un estudio, la alucinación más común era la sensación de que había otra persona en la habitación.[39] El abuso de drogas ilegales como las anfetaminas y la cocaína puede producir experiencias sobrenaturales, y estas afectan el sistema de la dopamina. Por estas razones, la dopamina ha sido una fuente de interés para los que buscan comprender el supersentido. Si hay una prueba contundente del sesgo biológico del supersentido, parece que está fuertemente asida de la mano de la dopamina.[40]

El neuropsiquiatra Peter Brugger ha planteado que la apofenia representa una actividad anormalmente excesiva del sistema de la dopamina que lleva al individuo a detectar más coincidencias en el mundo y a ver constantes que todos los demás ignoramos.[41] La idea es que la dopamina actúa como un filtro. Si hay demasiada actividad cerebral relacionada con la dopamina, esta hará que se perciban toda clase de constantes y significados. Si hay muy poca, no se detecta nada. Si obtiene un alto puntaje en la escala de ideación mágica anteriormente descrita, está más predispuesto a detectar constantes y secuencias que los que obtienen un puntaje bajo. En otras palabras, los escépticos y los creyentes no solo se diferencian por su supersentido, sino también por la manera como perciben el mundo.

También pueden verse diferencias en la actividad del sistema de la dopamina de los escépticos y los creyentes. Por ejemplo, imagine que está viendo televisión cuando la antena no está conectada. La pantalla borrosa es como un ruido visual. Si pusiéramos una tenue imagen de un rostro sobre dicho fondo, los creyentes estarían mucho más propensos a ver el rostro que los escépticos, quienes necesitan más pruebas de la presencia de dicho rostro. Esto se debe a que los escépticos y los creyentes tienen umbrales distintos.[42] Para probarlo, Brugger y sus colegas pidieron a escépticos y creyentes que detectaran palabras y rostros en una pantalla de computador entre una gran cantidad de ruido visual. Después, los investigadores les administraron levadopa, un fármaco que aumenta los niveles de dopamina. Mientras que los escépticos empezaban a ver figuras, los creyentes se mostraban más conservadores. La dopamina había cambiado la composición del filtro de los sujetos de ambos grupos. La percepción de los participantes había cambiado debido a la modificación de los niveles del neurotransmisor.[43]

La investigación sobre los mecanismos cerebrales del supersentido es interesante pero poco sorprendente. Sabemos que la realidad puede ser distorsionada fácilmente al cambiar la química del cerebro. Las drogas alucinógenas inducen estados de fantasía en los que pueden presentarse toda clase de experiencias sobrenaturales. Por esta razón, la que las sustancias y los rituales que alteran la mente han sido tan importantes para las ceremonias religiosas. Ya sea con plantas venenosas o con estados de trance inducidos, la alteración del cerebro altera la realidad.

Un sentido alterado de la realidad puede ser la razón por la que la manía psicótica ha sido relacionada con frecuencia con la creatividad. La tendencia a buscar y percibir estructuras donde los demás no vemos nada puede ser parte del proceso creativo. Algunos de los artistas más creativos del mundo, escritores, compositores y científicos han sido asociados con períodos maniáticos, y muchos han tenido profundas crisis psicóticas. Hacer una lista de unos cuantos es como hacer una compilación de los personajes más destacados del mundo creativo: Van Gogh, Beethoven, Byron, Dickens, Coleridge, Hemingway, Keats, Twain, Woolf e incluso Newton, todos experimentaron episodios maniacodepresivos. La creatividad puede ser una ventaja del supersentido, pero el precio que se paga a veces es la enfermedad mental.

No obstante, no tenemos que padecer una enfermedad psiquiátrica para suponer que en el mundo actúa un supersentido. Es más, percibir constantes y conexiones es parte del proceso normal. Pero también tenemos que aprender a ignorar las constantes y conexiones que es probable que no existan en realidad. El pensamiento sobrenatural puede interferir con nuestra capacidad para actuar racionalmente, como cuando damos por sentado la presencia de circunstancias que no están allí realmente. Y para solucionar este problema, necesitamos ejercitar alguna forma de control mental.

CONTROL MENTAL

El supersentido puede ser la consecuencia de una mente diseñada para deducir estructuras invisibles en el mundo, pero no todos sucumbimos a la idea de que lo sobrenatural es real. Muchos de nosotros podemos ignorar este razonamiento intuitivo. ¿Cómo? Reconsideremos algunos de los fenómenos esbozados a lo largo del libro. ¿Por qué un niño busca justo debajo de él, una y otra vez, un objeto que se ha caído? ¿Por qué a los niños se les dificulta comprender que algunas cosas que parecen vivas en realidad no lo están? ¿Por qué son tan difíciles de ignorar las teorías intuitivas sobre el funcionamiento de la vista? ¿Por qué no podemos ignorar la mirada de alguien? ¿Por qué estas malinterpretaciones infantiles permanecen latentes en el adulto, solo para reaparecer más tarde en la vida? ¿Por qué nos cuesta hacer caso omiso de los pensamientos tontos? ¿Por qué los pacientes psicóticos detectan toda clase de estructuras y constantes en el mundo? En todas estas situaciones, hay algo relacionado con el modo como la mente organiza y controla lo que hacemos y pensamos. Por tanto, necesitamos ejercer un control mental para evitar quedarnos atascados en ciertas rutinas y pensamientos.

Los científicos preocupados por comprender cómo trabaja la mente muestran cada vez más interés en el desarrollo de la parte frontal del cerebro. En términos de tamaño, las partes frontales del cerebro son muchísimo más expandidas en la especie humana. Lo que explica por qué nuestras frentes son mucho más grandes en comparación con otros primates y las de las calaveras de los fósiles prehomínidos. A diferencia de nuestros primos animales más cercanos, nos destacamos por nuestra capacidad de planear y coordinar comportamientos y pensamientos de manera flexible y adaptable. Podemos anticipar sucesos e imaginar soluciones. Gracias a nuestro cerebro frontal, podríamos derrotar fácilmente a otros simios, monos y a los Neandertales en el juego de piedra, papel o tijeras.[44]

Una región de los lóbulos frontales ha sido un foco principal de interés: la corteza prefrontal dorsolateral. Esta corteza es determinante en el control de una serie de operaciones conocidas como las funciones ejecutivas del cerebro, que incluyen:

1. Memoria a corto plazo: la capacidad de mantener en la mente pensamientos temporales sin necesidad de almacenarlos en la memoria.
2. Planeación: la capacidad de anticipar sucesos futuros y organizar una secuencia apropiada para lograr objetivos.
3. Inhibición: la capacidad de ignorar pensamientos que distraen o que son irrelevantes.
4. Evaluación: la capacidad de ponderar pensamientos y acciones para buscar los objetivos deseados.[45]

La expresión "memoria a corto plazo" significa exactamente lo que sugiere,[46] pues nos permite solucionar problemas al recurrir a información almacenada en un depósito temporal. Usamos la memoria a corto plazo cada vez que tenemos que recordar un nuevo número telefónico o el nombre de alguien en una fiesta. La información de la memoria a corto plazo se almacena solo temporalmente. Es un almacenamiento frágil y limitado, por lo que puede ser muy difícil recordar números telefónicos muy largos a menos de que nos ejercitemos repitiéndolos una y otra vez. La memoria a corto plazo es como la parte posterior de un sobre mental que utilizamos cuando queremos tomar nota de algo brevemente.

Con la planeación logramos nuestros objetivos. Esta nos permite imaginar y construir modelos y escenarios con anticipación. Por ejemplo, piense en esta adivinanza: Tiene un zorro, un pollo y una bolsa de maíz que debe transportar al otro lado de un río, pero solo tiene espacio en el bote para un solo elemento en cada viaje. ¿Cómo transportarlos a los tres sin perder ninguno? Recuerde que los zorros se comen a los pollos y los pollos el maíz, por lo que no puede nunca dejar ninguno de esos pares solo en la ribera. Para solucionar este problema, se requiere planeación.[47] Hay que pensar en las consecuencias del primer viaje, del segundo viaje y así sucesivamente hasta encontrar la solución. Si no sabe la respuesta, le cuento que necesita llevar el pollo de un lado al otro del río más de una vez.

La inhibición es otra operación importante de la corteza prefrontal dorsolateral. Necesitamos la inhibición para suprimir acciones y pensamientos inadecuados. Por ejemplo, diga en voz alta el color de la tinta —negro, blanco o gris— de las siguientes palabras tan rápido como le sea posible.[48]

palabra palabra palabra palabra **palabra** palabra

Esto debería ser relativamente fácil. Hagámoslo más fácil todavía.

blanco **negro** gris **negro** blanco gris

Bien, ya es un experto. Ahora trate de decir el color de las palabras en la siguiente secuencia lo más rápido posible.

gris negro blanco gris negro **blanco**

¿Cometió errores? Quizá no, pero apuesto que le costó un poco y lo hizo mucho más lentamente. El acto de leer dispara el impulso de pronunciar la palabra como se lee, pero si la palabra entra en conflicto con la respuesta correcta, debe ignorar la respuesta para decir el color. Por otra parte, el nombrar un color no es un acto desencadenado automáticamente por la lectura. De modo que el decir la palabra debe ser reprimido o inhibido para dar la respuesta correcta. Por esta razón, la inhibición es necesaria para planear y controlar el comportamiento: nos permite evitar pensamientos y acciones que se entrometen en el camino hacia la consecución de nuestros objetivos.

Por último, para beneficiarnos de toda esta función ejecutiva, necesitamos evaluar nuestro desempeño. Como vimos anteriormente, la conducta adaptativa puede ayudarnos a aprender de los éxitos y los errores anteriores. ¿Recuerda los pacientes con lesión frontal estudiados por Damasio, de los que hablamos en el capítulo 2, que no podían ganar en los juegos de apuestas? Su problema es que no podían hacer la evaluación necesaria de las reglas ocultas que controlaban las recompensas. El sistema que aprende del pasado y nos ayuda a tomar decisiones para el futuro tiene que ver con la corteza prefrontal dorsolateral. Y uno de los principales sistemas neurotransmisores de esta corteza es... pues sí, la dopamina. Puede que sea demasiado conveniente y simplista, y puede que se deba a mi supersentido de la interconexión, pero aquí parecería surgir una constante muy coherente.

Actualmente, creemos que los cambios cerebrales en la corteza prefrontal dorsolateral tienen implicaciones importantes en el desarrollo infantil y en los avances en el razonamiento.[49] El control de los comportamientos, pensamientos, razonamientos y la toma de decisiones —en síntesis, casi todos los aspectos de la inteligencia superior de los humanos— depende de las funciones ejecutivas de dicha corteza. A medida que nos vamos haciendo mayores, tenemos cada vez más control de nuestras necesidades, para lo que se requiere la actividad de la corteza prefrontal dorsolateral. Por ejemplo, ¿recuerda los objetos en caída libre? ¿Cuál cae más rápido, un objeto pesado o uno liviano? De manera intuitiva, pensamos que el más pesado debería caer más rápido, y nos sorprende que no sea así. Cuando los adultos se dan cuenta de que esto es un error, una medición de su actividad cerebral mientras reflexionan acerca de este problema revela que su corteza prefrontal dorsolateral está activa.[50] Cuando reflexionamos acerca del problema de Linda, descrito en el capítulo 3, y analizamos si es más posible que sea una empleada de un banco que una feminista, la corteza prefrontal dorsolateral se activa porque trata de reprimir nuestra tendencia a decidirnos por la respuesta intuitiva más obvia.[51] Incluso cuando damos la respuesta correcta, nuestras viejas teorías infantiles e ingenuas siguen activas y deben ser reprimidas. Las ideas erróneas siguen acompañándonos, ¡y tienen que ser ignoradas!

Sin embargo, como sucede con muchas funciones del cuerpo humano, cuando nos aproximamos a la vejez se produce un declive progresivo de las funciones ejecutivas. Muchos de los rompecabezas mentales, como el *sudoku* o los juegos de computador para "entrenar el cerebro", explotan las destrezas de la corteza prefrontal dorsolateral. Cuando estos afirman que pueden medir la edad su cerebro, lo hacen comparando su desempeño en tareas que dependen de dicha corteza con el promedio normal que puede esperarse de personas de distintas edades. Y esto se debe a que las funciones de la corteza prefrontal dorsolateral cambian con la edad.

Una consecuencia de la pérdida del control de esta corteza cerebral en un adulto es la regresión hacia comportamientos y razonamientos infantiles. Cada vez que este sistema se ve afectado por la edad, alguna lesión o enfermedad, la capacidad de recordar, inhibir, planear y evaluar se ve comprometida. Olvidamos las cosas. Todos conocemos parientes ancianos que parecen volverse socialmente problemáticos debido a su falta de control. Programar un viaje se convierte en un problema. Puede que perdamos la capacidad de hacer juicios racionales y equilibrados y que le dejemos todo el dinero de la herencia a "ese abogado tan amable que nos ha ayudado tanto". La vejez no es garantía de sabiduría.

LA ENFERMEDAD MÁS CRUEL

Para la mayoría de los que nos acercamos a la vejez puede haber un paso aún más devastador y progresivo hacia la decadencia a medida

que vamos perdiendo las funciones de la corteza prefrontal dorsolateral. La enfermedad de Alzheimer suele ser considerada como la
más cruel de las enfermedades. El cambio en la personalidad es el
aspecto más angustioso. Alguien a quien hemos conocido y amado
toda la vida se convierte en un absoluto desconocido que necesita del
cuidado y la atención de un niño pequeño. El Alzheimer es un trastorno neurodegenerativo que destruye las funciones principales que
controlan el comportamiento y el pensamiento. Se manifiesta inicialmente por mucha distracción. Luego surgen estallidos violentos gra-
tuitos, y una conducta inadecuada que puede alertar a los miembros
de la familia de que las cosas no están del todo bien. El problema con
el diagnóstico de los inicios del Alzheimer es que nuestra personalidad cambia a medida que envejecemos. Podemos volvernos olvidadi-
zos, desinhibidos, malhumorados, etc., pero el Alzheimer transforma
al individuo hasta el punto de llegar a volverse irreconocible para la
familia y los amigos.

Las investigaciones recientes sobre esta enfermedad han propor-
cionado una evidencia inesperada del supersentido. Antes de que los
pacientes lleguen a un estado de decadencia avanzada, muestran señales de que la mente nunca abandona los modos infantiles de razonar.[52] Por ejemplo, al preguntarles: "¿Por qué existen los árboles?",
"¿Por qué brilla el sol?" o "¿Por qué llueve?", los pacientes dan respuestas iguales a las de los niños pequeños. Dicen que los árboles
existen para darnos sombra, que el sol brilla para que podamos ver
y que llueve para tener agua para beber y crecer. Han regresado al
pensamiento teleológico de los siete años que vimos en el capítulo
5. También vuelven a ser animistas, es decir, a atribuirle vida a cosas
no vivientes como el sol. No se trata de que hayan olvidado todo lo
que saben.[53] Más bien, los errores que cometen reflejan teorías infantiles. La demencia muestra que el pensamiento intuitivo no ha sido
abandonado sino reprimido por los centros superiores del cerebro
cuando crecemos y nos hacemos adultos. Y al perder la capacidad de
la inhibición, reaparecen las teorías intuitivas.

ESTAR EN DOS MENTES

Los psicólogos han llegado a la conclusión de que hay al menos dos sistemas diferentes que funcionan cuando de pensar y razonar se trata.[54] Se cree que uno de los sistemas ha venido evolucionando desde tiempos más antiguos en términos del desarrollo humano. A este sistema se le ha llamado intuitivo, natural, automático, heurístico e implícito, y es el que creemos que actúa en los niños pequeños antes de llegar a la edad escolar. El segundo se considera más reciente en términos de la evolución humana, y es el que permite el razonamiento lógico, pero está limitado por las funciones ejecutivas, es decir, la memoria a corto plazo, la planeación, la inhibición y la evaluación. Este segundo sistema de razonamiento, que ha sido llamado lógico-conceptual, analítico-racional, deliberante-intencional-sistemático y explícito, surge mucho más tarde en el desarrollo y sustenta la capacidad del niño para solucionar problemas de manera lógica y racional. Cuando razonamos acerca del mundo utilizando estos dos sistemas, es posible que a veces compitan entre los dos.

El supersentido que experimentamos como adultos es el residuo del sistema de razonamiento intuitivo infantil que produce, de manera incorrecta, explicaciones que no encajan en los modelos racionales del mundo. Podemos suponer que quienes son propensos al supersentido y a la creencia en lo paranormal tienen alguna carencia en los procesos de pensamiento racional, pero esto sería demasiado simplista. Hay estudios que revelan que los dos sistemas de pensamiento, el intuitivo y el racional, coexisten en el mismo individuo. Y, en efecto, hay dos maneras distintas de interpretar el mundo. Es más, al medir la confianza en la intuición, no se ha encontrado ninguna relación con la inteligencia, es decir que las personas intuitivas no son tontas.[55] Son, sin embargo, más propensas a las creencias sobrenaturales. Un estudio reciente encontró que el estado de ánimo es un factor importante para dar paso a las creencias sobrenaturales en quienes tienen un puntaje más alto en las medidas de intuición.[56] Por ejemplo, los adultos felices e intuitivos son más propensos a sentarse lejos de alguien a quien consideren contaminado, una actitud que refleja la creencia en la contaminación psicológica que describimos en el capítulo 7. También son menos capaces de lanzar dardos a fotos de bebés, lo que refleja la ley mágico-empática de lo semejante, según la cual los objetos que se parecen comparten una conexión mágica. Aunque los individuos pueden no ser conscientes de los procesos de pensamiento que guían dicho comportamiento, estos efectos revelan una noción bien cimentada del razonamiento mágico-empático. El supersentido permanece en el fondo de nuestra mente, ejerciendo influencia sobre nuestros comportamientos y pensamientos, y es probable que nuestro estado de ánimo sea un detonante. Esto explica por qué individuos totalmente racionales y muy preparados siguen albergando creencias sobrenaturales.

Recientemente, Marjaana Lindeman, de la Universidad de Helsinki, ha puesto a prueba este modelo dual de creencia y razón así como el papel de las teorías intuitivas ingenuas.[57] Lindeman investigó el razonamiento intuitivo y el supersentido en más de tres mil adultos finlandeses. Primero, les preguntó acerca de sus creencias sobrenaturales tanto religiosas como seculares. Luego hizo una valoración de sus malinterpretaciones intuitivas. Les planteó preguntas sobre el animismo, el razonamiento teleológico, el antropomorfismo, el vitalismo y confusiones conceptuales acerca de aspectos físicos, biológicos y psicológicos del mundo, es decir, todo el tipo de áreas que los niños analizan por sí mismos y que a veces los llevan a malinterpretaciones. Preguntas como: "Cuando el verano es cálido, ¿las flores quieren brotar?" o "¿Los muebles viejos saben algo del pasado?". Por último, les preguntó qué tipo de pensamiento preferían, el de las reacciones viscerales intuitivas o el razonamiento analítico bien pensado.

Al comparar a los adultos con un fuerte supersentido con los más escépticos, Lindeman descubrió que los creyentes tendían más a atribuir, de manera errónea, propiedades de una categoría conceptual a otra. Por ejemplo, eran más propensos a decir que las sillas viejas saben algo del pasado (atribución de propiedades mentales a los objetos inanimados) o que los pensamientos pueden transmitirse de una persona a otra (atribución de propiedades física a los estados mentales). En el aspecto teleológico, eran más promiscuos e inclinados al animismo así como al antropomorfismo. También eran más vitalistas y tenían la sensación de que las cosas están conectadas en el mundo. ¿Eran menos cultos? No. Eran estudiantes universitarios. Es más, en otras mediciones de racionalidad, su puntaje fue tan alto como el de los estudiantes escépticos. La racionalidad y las creencias sobrenaturales pueden coexistir en el mismo individuo. Esos estudiantes sencillamente preferían o estaban más inclinados a confiar en su modo intuitivo de pensar.

Finlandia tal vez tenga una de las tasas más altas de ateísmo, pero este amplio estudio con estudiantes adultos prueba que las personas educadas no se dividen tajantemente entre los que tienen un supersentido y los que no. Al confiar en sus respuestas rápidas, espontáneas y no aprendidas, la gente está inclinada a utilizar su supersentido, algo que puede desencadenarse fácilmente en la mayoría de nosotros.

¿Y AHORA, QUÉ?

> Cuando yo era niño, hablaba como niño, pensaba como niño,
> razonaba como niño. Al hacerme hombre, dejé todas las cosas de niño.
>
> Corintios 13:11

A lo largo de este libro, he planteado que las creencias en lo sobrenatural son consecuencia de procesos de razonamiento acerca de las propiedades y los sucesos naturales en nuestro mundo. Esto incluye un diseño mental para detectar constantes e inferir estructuras donde puede que no las haya. Nuestras teorías ingenuas sientan las bases para nuestras creencias sobrenaturales, y la cultura y la experiencia sencillamente refuerzan lo que consideramos correcto de manera intuitiva. Por esta razón, tenemos la sensación de ser observados es un modelo tan interesante para el origen y el desarrollo de lo sobrenatural. A los niños no se les dice que los humanos pueden detectar que alguien está mirándolos. Es más, no es algo que ellos afirmen poder hacer. No obstante, los niños pequeños y muchos adultos piensan que la vista funciona mediante algo que sale de los ojos. Por tanto, cuando experimentan algún episodio en el que aparentemente están detectando que alguien los mira, la creencia en que se trata de una capacidad incuestionable surge de manera natural. Ni siquiera es considerada como sobrenatural por la mayoría de las personas. Este modelo muestra cómo la combinación de teorías intuitivas, detección de constantes y un eventual respaldo de la cultura produce una creencia sobrenatural universal.

Creo que puede pasar algo muy parecido con otras creencias sobrenaturales. La noción de contaminación psicológica que analizamos en capítulos anteriores surge de modo natural a partir del esencialismo psicológico, que tiene sus raíces en nuestro razonamiento biológico ingenuo. Una vez más, este modo de pensar no es algo que enseñemos a nuestros niños. El dualismo intuitivo y la idea de que la mente puede existir independientemente del cuerpo es otra de estas creencias. Y todas estas maneras de pensar surgen de modo natural e incluso sobrenatural en nuestras explicaciones infantiles del mundo.

Como anotamos anteriormente, hay quienes han planteado que lo sobrenatural en el adulto es producto de las enseñanzas religiosas que damos a nuestros hijos. Sin embargo, espero haber convencido al lector de que las diversas creencias sobrenaturales seculares analizadas en este libro parecen surgir espontáneamente, sin necesidad de que la religión las despierte. Lo que es más importante, algunas creencias permanecen latentes, mientras otras que no se consideran sobrenaturales se hacen cada vez más fuertes. Y esto sucede incluso en adultos muy cultos. Todos podemos albergar creencias extrañas y maravillosas acerca del mundo.

Puede que descartemos las cosas infantiles, como sugiere la epístola a los Corintios, pero nunca nos libramos totalmente de ellas. La educación puede proporcionarnos una nueva comprensión e incluso ayudarnos a progresar hacia un punto de vista científico, pero el desarrollo, las aflicciones, las lesiones y las enfermedades muestran que conservamos muchos trapos sucios en nuestro armario mental. Si esas malinterpretaciones comprometen nuestra comprensión de las propiedades y los límites del mundo material, el mundo vivo y el mundo mental, hay muchas probabilidades de que puedan sentar las bases de unas creencias sobrenaturales en los adultos.

A medida que los niños descubren más cosas acerca del mundo real, deberían progresar hacia una visión más científica del mundo. Pero está claro que esto no sucede necesariamente. La mayoría de los adultos albergan creencias sobrenaturales, y el supersentido sigue ejerciendo influencia y actuando en nuestra vida. Incluso puede que nos dé una sensación de control de nuestros comportamientos. Como vimos en los capítulos iniciales, muchas de nuestras acciones, como rechazar un suéter, demoler una casa o emprender rituales antes de presentar un examen, dan origen a un modo psicológico de enfrentar las cosas. Sin estas creencias, puede que nos sintamos vulnerables. Incluso puede que no seamos conscientes de que hay un supersentido que ejerce influencia en nuestra vida, aunque lo haga claramente.

Por tanto, ¿podemos evolucionar para salir de la irracionalidad? ¿Por qué habría de seguir floreciendo un modo semejante de ver el mundo en esta era de la razón? ¿Llegará a ser razonable la raza humana en algún momento?

No lo creo. Hay una pieza final del rompecabezas que he venido insinuando y que ahora deber ser tenida en cuenta. Va más allá de la cuestión de los orígenes y pregunta: ¿Acaso produce algún beneficio el supersentido? Después de todo, si la ciencia tiene el potencial de elevar la especie humana a nuevos niveles de éxito, ¿por qué seguimos sucumbiendo al supersentido? Parte de la respuesta está en que es posible que sea inevitable, como espero que comprenda ahora el lector. Otra razón está en que el supersentido posibilita nuestra capacidad de experimentar un nivel más profundo de conexión que puede que sea necesario para los humanos en tanto que animales sociales.

Aunque tenemos la capacidad de razonar y emitir juicios, creo que siempre consideraremos que algunas cosas en la vida no pueden reducirse al análisis racional. Y esto se debe a que la sociedad necesita un pensamiento sobrenatural como parte de un sistema de creencias cuyos valores sagrados mantienen unidos a los miembros de un grupo. En las páginas finales, explicaré cómo este supersentido conforma la base intuitiva de los valores sagrados que unen nuestra sociedad.

CAPÍTULO DIEZ

¿Dejaría que su esposa se acostara con Robert Redford?

HE PROPUESTO EN ESTE LIBRO que los humanos nos vemos obligados a comprender la naturaleza del mundo que nos rodea como parte del modo en que nuestro cerebro trata de darle sentido a la experiencia. Este proceso empieza en la infancia temprana, incluso antes de que la cultura haya empezado a decirles a los niños qué pensar. Por el camino, los niños desarrollan toda clase de creencias acerca del mundo, incluyendo aquellas que tendrían que ser sobrenaturales para ser ciertas. Estas ideas van más allá de las leyes naturales que comprendemos actualmente y, por consiguiente, son *sobre*naturales. Ya sea una mente incorpórea, una esencia sublime que alberga la verdadera identidad de las personas, los lugares y las cosas, o la idea de que todos estamos conectados por fuerzas y estructuras ocultas, todas estas nociones son modos intuitivos de pensar el mundo, creencias que persisten pese a la ausencia de pruebas convincentes de que estos fenómenos existan en realidad. Puede que la cultura alimente estas creencias mediante la imaginación y la ficción, pero estas arden con una luz tan brillante debido a nuestra inclinación natural a suponer la presencia de ese "algo" del que hablara William James. La cultura simplemente ha tomado estas creencias y les ha dado contenido y significado.

Si se trata de una ilusión, ¿podremos deshacernos algún día de este supersentido? ¿Llegará algún momento en que la humanidad se convierta en la especie brillante que se vale de la lógica por encima y más allá de la intuición y la emoción? Esto parece poco probable por varias razones. La primera, que me he esforzado por desarrollar a lo largo del libro, es porque el supersentido forma parte de nuestro diseño mental y, por consiguiente, está profundamente arraigado en nuestro modo de razonar. Bien puede que estemos capacitados tanto para el análisis lógico como para el razonamiento intuitivo, pero el primero es lento y pesado mientras que el segundo es rápido y furioso. La intuición no es algo que podamos pasar por alto fácilmente, y aunque podemos aprender a pensar de un modo analítico-racional, el razonamiento intuitivo tiene la ventaja en la carrera por influir en nuestra toma de decisiones por su fluidez y rapidez. Cuando un taxista le pidió a Carl Sagan su respuesta visceral a la pregunta sobre la existencia de los ovnis, el cosmólogo contestó que trataba de no pensar con las entrañas. El resto de nosotros solemos carecer de un control semejante puesto que sucumbimos a nuestro ingenuo razonamiento intuitivo, que no siempre es acertado, pero debemos recordar que nos ha servido en el pasado. De lo contrario, en tanto que especie, no estaríamos aquí para contarlo. El supersentido viene de nuestro sistema de razonamiento intuitivo y es, por tanto, parte de nuestra estructura. Lo que me lleva a la segunda razón, más importante, de por qué albergamos el supersentido.

Yo creo que el supersentido persistirá incluso en una época moderna porque posibilita nuestro compromiso con la idea de que en nuestro mundo hay valores sagrados. Algo es sagrado cuando los miembros de la sociedad consideran que está más allá de cualquier valor monetario. Permítame darle un ejemplo. La vida puede estar llena de decisiones difíciles. Las personas que administran hospitales se ven permanentemente enfrentadas con decisiones de vida o muerte. Suponga que usted es el administrador de un hospital y que dispone de un millón de dólares que puede utilizarse para un trasplante de hígado que le salvaría la vida a un niño o para reducir la deuda del hospital. ¿Qué haría? Para la mayoría de la gente, no hay duda: salvar al niño.

El psicólogo Philip Tetlock ha demostrado que la gente queda horrorizada al oír que un administrador tomaría la decisión de beneficiar al hospital, aunque a la larga muchos más niños saldrían ganando con esta planificación financiera.[1] Es más, también quedan escandalizados si el administrador del hospital decide salvar al niño pero tarda en tomar la decisión. Algunas cosas son sagradas. No deberíamos tener que pensarlas. No podemos ponerles precio. Ahora bien, si tenemos que decidir entre dos niños para salvar a uno solo, la decisión debe tardar un buen tiempo. No debe tomarse rápidamente. Es el dilema insoportable conocido como "la decisión de Sophie", por la novela de William Styron sobre la madre judía que tuvo que decidir cuál de sus dos hijos moriría en Auschwitz y cuál sobreviviría.[2] La madre decidió salvar al niño y dejar morir a la niña.

De manera intuitiva, sentimos que algunas cosas son correctas y otras son, sencilla y llanamente, incorrectas. Algunas decisiones deberían ser instantáneas, mientras que hay que romperse la cabeza con otras. Las decisiones pueden perseguirnos incluso cuando en realidad no debería haber ninguna indecisión. Todas las decisiones tienen una etiqueta de precio si estamos dispuestos a considerar un valor relativo. Nada es gratis, y aunque podamos sentirnos indignados y escandalizados ante ciertas opciones y decisiones, la realidad es que todo puede reducirse a un análisis de costo y beneficio.

No obstante, los análisis de costo y beneficio son materiales, analíticos, científicos, racionales y fríos. Los humanos no nos comportamos así, y cuando oímos que la gente piensa y razona de este modo, nos indignamos. Cuando el personaje de Robert Redford le ofreció al personaje de Woody Harrelson un millón de dólares por acostarse con su esposa, interpretada por Demi Moore, los espectadores sabían que se trataba de una *propuesta indecente*. Era moralmente repugnante. Habría sido mejor que tuviera una aventura a que lo hiciera por dinero. Si uno ama a alguien, no hay dinero que pueda negociarse, ¡aunque luzca como Robert Redford! Asimismo, cuando oímos que alguien está dispuesto a ponerse el suéter de un asesino, vivir en la casa de un criminal o coleccionar objetos de *memorabilia* nazi, nos sentimos asqueados. Lo sentimos físicamente. Y aunque un análisis de costo y beneficio podría revelar que es una reacción que no se corresponde con los costos verdaderos, intuitivamente seguimos sintiendo una indignación moral por una violación de los valores de la sociedad.

Esto se debe a que los humanos somos una especie sagrada. Tratamos las vidas, los lugares y los objetos sagrados como algo que va más allá del valor comercial. El valor otorgado a cada cosa depende de quién tome la decisión, pero todas las cosas sagradas podrían ser, literalmente, "invaluables". La alternativa es aceptar que todo tiene su precio.

El problema con esta visión de la toma de decisiones guiada por la lógica del mercado es que socava la cohesión del grupo, que está unido por los valores sagrados. Si pensamos que cualquier cosa y cualquier persona puede ser comprada, entonces esta cohesión se fragmenta porque los artículos sagrados pierden su valor no monetario. Por eso, deben existir ciertos valores sagrados que no pueden ser evaluados por análisis racionales. Todas las sociedades necesitan cosas que sean tabú y que no puedan ser reducidas a compensaciones y comparaciones. Si bien nadie se compromete explícitamente a seguir estas reglas, todos comprendemos que, como miembros de un grupo social, se espera que compartamos los mismos valores sagrados colectivos.

Así llegamos a la última pieza del rompecabezas. ¿Cómo puede algo volverse sagrado? Y es aquí donde el supersentido luce en todo su esplendor. La sociedad puede decirnos qué es sagrado, pero, para ser experimentado como tal, algo tiene que volverse sobrenatural. Tiene que estar más allá de lo mundano. Debe poseer cualidades únicas e irremplazables, y para la percepción de estas cualidades, se requiere una mente diseñada para percibir propiedades ocultas. Si algo puede ser copiado, duplicado, corrompido, clonado, falsificado, reemplazado o sustituido, entonces deja de ser sagrado. Para llegar a esta creencia, tenemos que inferir que hay dimensiones sobrenaturales ocultas en nuestro mundo sagrado. Y con este tipo de razonamiento vienen todas las cualidades sobrenaturales de las conexiones y los significados profundos que necesitamos para entender por qué valoramos unas cosas por encima y más allá de su valía objetiva. Irónicamente, el supersentido es el que nos permite justificar nuestros valores sagrados. La irracionalidad vuelve racionales nuestras creencias porque estas mantienen unida a la sociedad.

Y POR ÚLTIMO...

A lo largo de estas páginas, he esbozado una explicación de cómo pudo haber surgido el supersentido que todos compartimos en tanto que miembros de una especie altamente social. La cultura y la religión simplemente capitalizan nuestra inclinación a inferir dimensiones ocultas de la realidad. Hemos descubierto que nuestros mecanismos de razonamiento, que han evolucionado de manera natural, nos obligan a darle sentido al mundo al buscar constantes, estructuras y mecanismos. Es algo que hemos hecho de manera intuitiva desde el principio, mucho antes de que la educación formal fuera inventada. El pensamiento sobrenatural es, sencillamente, la consecuencia natural de la imposibilidad de encajar nuestras intuiciones con la verdadera realidad del mundo. Es más, no nos deshacemos de estas malinterpretaciones durante nuestra vida pues, incluso en la adultez, podemos albergar modelos racionales del mundo junto con nuestras nociones intuitivas.

A lo largo de la infancia, nos convertimos en miembros participativos de un grupo social. Puede que de pequeños seamos el centro de atenciones de nuestros padres, pero a medida que crecemos, tenemos que aprender a formar parte de la raza humana. Tenemos que aprender a negociar un mundo social de intereses en competencia. Tenemos que aprender a convertirnos en miembros de una tribu que comparte valores sagrados.

Para lograrlo, nos hacemos cada vez más conscientes de nosotros mismos como individuos únicos, con una mente única y arraigados en una sociedad compuesta por otros individuos de mentes únicas. Somos tanto individuos como un colectivo. Nos vemos a nosotros mismos como parte de un grupo que debe distinguirse de otros grupos. Esta creencia se ve fortalecida por nuestro sentido de que nuestro grupo tiene propiedades ocultas que son esencialmente diferentes de las propiedades invisibles de los otros grupos.

Leemos la mente de los otros y los manipulamos para alcanzar nuestras metas individuales, pero también buscamos las conexiones emocionales que nos proporcionan esos otros. Para muchos, la religión suministra esos contextos, pero para el resto puede tratarse de un bien personal, una reliquia familiar, un cuadro famoso, una estatua preciosa, un monumento histórico, la reliquia de un mártir o el regreso al lugar donde nacimos. Todos nuestros valores sagrados transmiten un sentido de conexión que nos une entre nosotros y con nuestros antepasados. De este modo, nos proyectamos hacia el resto de la humanidad desde el pasado hasta el presente.

Probablemente podamos entender el mundo externo mediante análisis de costos y beneficios, pero dentro de cada uno de nosotros yace un supersentido sagrado. Si creyésemos que nuestro compañero, esposo, amante, amigo, aliado o prójimo no comparte estos valores sagrados, no confiaríamos en él y no podríamos amarlo. Lo veríamos como fundamentalmente diferente de nosotros e incluso como menos humano. La decisión de ponerse el suéter de un asesino viola nuestros valores sagrados y nuestro supersentido inherente.

Epílogo

HACE OCHO MESES, en mi visita a Gloucester, descubrí que no todas las construcciones asociadas al mal han sido demolidas. La primera casa de Fred West, ubicada en el número 25 de Midland Road, separada de Cromwell Street por un parque precioso, sigue estando en pie. Por alguna razón, esta propiedad escapó de la atención pública concentrada en Cromwell Street. El cuerpo descuartizado de Charmaine, la hijastra de West de ocho años, estaba enterrado en el sótano de la residencia de Midland Road. Yo no sabía de esta casa hasta que Nick, el casero, me contó cómo, pese a ser un hombre racional, sintió "algo" al visitarla con la perspectiva de comprarla en 1996. Aunque el precio que pedían era una mínima parte del valor verdadero, Nick rechazó la oferta porque creyó que tendría dificultades para arrendarla. Pero resultó que esto no es un problema en una ciudad como Gloucester, una zona poblada por un alto número de obreros inmigrantes con una necesidad permanente de viviendas económicas.

En aquel extraño día de abril, atravesé el parque lleno de jóvenes que se asoleaban, crucé una concurrida calle principal y encontré la casa ubicada en la que claramente era una zona en decadencia. Munchi, una adolescente, estaba sentada en las escaleras de la casa, leyendo un libro. Fotografié la casa discretamente, lo que me hizo sentirme culpable y cohibido de inmediato, pero necesitaba preguntarle a Munchi sobre la experiencia de vivir allí. De modo que me le acerqué e intenté entablar una conversación. Yo puedo ser una persona bastante torpe la mayoría de las veces, pero necesitaba saber si había experimentado algo inusual en la casa.

Imagine que es usted una adolescente que está leyendo un libro relajadamente en un cálido día de abril, cuando de pronto se le acerca un tipo de edad mediana, vestido con una chaqueta de cuero muy poco apropiada para la ocasión y empieza a hacerle preguntas extrañas. La chica me miró nerviosamente y dijo que vivía con su prima Diana, a quien debía hacerle las preguntas. Luego desapareció en el interior de la casa para reaparecer con Diana, quien era un poco mayor, pero me miró con el mismo recelo. Yo volví a preguntar, tratando de mostrarme lo más relajado posible: "¿Ha notado algo extraño desde que vive en esta casa?". Diana fue más comunicativa. Me dijo que, en la sala, veía cosas con el rabillo del ojo. No sé qué esperaba oír. Era una de esas preguntas que sugiere la respuesta que queremos obtener. Entonces, les pregunté si sabían quién era Fred West. Las dos me miraron perplejas y negaron con la cabeza.

Por un brevísimo instante, estuve tentado a contarles la historia de su casa. De cómo hacía veinte años los medios de comunicación del mundo entero centraron su atención en Fred y Rosemary West. De cómo la gente quedó horrorizada y asqueada cuando se conocieron los detalles de los truculentos asesinatos de varias mujeres jóvenes y dos hijas. Contarles esta historia no habría sido ningún truco con un suéter para demostrar un argumento. Munchi y Diana vivían realmente con el pasado. Su reacción a esta noticia habría sido genuina pero devastadora. ¿Qué debía hacer?

Dicen que ojos que no ven, corazón que no siente, y que encargarse de lo contrario es algo cruel e innecesario. De modo que les di las gracias a Munchi y a Diana por su tiempo y las dejé desconcertadas con la aparición del extraño profesor. Para el momento en que estas palabras estén imprimiéndose, espero que Munchi y Diana se hayan mudado y que otros inquilinos desprevenidos estén viviendo en la casa del número 25 de Midland Road. Si no es así, Munchi y Diana, siento no habérselo contado, pero pensé que era mejor que no lo supieran. No hay ninguna esencia del mal en su casa. Es simplemente algo creado por nuestra mente. Pero saberlo no hace que sea menos incómodo vivir en la casa de un asesino. Y esto se debe a que somos una especie sagrada.

BATH, INGLATERRA
NAVIDAD DE 2007

Agradecimientos

MUCHAS DE LAS IDEAS que presento en este libro están basadas en investigaciones académicas pero han sido puestas a prueba en numerosas conferencias públicas y reuniones informales a lo largo y ancho del Reino Unido. Cuando tenemos que hablar de un modo que sea comprensible para la mayoría de la gente, hay que ir al grano, dejar la palabrería e ir al meollo del asunto. Los académicos estamos entrenados para encontrar debilidades, pero al hacerlo podemos llegar a preocuparnos tanto por cubrirnos la espalda, ser acertados en nuestros planteamientos y cautelosos en nuestras interpretaciones, que con frecuencia se considera que nos quedamos atrapados por el cerco de la indecisión. Por eso, escribir un libro como este puede poner nervioso a un académico.

Por fortuna he recibido ayuda por el camino, y debo agradecerles a colegas, estudiantes, amigos y familiares que han leído distintas versiones, planteado sugerencias y, en general, me han alentado a sentirme menos nervioso con el libro. Quisiera agradecer, en orden alfabético, a Sara Baker, Paul Bloom, Peter Brugger, Zoltan Dienes, Katy Donnelly, Alison Dunlop, Shiri Einav, Margaret Evans, Norman Freeman, Susan Gelman, Iain Gilchrist, Thalia Gjersoe, Richard Gregory, Charlotte Hardie, Hilary y Peter Hodgson, Loyale Hood, Ross Hood, Marjaana Lindeman, Neil Macrae, Peter Millican, Steven Pinker, Paul Rozin, Reba Rosenberg, Ali Smith, Elaine Snell, Arno van Voorst y Alice Wilson. Agradezco a mi agente Andrew Stuart y a todo el equipo de HarperOne, especialmente a Eric Brandt y Laura Lee Mattingly. También quiero agradecer a todas las personas que trabajan en el Centro de Desarrollo Cognitivo de Bristol y me han apoyado en este proyecto.

La tesis que presento en este libro es una que vengo desarrollando a lo largo de mi recorrido profesional académico, pero que cobró vida realmente después de mi llegada a la Universidad de Bristol, un entorno que ha apoyado y nutrido mi trabajo. No habría podido continuar mi programa de investigación sin el apoyo de las agencias británicas que financian mi trabajo, por tanto, quisiera agradecer al Consejo de Investigaciones Económicas y Sociales, al Consejo de Investigaciones Médicas, al Fondo Leverhulme y a la Fundación Esmée Fairbairn.

Dedico este libro a mis niñas.

Notas

PRÓLOGO

1. Sean Coughlan, "What Happens to the Houses of Horror?", *BBC News*, abril 5, 2004, disponible en: http://news.bbc.co.uk/1/hi/magazine/3593137.stm.

2. Aunque la Asociación Nacional de Agentes Inmobiliarios de Estados Unidos exige a sus miembros poner de manifiesto todos los factores físicos que puedan afectar la conveniencia de un inmueble, no hay consenso en lo referente a los factores psicológicos que podrían estigmatizar una casa.

3. Se publicaron varios reportajes sobre la seguridad en torno a la demolición. Véase: "Soham Murder House is Demolished", *BBC News*, abril 3, 2004, disponible en: http://news.bbc.co.uk/1/low/england/cambridgeshire/3595801.stm, y Tony Thompson, "As Day Breaks, Huntley's House is Turned into Dust and Rubble", *The Guardian*, abril 4, 2004, disponible en: http://observer.guardian.co.uk/uk_news/story/0,,1185348,00.html.

4. Los diseñadores del vestido de novia de la princesa Diana, David y Elizabeth Emanuel, venden actualmente —por 2000 dólares— un libro con una muestra del vestido de novia que utilizó durante las pruebas.

5. La palabra "fetiche" (del latín *facticius*, que significa "artificial") fue acuñada en 1757 por Charles de Brosses para referirse a los objetos a los que las tribus de África Occidental atribuían poderes sobrenaturales.

6. James Randi se refiere al truco del suéter (que expongo en el segundo capítulo) y a su propia experiencia con la reliquia del Hermano André en: http://www.randi.org/jr/2006-09/092206bad.html.

7. El PanFest es un festival pagano de las llanuras de Alberta, Canadá, llevado a cabo durante la fiesta de *Lammas*, en el mes de agosto.

8. Sobre la superstición de los zapatos de Tony Blair se habla en el *Times* online en http://www.timesonline.co.uk/tol/news/politics/the_blair_years/article1969242.ece.

9.   Jospeh Curl, "McCain Channeling All His Luck Toward 2008 Race", *The Washington Times*, abril 16, 2008.

10.   Agradezco a Steven Pinker por haber presentado el trabajo de Philip Tetlock sobre los valores sagrados, que sembró en mi cabeza la idea de que un sentido sobrenatural hace muy poderosas estas creencias.

11.   http://seattletimes.nwsource.com/html/sports/2004402982_apathleticashes.html.

CAPÍTULO UNO: ¿Qué secreto comparten John McEnroe y David Beckham?

1.   P. Le Loyer, Introducción a *IIII Livres de spectres ou apparitions et visions d'esprits, anges, et démons se monstrans sensiblement aux homes*, 2da ed. (1605).

2.   www.ted.com/talks/view/id/22.

3.   D. Clarke, "Experience and Other Reasons Given for Belief and Disbelief in the Paranormal and Religious Phenomena", *Journal of the Society for Psychical Research* 60 (1995): 371-84.

4.   Esta probabilidad está basada en dos personas al azar que cumplan años el mismo día. A la inversa, si le preguntaran cuántas personas tendrían que estar en una fiesta, en la mitad de las fiestas a las que asiste, para encontrarse con alguien que cumpla años el mismo día que usted, la respuesta es la altísima cifra de 253. Quienes no estén muy convencidos de estas cifras pueden echarle un vistazo a: Ian Stewart, *El laberinto mágico: Viendo el mundo con ojos matemáticos* (traducido del inglés por Javier García Sanz, Editorial Crítica, 2001). Peter Milligan, de la Universidad de Oxford, me contó el ejemplo del fútbol.

5.   M. Plimmer y B. King, *Más allá de la coincidencia* (traducido del inglés por Iolanda Rabascall, Ediciones Robinbook, 2005), p. 16.

6.   W. James, *Las variedades de la experiencia religiosa: Estudio de la naturaleza humana* (1902; traducido del inglés por J. F. Yvars, Ediciones Península, 1986), p. 54.

7.   W. James, *Las variedades de la experiencia religiosa*, p. 380.

8.   S. Vyse, *Believing in Magic: The Psychology of Superstition* (Oxford University Press, 1997), p. 60.

9.   Muchas festividades cristianas, como la Navidad y la Pascua, incorporan elementos de las ceremonias paganas antiguas. Por ejemplo, el

uso de leños de Navidad puede rastrearse en los festivales nórdicos paganos, donde eran símbolos de salud y productividad. El muérdago también se utilizaba en las ceremonias nórdicas paganas y se le asociaba a la fertilidad por la semejanza del contenido de su fruto con el semen.

10. R. Dawkins, *Destejiendo el arcoiris: Ciencia, ilusión y el deseo de asombro* (traducido del inglés por Joandomènec Ros, Tusquets Editores, 2000), p. 158.

11. N. Chomsky, *Estructuras sintácticas* (1957; traducido del inglés por Carlos-Peregrín Otero, Siglo Veintiuno Editores, 1974), p. 29.

12. El físico laureado con el Premio Nobel Richard Feynman observó alguna vez que le parecía más fácil imaginarse ángeles invisibles que rayos de luz; citado en A. Lightman, *A Sense of the Mysterious: Science and the Human Spirit* (Vintage Books, 2005): "La física ha llegado a territorios a los que no pueden llegar nuestros cuerpos" (p. 63).

13. Esta frase fue acuñada originariamente por los psicólogos Leda Cosmides y John Tooby en "Orígenes de la especificidad de dominio: La evolución de la organización funcional", en *Cartografía de la mente: La especificidad de dominio en la cognición y en la cultura*, Vol. 1, editado por L. A. Hirschfeld y S. A. Gelman (traducido del inglés por Adelaida Ruiz, Gedisa Editorial, 2002).

14. El neurofisiólogo Rudiger von der Heydt, de la Universidad John Hopkins, demostró la presencia de "células complejas con inhibición terminal" en los campos visuales del cerebro que se activan por estas figuras, como si el contorno imaginario estuviese realmente allí.

15. H. Ghim, "Evidence for Perceptual Organization in Infants: Perception of Subjective Contours by Young Infants", *Infant Behavior and Development* 13 (1990): 221-48.

16. Puede consultar la página Web de la Asociación Mundial de Piedra, Papel o Tijera en: http://www.worldrps.com.

17. A. D. Baddeley, "The Capacity for Generating Information by Randomization", *Quarterly Journal of Experimental Psychology* 18 (1966): 119-29.

18. A. M. Leslie, "Spatiotemporal Continuity and Perception of Causality in Infants", *Perception* 13 (1984): 287-305.

19. De todos los deportes, el tenis parece ser la mayor fuente de rituales supersticiosos tanto de hombres como de mujeres. Al igual que John McEnroe, Martina Hingis tampoco pisaba las líneas entre *sets*. Marat

Safin viaja con un "ojo mágico" que le dio su hermana para ahuyentar las miradas malignas. Goran Ivanisevic sigue un estricto régimen prejuego: comer en la misma mesa del mismo restaurante y pedir un banquete compuesto de sopa de pescado, cordero y helado con salsa de chocolate.

20. *Los jóvenes*, episodio 12 ("Vacaciones de verano"), transmitido por primera vez el 19 de junio de 1984 por la BBC2. Dirigido por Geoff Posner y escrito por Ben Elton, Rik Mayall y Lise Mayer.

21. Tim Lovejoy, entrevista con David Beckham, transmitida por la cadena ITV1 del Reino Unido, 2006.

22. E. J. Langer, "The Illusion of Control", *Journal of Personality and Social Psychology* 32 (1975): 311-28.

23. G. Keinan, "The Effects of Stress and Desire for Control on Superstitious Behavior", *Personality and Social Psychology Bulletin* 28 (2002): 102-8.

24. T. V. Salomons, T. Johnstone, M. Backonja y R. J. Davidson, "Perceived Controllability Modulates the Neural Response to Pain", *Journal of Neuroscience* 24 (2004): 7199-7203.

25. E. Pronin, D. M. Wegner, K. McCarthy y S. Rodriguez, "Everyday Magical Powers: The Role of Apparent Mental Causation in the Overestimation of Personal Influence", *Journal of Personality and Social Psychology* 91 (2006): 218-31.

26. Otro mito urbano famoso es el de que Galileo dejó caer balas de cañón de distintos pesos desde la torre de Pisa para demostrar que caerían al mismo tiempo. Lo cierto es que ya había quienes, como el ingeniero flamenco Simon Stevin, habían publicado los resultados de experimentos sobre los pesos en caída libre en 1586, antes del nombramiento de Galileo como profesor de matemáticas en Pisa en 1612.

27. A. B. Champagne, L. E. Klopfer y J. H. Anderson, "Factors Influencing the Learning of Classical Mechanics", *American Journal of Physics* 48 (1980): 1074-79.

CAPÍTULO DOS: ¿Podría ponerse el suéter de un asesino?

1. Elli Leadbeater, "Woolly Ruse Incites Irrationality", septiembre 4, 2006, *BBC News*, disponible en: http://news.bbc.co.uk/1/hi/sci/tech/5314164.stm.

2. M. Van Vugt y C. M. Hart, "Social Identity as Social Glue: The Origins of Group Loyalty", *Journal of Personality and Social Psychology* 86 (2004): 585-98.

3. G. Le Bon, *Psicología de las multitudes* (1896; traducido del francés por J. M. Navarro de Palencia, Editorial Albatros, 1958), p.135.

4. N. Ambady y R. Rosenthal, "Thin Slices of Expressive Behavior as Predictors of Interpersonal Consequences: A Meta-analysis", *Psychological Bulletin* 111 (1992): 256-74; N. Ambady y R. Rosenthal, "Half a Minute: Predicting Teacher Evaluations from Thin Slices of Nonverbal Behavior and Physical Attractiveness", *Journal of Personality and Social Psychology* 64 (1993): 431-41.

5. A. Damasio, *El error de Descartes: La emoción, la razón y el cerebro humano* (traducido del inglés por Joandomènec Ros, Grijalbo Mondadori, 1996).

6. D. C. Fowles, "The Three Arousal Model: Implications for Fray's Two Factor Learning Theory for Heart Rate, Electrodermal Activity, and Psychopathy", *Psychophysiology* 17 (1980): 87-104.

7. P. Rozin, M. Markwith y C. Nemeroff, "Magical Contagion Beliefs and Fear of AIDS", *Journal of Applied Social Psychology* 22 (1992): 1081-92.

8. El Festival del Burro se realiza en el mes de marzo en el pueblo de San Antero, Córdoba, Colombia.

9. A. Silverman, "Sexton Admits 2000 Killing of Atsuko Ikeda", julio 29, 2006; comunicado de prensa de la policía de Winooski, disponible en: www.winooskipolice.com/Press%20Release/Scxton.htm.

10. C. Zhong y K. Liljenquist, "Washing Away Your Sins: Threatened Morality and Physical Cleansing", *Science* 131 (2006): 1451-52.

11. Dirigida por William Friedkin (Hoya Productions, 1973).

12. R. Wiseman, *Rarología: La curiosa ciencia de la vida cotidiana* (traducido del inglés por Santiago Feely, Temas de Hoy, 2008).

13. Puesta a disposición por la Organización Gallup, Princeton, N.J.: http://www.gallup.com.

CAPÍTULO TRES: ¿Quién creó el creacionismo?

1. A. Forbes y T. R. Crowder, "The Problem of Franco-Cantabrian Abstract Signs: Agenda for a New Approach", *World Archaeology* 10 (1979): 350-66.

2. D. Lewis-Williams, *La mente en la caverna: La conciencia y los orígenes del arte* (traducido del inglés por Enrique Herrando Pérez, Akal Ediciones, 2005).

3. Encuesta Gallup, mayo de 2007, puesta a disposición por la Organización Gallup, Princeton, N.J.: http://www.gallup.com.

4. Richard Black, "U.S. Approves Animal Clones as Food", *BBC News*, disponible en: http://news.bbc.co.uk/1/hi/sci/tech/7190305.stm. En Estados Unidos, los *Pew Charitable Trusts* (http://www.pewtrusts.org) han realizado una serie de encuestas que indican que la mayoría de los consumidores se sienten incómodos ante la perspectiva de los alimentos provenientes de animales clonados.

5. N. Humphrey, *Leaps of Faith: Science, Miracles, and the Search for Supernatural Consolation* (Springer, 1999), p. 8.

6. T. Hobbes, *Leviatán* (traducido del inglés por M. Sánchez-Sarto, Fondo de Cultura Económica, 1983).

7. La entrevista está disponible en BBC Radio 4, "Science: The Material World", http://www.bbc.co.uk/radio4/science/thematerialworld_20060921.shtml. Tuve el honor de que uno de los astrofísicos fuera Neil Turok, quien estaba muy interesado en mi teoría.

8. R. Dawkins, *El espejismo de Dios* (traducido del inglés por Regina Fernández Weigand, Espasa-Calpe, 2007), p. 45.

9. J. Barrett, *Why Would Anyone Believe in God?* (AltaMira Press, 2004).

10. R. Baillargeon, J. DeVos y M. Graber, "Location Memory in Eight-Month-Old-Infants in a Non-Search AB Task: Further Evidence", *Cognitive Development* 4 (1989): 345-67.

11. J. Connellan, S. Baron-Cohen, S. Wheelwright, A. Batki y J. Ahluwalia, "Sex Differences in Human Neonatal Social Perception", *Infant Behavior and Development* 23 (2000): 113-18.

12. G. Huntley-Fenner, S. Carey y A. Solimando, "Objects Are Individuals but Stuff Doesn't Count: Perceived Rigidity and Cohesiveness Influence Infants' Representations of Small Groups of Distinct Entities", *Cognition* 85 (2002): 203-21.

13. R. Baillargeon, A. Needham y J. DeVos, "The Development of Young Infants' Intuitions About Support", *Early Development and Parenting* 1 (1992): 69-78.

14. A. Shtulman y S. Carey, "Improbable or Impossible? How Children Reason About the Possibility of Extraordinary Events", *Child Development* 78 (2007): 1015-32.

15. D. C. Dennett, *Romper el hechizo: La religión como fenómeno natural* (traducido del inglés por Felipe De Brigard, Katz Editores, 2007).

16. A. Tversky y D. Kahneman, "Extension Versus Intuitive Reasoning: The Conjunction Fallacy in Probability Judgment", *Psychological Review* 90 (1983): 293-315.

17. Para consultar detalles de la encuesta, véase Sociedad Zoológica de Londres, "Nation's Phobias Revealed", octubre 27, 2005, disponible en http://www.zsl.org/info/media/press-releases/null,1780,PR.html.

18. J. B. Watson y R. Raynor, "Conditioned Emotional Reactions", *Journal of Experimental Psychology* 3 (1920): 1-14.

19. M. E. P. Seligman, "Phobias and Preparedness", *Behavior Therapy* 2 (1971): 307-20. Tras examinar todos los datos, Rich McNally concluyó que aunque varios aspectos de la teoría de Seligman son cuestionables, su única afirmación incuestionable es la de que "la mayoría de las fobias están relacionadas con amenazas de trascendencia evolutiva". R. McNally, "Preparedness and Phobias: A Review", *Psychological Bulletin* 101 (1987): 283-303.

20. S. Atran, *In Gods We Trust: The Evolutionary Landscape of Religion* (Oxford University Press, 2002).

21. P. Boyer, *Religion Explained: The Human Instincts That Fashion Gods, Spirits, and Ancestors* (William Heinemann, 2001).

22. R. Dawkins, *El relojero ciego* (traducido del inglés por Manuel Arroyo Fernández, Editorial Labor, 1988).

23. L. Rozenblit y F. C. Keil, "The Misunderstood Limits of Folk Science: An Illusion of Explanatory Depth", *Cognitive Science* 26 (2002): 521-62.

24. H. Spencer, *Principles of Biology* (Williams & Norgate, 1864).

25. E. M. Evans, "Conceptual Change and Evolutionary Biology: A Developmental Analysis", en *Handbook of Research on Conceptual Change*, editado por S. Vosniadou (Taylor & Francis Group, 2008).

26. La mayoría de los peces de arrecife cambian de sexo en algún momento de su vida; es más, los que no lo hacen son la minoría (fuente: Aaron Rice, Davidson College).

27. Los embriones humanos empiezan como hembras y, en ausencia de un cromosoma Y, siguen desarrollándose como hembras.

28. La *cladística* es la ciencia que traza el código genético comparado de todas las cosas vivas para rastrear el árbol de la vida. Para una introducción accesible, véase S. Jones, *Almost Like a Whale* (Doubleday, 1999).

29. Para una amplia fuente de Internet sobre los mitos de creación, véase "Magic Tails", disponible en: www.magictails.com/creationlinks.html.

30. E. M. Evans, "The Emergence of Beliefs About the Origins of Species in School-Age Children", *Merrill-Palmer Quarterly: A Journal of Developmental Psychology* 46 (2000): 221-54.

31. Citado en Dawkins, *El espejismo de Dios*, pp. 113-114.

32. Comisión Carnegie, *National Survey of Higher Education: Faculty Study* (McGraw Hill, 1969).

33. Veáse:http://www.edge.org/3rd_culture/dennett06/dennett06_index.html.

34. E. H. Ecklund y C. P. Scheitle, "Religion Among Academic Scientists: Distinctions, Disciplines, and Demographics", *Social Problems* 54 (2007): 289-307.

35. J. Walsh, *Living TV Paranormal Report* (Consumer Analysis Group, 2002).

36. S. Harris, *El fin de la fe: La religión, el terror y el futuro de la razón* (traducido del inglés por Lorenzo Félix Díaz Buendía, Editorial Paradigma, 2007).

37. Meera Nanda ha sido una de las más elocuentes críticas de Sam Harris. Véase "Trading Faith for Spirituality: The Mystifications of Sam Harris", diciembre 16, 2005, http://www.sacw.net/free/Trading%20Faith%20for%20Spirituality_%20The%20Mystifications%20of%20Sam%20Harris.html.

38. Dennett, *Romper el hechizo*, p. 41.

39. P. Zuckerman, "Atheism: Contemporary Rates and Patterns", en *Cambridge Companion to Atheism*, editado por M. Martin (Cambridge University Press, 2005).

40. E. H. Lenneberg, *Fundamentos biológicos del lenguaje* (traducido del inglés por Natividad Sánchez, Alianza Editorial, 1981).

41. D. S. Lundsay, P. C. Jack y M. A. Christian, "Other-Race Perception", *Journal of Applied Psychology* 76 (1991): 587-89.

42. Después de tan solo doce horas de exposición acumulada al rostro de su propia madre, los recién nacidos muestran una preferencia por su rostro en comparación con el de otras madres; véase I. W. R. Bushnell, "The Origins of Face Perception", en *Development of Sensory, Motor, and Cognitive Capacities in Early Infancy: From Perception to*

Cognition, editado por F. Simion y G. Butterworth (Psychology Press/ Hove, 1998).

43.   D. J. Kelly, P. C. Quinn, A. M. Slater, K. Lee, L. Ge y O. Pascalis, "The Other-Race Effect Develops During Infancy", *Psychological Science* 18 (2007): 1084-89.

44.   La entrevista con Peter y Christopher Hitchens puede escucharse en: http://www.bbc.co.uk/radio4/today/listenagain/ram/today4_2007 0619.ram.

45.   T. J. Bouchard Jr., M. McGue, D. Lykken y A. Tellegen, "Intrinsic and Extrinsic Religiousness: Genetic and Environmental Influences and Personality Correlates", *Twin Research* 2 (1999): 88-98.

46.   K. M. Kirk, L. J. Eaves y N. G. Martin, "Self-transcendence as a Measure of Spirituality in a Sample of Older Australian Twins", *Twin Research* 2 (1999): 81-87; L. B. Koenig, M. McGue, R. F. Krueger y T. J. Bouchard Jr., "Genetic and Environmental Influences on Religiousness: Findings for Retrospective and Current Religiousness Ratings", *Journal of Personality* 73 (2005): 471-88.

47.   D. Hamer, *El gen de Dios* (traducido del inglés por Rosa Cifuentes, La Esfera de los Libros, 2006).

48.   A. Newberg, E. D'Aquili y V. Rause, *Why God Won't Go Away: Brain Science and the Biology of Belief* (Ballantine Books, 2001).

49.   Isaac Bashevis Singer, citado por Stefan Kanfer en "Isaac Singer's Promised City", *City Journal*, Verano, 1997, disponible en: http://www.city-journal.org/html/7_3_urbanities-isaac.html.

50.   M. Hutson, "Magical Thinking: Even Hard-core Skeptics Can't Help but Find Sympathy in the Fabric of the Universe", *Psychology Today* (marzo-abril 2008). Envié un correo electrónico a Lori Blanc, quien confirmó lo publicado en la prensa.

51.   D. Gilbert, *Tropezar con la felicidad* (traducido del inglés por Verónica Canales Medina, Destino, 2006).

CAPÍTULO CUATRO: Bebés florecientes y zumbantes

1.   W. James, *Principios de psicología* (1890; traducido del inglés por Agustín Bárcena, Fondo de Cultura Económica, 1989).

2.   Véase también J. B. Watson, *El conductismo* (1930; traducido del inglés por Orione Palí, Paidós, 1973).

3. A. Jolly, *Lucy's Legacy: Sex and Intelligence in Human Evolution* (Harvard University Press, 1999).

4. Agradezco al neuropatólogo Seth Love por confirmarme que hay una reactivación de los reflejos infantiles después de sufrir daño cerebral.

5. J. Atkinson, B. Hood, J. Wattam-Bell, S. Anker y J. Tricklebank, "Development of Orientation Discrimination in Infancy", *Perception* 17 (1988): 587-95.

6. A. J. DeCasper y M. J. Spence, "Prenatal Maternal Speech Influences Newborns' Perception of Speech Sounds", *Infant Behavior and Development* 9 (1986): 133-50.

7. P. G. Hepper, "Fetal 'Soap' Addiction", *The Lancet* (junio 11, 1988): 1347-48.

8. V. Reddy, "Playing with Others' Expectations: Teasing and Mucking About in the First Year", en *Natural Theories of Mind*, editado por A. Whiten (Oxford University Press, 1991).

9. F. J. Zimmermann, D. A. Christakis y A. N. Meltzoff, "Associations between Media Viewing and Language Development in Children Under Age Two Years", *Journal of Pediatrics* (comunicado de prensa de Internet, agosto 7, 2007). La compañía Walt Disney exigió a la Universidad de Washington, donde se realizó el estudio, que desmintiera el comunicado de prensa, pero la universidad respaldó el comunicado. http:// www.washington.edu/alumni/uwnews/links/200709/videos.html.

10. El "efecto Mozart" es la afirmación divulgada por Don Campbell en su libro de 1997 (*El efecto Mozart: aprovechar el poder de la música para sanar el cuerpo, fortalecer la mente y liberar el espíritu creativo*) de que escuchar música clásica incrementa nuestro coeficiente intelectual. Fue tal el impacto de esta polémica afirmación que Zell Miller, gobernador de Georgia, anunció que su presupuesto incluiría 105 000 dólares anuales para proporcionarles un CD de música clásica a todos los niños nacidos en Georgia. Para argumentar esta propuesta, Miller puso a algunos legisladores a escuchar partes de la *Oda a la alegría* de Beethoven para luego preguntarles: "¿No se siente más inteligente desde ya?".

11. El *Wimmer Ferguson Infant Stim-Mobile* es el móvil con diseños en blanco y negro que ha entrado en muchos hogares, incluido el nuestro. El principio en que se basa es válido: en los primeros meses de vida, los bebés se sienten atraídos por motivos de alto contraste en el mundo visual, pero estos no tienen que ser necesariamente en blanco

y negro. Cualquier área de resplandor u oscuridad atrae su atención, tales como las luces altas, las cortinas oscuras contra una ventana soleada o la línea de cuero cabelludo si se es moreno. Cuando trabajaba en el área de desarrollo visual, muchas madres morenas solían preguntarme por qué sus recién nacidos parecían no mirarlas directamente a los ojos.

12. J. T. Bruer, *El mito de los tres primeros años: Una nueva visión del desarrollo inicial del cerebro y el aprendizaje a lo largo de la vida* (traducido del inglés por Genís Sánchez Barberán, Paidós, 2000).

13. "Study Reveals: Babies Are Stupid", *The Onion* (1999), disponible en: http://www.onion.demon.co.uk/theonion/other/babies/stupidbabies.htm.

14. "Babies are Smarter Than You Think", *Life* (julio, 1993).

15. Minsky citado en Sherry Turkle, *La vida en la pantalla: La construcción de la identidad en la era de Internet* (traducido del inglés por Laura Trafí, Paidós, 1997): "La mente es una máquina de carne", p.137.

16. La historia puede encontrarse por todas partes en Internet, pero, en mi opinión, la reflexión más sensata sobre el tema es la de J. Hutchins, "The Whiskey Was Invisible: Or, Persistent Myths of MT", *MT News International* 11 (1995), 17-18.

17. J. Locke, *Ensayo sobre el entendimiento humano* (1690).

18. R. Descartes, *Meditaciones acerca de la filosofía primera* (1647); I. Kant, *Crítica de la razón pura* (1781).

19. E. S. Spelke, "Principles of Object Perception", *Cognitive Science* 14 (1990): 29-56.

20. J. B. Watson, *El conductismo* (Paidós, 1973), p. 104.

21. B. F. Skinner, "Superstition in the Pigeon", *Journal of Experimental Psychology* 38 (1948): 168-72.

22. La cuna de bebé fue comparada con las "cajas de Skinner", desarrolladas para sus experimentos sobre los efectos de las recompensas en la conducta animal; L. Slater, *Cuerdos entre locos: grandes experimentos psicológicos del siglo XX* (Alba Editorial, 2006).

23. En el artículo del *Ladies Home Journal* (octubre de 1945), Skinner describe los beneficios de criar al bebé en un ambiente controlado termostáticamente, de modo que este no tuviera que usar más que pañales, y señala que la conducta y la salud parecían prosperar en dicha cuna. Un cuestionario de evaluación independiente desarrollado por John M. Gray y enviado a 73 parejas que criaron a 130 bebés en la

cuna de Skinner confirmaría sus sorprendentes afirmaciones. Todas las parejas, menos tres, calificaron de "maravilloso" al mecanismo. Tras la difamación de *Cuerdos entre locos*, Deborah Skinner escribió una réplica feroz al libro en "I Was Not a Lab Rat", *The Guardian*, marzo 12, 2004.

24.   H. Gardner, *La nueva ciencia de la mente: Historia de la revolución cognitiva* (traducido del inglés por Leandro Wolfson, Paidós, 1987).

25.   Se trata de una cuestión filosófica descrita como "cerebros en una cubeta" por Hilary Putnam en el primer capítulo de *Razón, verdad e historia* (traducido del inglés por José Miguel Esteban Cloquell, Editorial Tecnos, 1988), pp. 15-33.

26.   C. von Hofsten, "Development of Visually Guided Reaching: The Approach Phase", *Journal of Human Movement Studies* 5 (1979): 160-78.

27.   J. Piaget, *La construcción de lo real en el niño* (1937; traducido del francés por Rafael Santamaría, Editorial Crítica, 1985).

28.   Se han hecho, literalmente, cientos de estudios basados en el principio del truco de magia, pero el más famoso es probablemente uno de los primeros en los que se utiliza un bloque sólido que parece pasar por entre otro. R. Baillargeon, E. S. Spelke y S. Wasserman, "Object Permanence in Five-Month-Old-Infants", *Cognition* 20 (1985), 191-208.

29.   K. Wynn, "Addition and Subtraction by Human Infants", *Nature* 358 (1992): 749-50.

30.   E. S. Spelke, "Core Knowledge", *American Psychologist* 55 (2000): 1233-43.

31.   D. Poulon-Dubois, "Infants' Distinctions Between Animate and Inanimate Objects: The Origins of Naive Psychology", en *Early Social Cognition: Understanding Others in the First Months of Life*, editado por P. Rochat (Erlbaum, 1999).

32.   A. L. Woodward, "Infants Selectively Encode the Goal Object of an Actor's Reach", *Cognition* 69 (1998): 1-34; véase también V. Kuhlmeier, K. Wynn y P. Bloom, "Attribution of Dispositional States by Twelve-Month-Old-Infants", *Psychological Science* 14 (2003): 402-8.

33.   A. Karmiloff-Smith, *Más allá de la modularidad: La ciencia cognitiva desde la perspectiva del desarrollo* (traducido del inglés por Juan Carlos Gómez Crespo y María Núñez Bernardos, Alianza Editorial, 1994).

34.   G. L. Murphy y D. L. Medin, "The Role of Theories in Conceptual Coherence", *Psychological Review* 3 (1985): 289-316.

35.   A. Karmiloff-Smith, B. Inhelder, "If You Want to Get Ahead, Get a Theory", *Cognition* 23 (1975): 95-147.

36.   B. M. Hood, "Gravity Rules for Two- to Four-Years-Olds?", *Cognitive Development* 10 (1995): 577-98.

37.   M. Tomonaga, T. Imura, Y. Mizuno y M. Tanaka, "Gravity Bias in Young and Adult Chimpanzees (*Pan troglodytes*): Tests with a Modified Opaque-Tubes Task", *Developmental Science* 10 (2007): 411-21; véase también B. Osthaus, A. M. Slater y S. E. G. Lea, "Can Dogs Defy Gravity? A Comparison with the Human Infant and Non-human Primate", *Developmental Science* 6 (2003): 489-97.

38.   I. K. Kim y E. S. Spelke, "Perception and Understanding of Effects of Gravity and Inertia on Object Motion", *Developmental Science* 2 (1999): 339-62.

39.   M. K. Kaiser, D. R. Proffitt y M. McCloskey, "The Development of Beliefs About Falling Objects", *Perception and Psychophysics* 38 (1985): 533-39.

40.   M. McCloskey, A. Washburn y L. Felch, "Intuitive Physics: The Straight Down Belief and Its Origins", *Journal of Experimental Psychology: Learning, Memory and Cognition* 9 (1983): 636-49.

41.   J. Piaget, *La representación del mundo en el niño* (1926; traducido del francés por Vicente Valls y Anglés, Morata, 2008).

42.   D. Kelemen, "The Scope of Teleological Thinking in Preschool Children", *Cognition* 70 (1999): 241-72.

43.   D. Kelemen, "Are Children 'Intuitive Theists'?", *Psychological Science* 15 (2004): 295-301.

44.   J. Piaget, *La representación del mundo en el niño* (Morata, 2008).

45.   D. Hume, *Historia natural de la religión* (1757; traducido del inglés por Ángel J. Cappelletti y Horacio López, Eudeba, 1966), p. 55.

46.   J. D. Woolley, "Thinking About Fantasy: Are Children Fundamentally Different Thinkers and Believers from Adults?", *Child Development* 68 (1997): 991-1011; J. D. Woolley y K. E. Phelps, "Young Children's Practical Reasoning About Imagination", *British Journal of Developmental Psychology* 12 (1994): 53-67.

47.   C. N. Johnson y P. L. Harris, "Magic: Special but Not Excluded", *British Journal of Developmental Psychology* 12 (1994): 35-51.

48.   E. V. Subbotsky, "Explanations of Unusual Events: Phenomenalistic Causal Judgments in Children and Adults", *British Journal of Developmental Psychology* 15 (1997): 13-36.

49. J. Haidt, F. Bjorkland y S. Murphy, "Moral Dumbfounding: When Intuition Finds No Reason", estudio inédito (agosto 10, 2000).

50. "Tercera ley de Clarke", en A. C. Clarke, *Perfiles del futuro: Investigación sobre los límites de lo posible* (traducido del inglés por Joaquín Adsuar Ortega, Luis de Caralt Editor, 1977).

51. M. Mead, "An Investigation of the Thought of Primitive Children with Special Reference to Animism", *Journal of the Royal Anthropological Institute* 62 (1932): 173-90.

52. G. Bennett, *Traditions of Belief: Women, Folklore, and the Supernatural Today* (Pelican Books, 1987).

53. J. Pole, N. Berenson, D. Sass, D. Young y T. Blass, "Walking Under a Ladder: A Field Experiment on Superstitious Behavior", *Personality and Social Psychology Bulletin* 1 (1974): 10-12.

54. J. M. Bering, "The Folk Psychology of Souls", *Behavioral and Brain Sciences* 29 (2006): 453-98.

55. Johnson and Harris, "Magic: Special but Not Excluded", *British Journal of Developmental Psychology* 12 (1994): 35-51.

56. E. V. Subbotsky, "Early Rationality and Magical Thinking in Preschoolers: Space and Time", *British Journal of Developmental Psychology* 12 (1994): 97-108.

57. I. Opie y P. Opie, *The Lore and Language of School Children* (Oxford University Press, 1959), p. 210.

58. N. Humphrey, *La reconquista de la conciencia: Desarrollo de la mente humana* (traducido del inglés por Juan José Utrilla, Fondo de Cultura Económica, 1987).

CAPÍTULO CINCO: Leer la mente, una introducción

1. S. Baron-Cohen, *La gran diferencia: Cómo son realmente los cerebros de hombres y mujeres* (traducido del inglés por Betty Trabal, Amat, 2005).

2. D. J. Povinelli y T. J. Eddy, "What Young Chimpanzees Know About Seeing", *Monographs of the Society for Research in Child Development* 61, n. 2, serial n. 247 (1996).

3. K. Lorenz, "El todo y la parte en las sociedades animal y humana", en *Consideraciones sobre las conductas animal y humana* (1965; traducido del alemán por Ángel Sabrido, Plaza y Janés, 1976).

4. S. Goldberg, S. L. Blumberg y A. Kriger, "Menarche and Interest in Infants: Biological and Social Influences", *Child Development* 53 (1982): 1544-50.

5. M. H. Johnson, S. Dziurawiec, H. Ellis y J. Morton, "Newborns' Preferential Tracking for Face-like Stimuli and Its Subsequent Decline", *Cognition* 40 (1991): 1-19.

6. M. H. Johnson, "Imprinting and the Development of Face Recognition: From Chick to Man", *Current Directions in Psychological Science* 1 (1992): 52-55.

7. N. Kanwisher, J. McDermott y M. Chun, "The Fusiform Face Area: A Module in Human Extrastriate Cortex Specialized for the Perception of Faces", *Journal of Neuroscience* 17 (1997): 4302-11. Hay una discusión sobre si el área es específica a las caras o a cualquier categoría especial de objetos bien conocidos. Dado que las caras son los objetos diversos que encontramos con más frecuencia, esto sugiere que es probable que el área haya evolucionado principalmente para la percepción de caras.

8. O. Sacks, *El hombre que confundió a su mujer con un sombrero* (traducido del inglés por José Álvarez Flórez, Muchnik Editores, 1991).

9. J. R. Harding, "The Case of the Haunted Scrotum", *Journal of the Royal Society of Medicine* 89 (1996): 600.

10. S. Guthrie, *Faces in the Clouds: A New Theory of Religion* (Oxford University Press, 1993).

11. "'Virgin Mary' Toast Fetches $28.000", *BBC News*, noviembre 23, 2004, disponible en: http://news.bbc.co.uk/2/hi/americas/4034787.stm. "Woman Sees Face of Jesus in Ultrasound Photo", WKYC.com, abril 11, 2005. http://www.wkyc.com/news/news_fullstory.asp?id=33156.

12. Z. Wang y W. Z. Aragona, "Neurochemical Regulation of Pair Bonding in Male Prairie Voles", *Physiology and Behavior* 83 (2004): 319-28.

13. G. Johansson, "Visual Perception of Biological Motion and a Model for Its Analysis", *Perception and Psychophysics* 14 (1973): 201-11.

14. B. I. Bertenthal, "Perception of Biochemical Motions by Infants: Intrinsic Image and Knowledge-Based Constraints", en *Carnegie Symposium on Cognition: Visual Perception and Cognition in Infancy*, editado por C. Granrud (Erlbaum, 1993).

15. S. Johnson, V. Slaughter y S. Carey, "Whose Gaze Will Infants Follow? The Elicitation of Gaze-Following in Twelve-Month-Olds", *Developmental Science* 1 (1998): 233-38.

16. Este ejemplo proviene de A. N. Meltzoff y R. Brooks, "Eyes Wide Shut: The Importance of Eyes in Infant Gaze Following and Understanding Other Minds", en *Gaze Following: Its Development and Significance*, editado por R. Flom, K. Lee y D. Muir (Erlbaum, 2007).

17. B. M. Hood, J. D. Willen y J. Driver, "Adults' Eyes Trigger Shifts of Visual Attention in Human Infants", *Psychological Science* 9 (1998): 131-34.

18. La agudeza visual de un recién nacido es cerca de un veinteavo de la de un adulto y constituiría un nivel de ceguera legal.

19. T. Farroni, G. Csibra, F. Simion y M. H. Johnson, "Eye Contact Detection in Humans from Birth", *Proceedings of the National Academy of Sciences* 99 (2002): 9602-5.

20. S. M. J. Hains y D. W. Muir, "Effects of Stimulus Contingency in Infant-Adult Interactions", *Infant Behavior and Development* 19 (1996): 49-61.

21. M. Scaife y J. Bruner, "The Capacity for Joint Visual Attention in the Infant", *Nature* 253 (1975): 265-66.

22. Danny Povinelli no lo cree. Véase Povinelli y Eddy, "What Young Chimpanzees Know About Seeing".

23. Barbara Smuts, "What Are Friends for?", *Natural History* (American Museum of Natural History) (1987): 36-44.

24. V. Kuhlmeier, K. Wynn y P. Bloom, "Attribution of Dispositional States by Twelve-Month-Olds", *Psychological Science* 14 (2003): 402-8.

25. J. K. Hamlin, K. Wynn y P. Bloom, "Social Evaluation by Preverbal Infants", *Nature* 450 (2007): 557-59.

26. D. C. Dennett, "Intentional Systems", *Journal of Philosophy* 68 (1971): 87-106.

27. D. C. Dennett, *Romper el hechizo: La religión como fenómeno natural* (traducido del inglés por Felipe De Brigard, Katz Editores, 2007).

28. P. Bloom, *Descartes' Baby* (Basic Books, 2004).

29. B. Libet, "Unconscious Cerebral Initiative and the Role of Conscious Will on Voluntary Action", *The Behavioral and Brain Sciences* 8 (1985): 529-66.

30. S. Pinker, *La tabla rasa: La negación moderna de la naturaleza humana* (traducido del inglés por Roc Filella Escola, Paidós, 2003), p. 43.

31. Descartes llegó a esta conclusión porque la glándula pineal parecía ser una de las únicas estructuras del cerebro que no estaba duplicada u organizada en dos mitades. Y, de hecho, así es.

32. V. A. Ramachandran y S. Blakeslee, *Fantasmas en el cerebro: Los misterios de la mente al descubierto* (traducido del inglés por Juan Manuel Ibeas, Debate, 1999).

33. D. M. Wegner, *The Illusion of Conscious Will* (MIT Press, 2002).

34. C. N. Johnson y H. M. Wellman, "Children's Developing Conceptions of the Mind and Brain", *Child Development* 53 (1982): 222-34.

35. Dirigida por Paul Verhoeven (Orion Pictures, 1987).

36. Dirigida por Ridley Scott (Blade Runner Productions, 1982).

37. L. J. Rips, S. Blok y G. Newman, "Tracing the Identity of Objects", *Psychological Review* 113 (2006): 1-30.

38. V. Slaughter, "Young Children's Understanding of Death", *Australian Psychologist* 40 (2005): 179-86.

39. J. M. Bering y D. F. Bjorkland, "The Natural Emergence of Reasoning About the Afterlife as a Developmental Regularity", *Developmental Psychology* 40 (2004): 217-33.

40. J. M. Bering, "Intuitive Conceptions of Dead Agents' Minds: The Natural Foundations of Afterlife Beliefs as Phenomenological Boundary", *Journal of Cognition and Culture* 2 (2002): 263-308.

41. V. Slaughter y M. Lyons, "Learning About Life and Death in Early Childhood", *Cognitive Psychology* 46 (2002): 1-30.

42. J. M. Bering, C. Hernández-Blasi y D. F. Bjorkland, "The Development of 'Afterlife' Beliefs in Secularly and Religiously Schooled Children", *British Journal of Developmental Psychology* 23 (2005): 587-607.

43. J. M. Bering, "The Folk Psychology of Souls", *The Behavioral and Brain Sciences* 29 (2006): 453-98.

CAPÍTULO SEIS: Accidentes insólitos

1. Joseph Merrick es más comúnmente conocido como "John Merrick" debido a un error derivado de la publicación de las memorias de su médico, Sir Frederick Treves.

2. Aloa, el chico cocodrilo, era en realidad William Smith, nacido en Raleigh, Carolina del Norte, en 1908. Fue el último de ocho hijos. La séptima, su hermana Virgina, nació con la misma enfermedad de la piel. Aloa fue atendido por muchos doctores que le atribuyeron su enfermedad al susto que se llevó su madre al dar a luz a su hermana. Lo más probable es que haya nacido con ictiosis, una enfermedad dermatológica hereditaria.

3. El primer caso de un hombre con dos penes (*difalia*) fue reportado por Johannes Jacob Wecker en 1609. Se ha calculado que esta anomalía se produce en cerca de uno de cada 5,5 millones de los niños varones nacidos en Estados Unidos; véase K. K. Sharma, R. Jain, S. K. Jain y A. Purohit, "Concealed Diphallus: A Case Report and Review of the Literature", *Journal of the Indian Association of Pediatric Surgeons* 5 (2000): 18-21.

4. S. Carey, *Conceptual Change in Childhood* (Bradford Books of MIT Press, 1985).

5. S. A. Gelman, *The Essential Child: Origins of Essentialism in Everyday Thought* (Oxford University Press, 2003).

6. K. Inagaki y G. Hatano, "Vitalistic Causality in Young Children's Naive Biology", *Trends in Cognitive Science* 8 (2004): 356-62.

7. Sir Hans Adolf Krebs recibió el Premio Nobel en 1953 por identificar la reacción química metabólica que produce energía en las células.

8. J. Lovelock, *Gaia: Una nueva visión de la vida sobre la Tierra* (1979; traducido del inglés por Alberto Jiménez Rioja, Orbis, 1986).

9. G. L. Murphey y D. L. Medin, "The Role of Theories in Conceptual Coherence", *Psychological Review* 92 (1985): 289-316.

10. J. M. Mandler, *The Foundations of Mind* (Oxford University Press, 2004).

11. P. C. Quinn y P. D. Eimas, "Perceptual Cues That Permit Categorical Differentiation of Animal Species by Infants", *Journal of Experimental Child Psychology* 63 (1996): 189-211.

12. S. Carey, "Sources of Conceptual Change", en E. K. Scholnick, K. Nelson, S. A. Gelman y P. H. Miller (eds.), *Conceptual Development: Piaget's Legacy* (Erlbaum, 1999): 293-326.

13. S. Carey, "Conceptual Differences Between Children and Adults", *Mind and Language* 3 (1988): 167-81.

14. Por ejemplo, la luz en las gamas del infrarrojo y el ultravioleta está más allá de los límites del sistema visual humano, y solo podemos percibir frecuencias entre 20 y 20 000 hercios.

15. Dirigida por Don Siegel (Walter Wanger Productions, 1956).

16. D. L. Medin y A. Ortony, "Psychological Essentialism", en *Similarity and Analogical Reasoning*, editado por S. Vosniadou y A. Ortony (Cambridge University Press, 1989).

17. La compilación más completa y accesible es la de S. A. Gelman, *The*

Essential Child: Origins of Essentialism in Everyday Thought (Oxford University Press, 2003).

18. S. A. Gelman y H. M. Wellman, "Insides and Essences: Early Understanding of the Non-obvious", *Cognition* 38 (1991): 213-44.

19. L. A. Hirschfeld, "Do Children Have a Theory of Race?", *Cognition* 54 (1995): 209-52.

20. S. A. Gelman y E. M. Markman, "Categories and Induction on Young Children", *Cognition* 23 (1986): 183-209.

21. F. C. Keil, *Concepts, Kinds, and Cognitive Development* (Bradford Books, 1989).

22. J. H. Flavell, E. R. Flavell y F. L. Green, "Development of the Appearance-Reality Distinction", *Cognitive Psychology* 15 (1983): 95-120.

23. G. E. Newman y F. C. Keil, "'Where's the Essence?': Developmental Shifts in Children's Beliefs About Internal Features" (*Child Development*, en prensa).

24. De hecho, la idea es no comerse la papa. El profesor Tony Trewavas, del Edinburgh Institute of Molecular Plant Sciences, desarrolló la papa genéticamente modificada como planta indicadora que podría ser utilizada para monitorizar el cultivo como un todo. Con el simple hecho de sembrar un par de plantas en el campo, el agricultor podría regular el riego y mejorar la producción de las papas normales.

25. H. Bagis, D. Aktopakligil, H. O. Mercan, N. Yurusev, G. Turget, S. Sekman, S. Arat y S. Cetin, "Stable Transmission and Transcription of Newfoundland Ocean Pout Type III Fish Antifreeze Protein (AFP) Gene in Transgenic Mice and Hypothermic Storage of Transgenic Ovary and Testis", *Molecular Reproduction and Development* 73 (2006): 1404-11.

26. Dirigida por David Cronenberg (Brooksfilms, 1986).

27. P. Savolainen, Y. Zhang, J. Luo, J. Lundeberg y T. Leitner, "Genetic Evidence for an East Asian Origin of Domestic Dogs", *Science* 298 (2002): 1610-13.

28. Hay dos tipos de células madre: embrionarias y adultas. Las terapias con células madre adultas son poco polémicas y se han utilizado durante años en el tratamiento de la leucemia. Las células madre embrionarias, en cambio, tienen una capacidad potencial para el tratamiento regenerativo de una gama más amplia de enfermedades, pero como implican la destrucción de embriones, las investigaciones y

prácticas siguen siendo muy polémicas y están prohibidas en algunos países.

29.	El estudio original, publicado por Joseph Vacanti y sus colegas en *Plastic and Reconstructive Surgery* en 1997, produjo un escándalo público y una confusa polémica. En 1999, el grupo antimanipulación genética Turning Point Project publicó un anuncio en el *New York Times* en el que se mostraba una foto del ratón y, por debajo, la engañosa leyenda: "Esta es una foto verdadera de un ratón manipulado genéticamente con una oreja humana en su lomo". El ratón no había sido manipulado genéticamente ni se le habían implantado células humanas. En realidad, el biomolde estaba hecho de cartílago de vaca.

30.	En la mayoría de las filosofías occidentales, encontramos la creencia en fuerzas y energías vitales. Para una discusión de las nociones occidentales del vitalismo, véase E. Mayr, *The Growth of Biological Thought* (Harvard University Press, 1982).

31.	M. Roach, *Six Feet Over: Adventures in the Afterlife* (Cannongate, 2007).

32.	D. Macdougall, "Hypothesis Concerning Soul Substance Together with Experimental Evidence of the Existence of Such Substance", *American Medicine* 4 (1907): 240-43.

33.	K. Inagaki y G. Hatano, *Young Children's Native Thinking About the Biological World* (Psychology Press, 2002).

34.	V. Slaughter y M. Lyons, "Learning About Life and Death in Early Childhood", *Cognitive Psychology* 43 (2003): 1-30.

35.	Hoy en día, el término "quintaesencia'" es utilizado en la física teórica moderna para designar la hipotética energía oscura que se cree que representa la energía necesaria para explicar la continua expansión del universo conocido.

36.	Para una introducción accesible a la "gran cadena del ser" y el surgimiento del método científico en la era alquímica, recomiendo a John Henry, *Knowledge is Power: How Magic, the Government, and an Apocalyptic Vision Inspired Francis Bacon to Create Modern Science* (Icon Books, 2002).

37.	B. Woolley, *The Herbalist: Nicholas Culpeper and the Fight for Medical Freedom* (HarperCollins, 2004).

38.	El coco de mar es una variedad singular y protegida de la especie de las palmeras que crece únicamente en las islas Seychelles. Solía decirse que se asemeja a unas nalgas de mujer, lo que se ve reflejado en uno de sus antiguos nombres botánicos: *Lodoicea callipyge*, *callipyge*, que viene del griego, significa "trasero hermoso".

39. Véase Andrew Harding, "Beijing's Penis Emporium", *BBC News*, septiembre 23, 2006, disponible en http://news.bbc.co.uk/1/hi/programmes/from_our_own_correspondent/5371500.stm.

40. Tony Tysome, "Rise in Applications for 'Soft' Subjects Panned as Traditional Courses Lose Out", *Times Higher Education Supplement*, julio 27, 2007, disponible en: http://www.timeshighereducation.co.uk/story.asp?storyCode=209755&sectioncode=26.

41. Meirion, Jones, "Malaria Advice 'Risks Lives'", *BBC News*, julio 13, 2006, disponible en: http://news.bbc.co.uk/1/hi/programmes/newsnight/5178122.stm.

42. M. Sans-Corrales, E. Pujol-Ribera, J. Gené-Badia, M. I. Pasarín-Rua, B. Iglesias-Pérez y J. Casajuana-Brunet, "Family Medicine Attributes Related to Satisfaction, Health, and Costs", *Family Practice* 23 (2006): 308-16.

43. P. Rozin, L. Millman y C. Nemeroff, "Operation of the Laws of Sympathetic Magic in Disgust and Other Domains", *Journal of Personality and Social Psychology* 50 (1986): 703-12.

44. B. Wicker, C. Keysers, J. Plailly, J. P. Royet, V. Gallese y G. Rizzolatti, "Both of Us Disgusted in My Insula: The Common Neural Basis of Seeing and Feeling Disgusted", *Neuron* 40 (2003): 655-64.

45. C. Nemeroff y P. Rozin, "The Contagion Concept in Adult Thinking in the United States: Transmission of Germs and of Interpersonal Influence", *Ethos* 22 (1994): 158-86.

46. J. G. Frazer citado en Marcel Mauss, "Esbozo de una teoría general de la magia" (1902), *Sociología y antropología* (traducido del francés por Teresa Rubio de Martín-Retortillo, Tecnos, 1971), p. 46.

47. P. Rozin y A. Fallon, "The Acquisiton of Likes and Dislikes for Foods", *What Is America Eating? Proceedings of a Symposium* (National Academies Press, 1986), disponible en: http://www.nap.edu/openbook/0309036356/html/58.html.

48. L. R. Kass, "The Wisdom of Repugnance", *The New Republic* (junio 2, 1997): 17-26.

49. J. Haidt, S. H. Koller y M. G. Dias, "Affect, Culture and Morality, or Is It Wrong to Eat Your Dog?", *Journal of Personality and Social Psychology* 65 (1993): 613-28.

50. J. Haidt, "The Emotional Dog and Its Rational Tail: A Social Intuitionist Approach to Moral Judgment", *Psychological Review* 108 (2001): 814-34.

CAPÍTULO SIETE: ¿Recibiría de buen grado el trasplante del corazón de un asesino?

1. S. Schachter y J. E. Singer, "Cognitive, Social, and Physiological Determinants of Emotional States", *Psychological Review* 69 (1962): 379-99.
2. D. G. Dutton y A. P. Aron, "Some Evidence for Heightened Sexual Attraction Under Conditions of Height Anxiety", *Journal of Personality and Social Psychology* 30 (1974): 510-17.
3. El término "intocables" se refiere a las castas más bajas en distintas sociedades, inluyendo "*baekjeong*" (Corea), "*burakumin*" (Japón), "*khadem*" (Yemen) y castas similares en muchos países africanos. Aunque los países occidentales hayan abolido la segregación social oficial, las disposiciones sobre dónde sentarse en ciertos tipos de transporte y lugares de entretenimiento públicos conservan el legado de mantener una distancia física entre las clases altas y las bajas.
4. D. Rothbart y T. Barlett, "Rwandan Radio Broadcasts and Hutu/Tutsi Positioning", en *Conflict and Positioning Theory*, editado por F. M. Moghaddam y R. Harré (Springer, 2007).
5. R. T. McNally, *Dracula Was a Woman: In Search of the Blood Countess of Transylvania* (McGraw-Hill, 1987). Para una refutación de esta teoría, véase E. Miller, *Dracula: Sense and Nonsense* (Parkstone Press, 2000).
6. T. Thorne, *Countless Dracula: The Life and Times of the Blood Countess, Elisabeth Báthory* (Bloomsbury, 1997).
7. Peta Bee, "Naturally Dangerous?", *The Times*, julio 16, 2007, disponible en: http://www.timesonline.co.uk/tol/life_and_style/health/features/article2073171.ece.
8. "Ask Hugh", disponible en la página web River Cottage: http://www.rivercottage.net/askhugh.
9. "She's Her Own Twin", *ABCNews*, agosto 15, 2006, disponible en: http://abcnews.go.com/Primetime/story?id=2315693.
10. C. Ainsworth, "The Stranger Within", *New Scientist* 180 (2003): 34.

11. N. Yu, M. S. Kruskall, J. J. Yunis, J. H. M. Knoll, I.. Uhl, S. Alosco, M. Ohashi, O. Clavijo, Z. Husain y E. J. Yunis, "Disputed Maternity Leading to Identification of Tetragametic Chimerism", *New England Journal of Medicine* 346 (2002): 1545-52.

12. W. Arens, *The Man-Eating Myth: Anthropology and Anthropophagy* (Oxford University Press, 1979); véase también G. Obeyesekere, *Cannibal Talk: The Man-Eating Myth and Human Sacrifice in the South Seas* (University of California Press, 2005). Para una refutación, véase T. White, *Prehistoric Cannibalism at Mancos 5Mtumr-2346* (Princeton University Press, 1992).

13. En 1976, Carlton Gajdusek recibió el Premio Nobel de Medicina por su descubrimiento sobre la enfermedad del *kuru* en la tribu de los *fore*.

14. R. L. Klitzman, M. Alpers y D. C. Gajdusek, "The Natural Incubation Period of Kuru and the Episodes of Transmission in Three Clusters of Patients", *Neuroepidemiology* 3 (1984): 3-20.

15. R. A. Marlar, B. L. Leonard, B. R. Billman, P. M. Lambert y J. E. Marlar, "Biochemical Evidence of Cannibalism at a Prehistoric Puebloan Site in Southwestern Colorado", *Nature* 407 (2000): 74-78.

16. Se han propuesto distintas razones para explicar el canibalismo ceremonial y las costumbres asociadas a este. Puesto que las prácticas caníbales han estado prohibidas desde 1960, la mayoría de estas interpretaciones se basan en entrevistas con sobrevivientes de la tribu. Para una explicación del caso de los *wari* y el canibalismo funerario, véase Beth Corkin, *Consuming Grief: Compassionate Cannibalism in Amazonian Society* (University of Texas, 2001). Las prácticas de los *kukukuku* de Melanesia están documentadas en Jens Bjerre, *The Last Cannibals* (Michael Jospeh, 1956).

17. Luke Harding, "Victim of Cannibal Agreed to be Eaten", *The Guardian*, diciembre 4, 2003, disponible en: http://www.guardian.co.uk/germany/article/0,2763,1099477,00.html. Las transcripciones del juicio pueden consultarse en G. Stampf, *Interview mit einem Kannibalen: Das geheime Leben des Kannibalen von Rotenburg* [Entrevista con un caníbal: la vida secreta del caníbal de Rotemburgo] (Seeliger Verlag, 2007).

18. "Interview with a Cannibal", coproducción de RDF Media/Stampfwerk para Channel Five (2007).

19. Del caso de los Gammons me enteré por primera vez al leer "Help! I'm Turning into my Wife", *Daily Mail*, noviembre 9, 2006, disponible en http://www.dailymail.co.uk/pages/live/femail/article.html?in_article_id=415584&in_page_id=1879. Al comunicarme telefónicamente con Ian, confirmó lo publicado en el artículo.

20. Y. Inspector, I. Kutz y D. David, "Another Person's Heart: Magical and Rational Thinking in the Psychological Adaptation to Heart Transplantation", *Israel Journal of Psychiatry and Related Sciences* 41 (2004): 161-73.

21. C. Sylvia y W. Novak, *A Change of Heart: A Memoir* (Grand Central Publishing, 1998).

22. J. V. McConnell, "Memory Transfer Through Cannibalism in Planarians", *Journal of Neurophysiology* 3 (1962): 42-48.

23. G. Ungar, L. Galvan y R. H. Clark, "Chemical Transfer of Learned Fear", *Nature* 217 (1968): 1259-61.

24. B. Frank, D. G. Stein y J. Rosen, "Interanimal Memory Transfer: Results from Brain and Liver Homogenates", *Science* 169 (1970): 399-402.

25. P. Pearsall, *El código del corazón* (traducido del inglés por Mariano Vásquez, Edaf, 1998).

26. C. Dyer, "English Teenager Given Heart Transplant Against Her Will", *British Medical Journal* 319, n. 7204 (1999): 209.

27. M. A. Sanner, "People's Feelings and Ideas About Receiving Transplants of Different Origins: Questions of Life and Death, Identity, and Nature's Border", *Clinical Transplantation* 15 (2001): 19-27; M. A. Sanner, "Exchanging Spare-Parts or Becoming a New Person? People's Attitudes Toward Receiving and Donating Organs", *Social Science Medicine* 52 (2001): 1491-99; M. A. Sanner, "Giving and Taking—to Whom and from Whom? People's Attitudes Toward Transplantation of Organs and Tissue from Different Sources", *Clinical Transplantation* 12 (1998): 515-22; M. A. Sanner, "Living with a Stanger's Organ: Views of the Public and Transplant Recipients", *Annals of Transplantation* 10 (2005): 9-12.

28. B. M. Hood, K. Donnelly y A. Byers, "Moral Contagion and Organ Transplantation", artículo inédito.

29. "New Rules on Organ Donation", *BBCNews*, febrero 22, 2000, disponible en http://news.bbc.co.uk/1/hi/health/651270.stm.

30. R. M. Veatch, *Transplantation Ethics* (Georgetown University Press, 2000).

31. M. A. Sanner, "Transplant Recipients' Conceptions of Three Key Phenomena in Transplantation: The Organ Donation, the Organ Donor, and the Organ Transplant", *Clinical Transplantation* 17 (2003), 391-400.

32. Dirigida por Roger Vadim (Dino de Laurentiis Cinematografica, 1968).

33. Como se informó el 4 de junio de 2008: http://edition.cnn.com/2008/WORLD/europe/06/04/cathedral.sex/index.html.

34. M. Earl-Taylor, "HIV/AIDS, the Stats, the Virgin Cure, and Infant Rape", *Science in Africa* (abril, 2002), disponible en: http://www.scienceinafrica.co.za/2002/april/virgin.htm.

35. G. J. Pitcher y D. M. Bowley, "Infant Rape in South Africa", *The Lancet* 359 (2002): 274-75.

36. C. H. Legare y S. A. Gelman, "Bewitchment, Biology, or Both: The Coexistence of Natural and Supernatural Explanatory Frameworks Across Development", *Cognitive Science* (en prensa).

37. C. MacKay, *Delirios multitudinarios: La manía de los tulipanes y otras famosas burbujas financieras* (1841; traducido del inglés por Jesús Ortiz, Editorial Milrazones, 2008).

38. L. R. Alton, *The Bizarre Careers of John R. Brinkley* (University Press of Kentucky, 2002).

39. http://www.time.com/time/magazine/article/0,9171,727231,00.html.

40. R. V. Short, "Did Parisians Catch HIV from Monkey Glands?", carta a *Nature* 398 (1999): 659.

41. Esta versión de la ejecución proviene de las memorias de un clérigo, Philip Henry (1631-96). No obstante, ninguna otra versión menciona esta reacción del público.

42. Véase la página web de Auld Sod Export Company Ltd.: http://www.officialirishdirt.com.

43. Véase "About the hotel", en: http://www.claridges.co.uk/page.aspx?id=1846.

CAPÍTULO OCHO: ¿Por qué duermen con osos de peluche los viajantes de comercio?

1. Pamela Wiggins, "Top Eight Celebrity Collectibles and Who Collects Them", disponible en About.com: http://antiques.about.com/od/showntell/tp/aa012807.htm.

2. B. N. Frazier, S. A. Gelman, A. Wilson y B. M. Hood, "Picasso Paintings, Moon Rocks, and Handwritten Beatle Lyrics: Adults' Evaluations of Authentic Objects", *Journal of Culture and Cognition* (en prensa).

3 Mariusz Lodkowski, "Battle over a Suitcase from Auschwitz", *Sunday Times*, agosto 13, 2006, disponible en: http://www.timesonline.co.uk/tol/news/world/article607646.ece.

4. La Ley de protección y repatriación de tumbas de indígenas estadounidenses de 1990 [NAGPRA, por sus siglas en inglés] protege los cementerios de los indígenas estadounidenses y les permite reapropiarse de los restos ancestrales conservados en museos y demás instituciones científicas.

5. Las cuevas de Lascaux fueron descubiertas en 1940, pero para 1955 el dióxido de carbono de los visitantes había destruido visiblemente las pinturas, por lo que fueron cerradas al público en 1963. En 1983, se abrió Lascaux II, una reconstrucción emplazada a doscientos metros de las cuevas verdaderas.

6. F. Wynne, *I Was Vermeer: The Forger Who Swindled the Nazis* (Bloosmbury, 2006).

7. Chris Gray, "Bloody Hell: A Headache for Saatchi as Prize Artwork Defrosts", *The Independent*, julio 4, 2002, disponible en: http://news.independent.co.uk/uk/this_britain/article182737.ece.

8. Jenny Booth y Nico Hines, "We Can Save the Cutty Sark After Blaze, Say Ship's Owners", *The Times*, mayo 21, 2007, disponible en: http://www.timesonline.co.uk/tol/news/uk/article1817806.ece.

9. D. G. Hall, "Continuity and Persistence of Objects", *Cognitive Psychology* 37 (1998): 28-59.

10. Nicholas Wade, "Your Body Is Younger Than You Think", *New York Times*, agosto 2, 2005, disponible en: http://www.nytimes.com/2005/08/02/science/02cell.html?_r=2&pagewanted=1.

11. Letra y música de Fergie y Toby Gad (A&M Records, 2007).

12. M. Hobra, "Prevalence of Transitional Objects in Young Children in Tokyo and New York", *Infant Mental Health Journal,* 24 (2003): 174-191.

13. Comunicado de prensa de Travelodge, marzo 13, 2007. Disponible en: http://www.travelodge.co.uk/press/article.php?id=222.

14. L. M. Krauss, *The Physics of "Star Trek"* (HarperCollins, 1996).

15. B. M. Hood y P. Bloom, "Children Prefer Certain Individuals over Perfect Duplicates", *Cognition* (2008) 455-462.

16. C. N. Johnson y M. G. Jacobs, "Enchanted Objects: How Positive Connections Transform Thinking About the Nature of Things", cartel y presentación en el simposio "Children's Thinking About Alternative Realities" (C. Johnson, presidente), reunión bianual de la Asociación para la Investigación sobre el Desarrollo Infantil, Minneapolis, Minnesota, abril 19, 2001.

17. *The Prestige,* dirigida por Christopher Nolan (Newmark Productions, 2006).

18. El serbio Nikola Tesla (1856-1943) fue el responsable de la invención de la corriente eléctrica alterna.

19. B. M. Hood y P. Bloom, "Do Children Think That Duplicating the Body Also Duplicates the Mind?", artículo inédito.

20. J. Capgras y J. Reboul-Lachaux, "L'Illusion des 'sosies' dans un délire systématisé chronique", *Bulletin de la Société Clinique de Médecine Mentale* 11 (1923): 6-16.

21. G. Blount, "Dangerousness of Patients with Capgras Syndrome", *Nebraska Medical Journal* 71 (1986): 207.

22. V. A. Ramachandran y S. Blakeslee, *Fantasmas en el cerebro: Los misterios de la mente al descubierto* (traducido del inglés por Juan Manuel Ibeas, Debate, 1999).

23. A. Ghaffari-Nejad y K. Toofani, "A Report of Capgras Syndrome with Belief in Replacement of Inanimate Objects in a Patient Who Suffered From Grand Mal Epilepsy", *Archives of Iranian Medicine* 8 (2005): 141-43.

24. T. Feinberg, *Altered Egos: How the Brain Creates the Self* (Oxford University Press, 2000).

25. R. T. Abed y W. D. Fewtrell, "Delusional Misidentification of Familiar Inanimate Objects: A Rare Variant of Capgras Syndrome", *British Journal of Psychiatry* 157 (1990): 915-17.

26. H. D. Ellis y M. B. Lewis, "Capgras Delusion: A Window on Face Recognition", *Trends in Cognitive Science* 5 (2001): 149-56.

CAPÍTULO NUEVE: La biología de la creencia

1. Ejemplo tomado de R. Sheldrake, *El séptimo sentido: La mente extendida* (traducido del inglés por Angela Boto, Ediciones Vesica Piscis, 2005).

2. C. G. Gross, "The Fire That Comes from the Eye", *The Neuroscientist* 5 (1999): 58-64.

3. Este descubrimiento fue planteado inicialmente de manera experimental por el erudito árabe Alhazen, quien inventó la cámara estenopeica y explicó que la imagen estaba invertida debido a la óptica de la luz al entrar en el ojo.

4. Los ojos rojos se deben al reflejo de los vasos sanguíneos que cubren la superficie de la parte posterior del ojo. Esta superficie sensible a la luz, conocida como retina, en realidad está organizada de atrás para adelante, por lo que la luz tiene que pasar primero por el suministro sanguíneo antes de llegar a los receptores de luz.

5. G. A. Winer, J. E. Cottrell, V. Gregg, J. S. Fournier y L. A. Bica, "Fundamentally Misunderstanding Visual Perception: Adults' Belief in Visual Emissions", *American Psychologist* 57 (2002): 417-24.

6. S. Freud, "Psicología de las masas y análisis del 'Yo'" (1921), *Obras Completas de Sigmund Freud*, Tomo III (traducido del alemán por Luis López Ballesteros y de Torres, Editorial Biblioteca Nueva, 1973).

7. T. Depoorter, "Madame Lamort and the Ultimate Medusa Experience", *Image and Narrative: Online Magazine of the Visual Narrative*, edición 5: "The Uncanny" (enero 2003), disponible en: http://www.imageandnarrative.be/uncanny/treesdepoorter.htm. "Es de notar que, en distintas versiones del antiguo mito de la Medusa, a veces es el hecho de verla, de 'ser vista por' un espectador, mientras que otras veces es su propia mirada, su 'mirar a' un espectador, lo que petrifica."

8. En febrero de 2008, la apropiadamente denominada Tercera Sección Penal de la Corte de Roma decretó como un delito criminal el que los italianos se toquen los genitales en público. La prohibición no se aplicaba solo al hecho descarado de rascarse la entrepierna, sino también a la práctica supersticiosa para conjurar el mal. Véase John

Hooper, "Touch Your Privates in Private, Court Tells Italian Men", *The Guardian*, febrero 28, 2008, disponible en http://www.guardian.co.uk/world/2008/feb/27/italy1.

9. B. Castiglione, *El cortesano* (1528; traducido del italiano por Juan Boscán, Alianza Editorial, 2008.)

10. C. Russ, "An Instrument Which Is Set in Motion by Vision or by Proximity of the Human Body", *The Lancet* 201 (1921): 222-34.

11. E. B. Titchener, "The Feeling of Being Stared At", *Science New Series* 308 (1898): 23.

12. Esto proviene de un estudio inédito que llevé a cabo con 219 estudiantes de primer año que habían tomado cursos en percepción y visión en la Universidad de Bristol. Además de responder un cuestionario estándar para medir las creencias paranormales (T. M. Randall, "Paranormal Short Inventory", *Perceptual and Motor Skills* 84 [1997]: 1265-66), se les pidió que calificaran la afirmación "Las personas pueden saber que siendo observadas aun cuando no puedan ver quién las está mirando" en una escala de 1 (totalmente en desacuerdo) a 6 (totalmente de acuerdo). Solo un 4 por ciento estaba "totalmente en desacuerdo", y 9 por ciento en "desacuerdo". Los demás estudiantes señalaron estar de acuerdo con la afirmación hasta cierto punto, aunque, como grupo, los resultados fueron inferiores a los de otras muestras más grandes sobre las creencias paranormales.

13. Ejemplo tomado de R. Sheldrake, *El séptimo sentido: La mente extendida* (Ediciones Vesica Piscis, 2005), p. 178.

14. P. Brugger y K. I. Taylor, "ESP: Extrasensory Perception of Effect of Subjective Probabilty?", *Journal of Consciousness Studies* 10 (2003): 221-46.

15. J. Colwell, S. Schröder y D. Sladen, "The Ability to Detect Unseen Staring: A Literature Review and Empirical Tests", *British Journal of Psychology* 91 (2000): 71-85.

16. La frase se atribuye a Carl Sagan, quien, sin embargo, estaba parafraseando una afirmación de David Hume. Véase M. Pigliucci, "Do Extraordinary Claims Really Require Extraordinary Evidence?", *The Skeptical Inquirer* (marzo-abril 2005).

17. J. H. Flavell, "Development of Knowledge About Vision", en *Thinking and Seeing: Visual Metacognition in Adults and Children*, editado por D. T. Levin (MIT Press, 2004).

18. A. A. di Sessa, "Towards an Epistemology of Physics", *Cognition and Instruction* 10 (1993): 105-225.

19. J. E. Cottrell y G. A. Winer, "Development in the Understanding of Perception: The Decline of Extramission Perception Beliefs", *Developmental Psychology* 30 (1994): 218-28.

20. S. Einav y B. M. Hood, "Children's Use of Temporal Dimension of Gaze to Infer Preference", *Developmental Psyshology* 42 (2006): 142-52.

21. S. Baron-Cohen, *Mindblindness* (MIT Press, 1995).

22. R. B. Adams, H. L. Gordon, A. A. Baird, N. Ambady y R. E. Kleck, "Effects of Gaze on Amygdala Sensitivity to Anger and Fear Faces", *Science* 300 (2003): 1536.

23. K. Nichols y B. Champness, "Eye Gaze and the GSR", *Journal of Experimental Social Psychology* 7 (1971): 623-26.

24. M. Argle y M. Cook, *Gaze and Mutual Gaze* (Cambridge University Press, 1976).

25. Esta explicación fue sugerida inicialmente por Titchener, "The Feeling of Being Stared At".

26. R. Sheldrake, *Una nueva ciencia de la vida: La hipótesis de causación formativa* (traducido del inglés por Marge-Xavier Martí Coronado, Kairós, 1990).

27. Según la teoría de Sheldrake, cualquier sistema, incluso la mente, puede asumir una forma o configuración particular. *Morfo* significa "forma". Un cambio en la forma de cualquier sistema afecta la forma colectiva de todos los sistemas relacionados; esta es la parte resonante de la teoría. Los sistemas subsiguientes resuenan en otros sistemas, permitiendo que la información viaje a través del espacio y el tiempo. Cuantos más sistemas estén involucrados, más fuerte será el efecto y más parecido será el sistema futuro a los sistemas que generaron el campo. En 1989, el psicólogo experimental Zoltan Dienes emprendió un estudio para investigar la resonancia mórfica al ponerla a prueba con visión remota o aplicación repetida. Con aplicación repetida, la gente responde más rápida y acertadamente. Dienes quería saber si la gente entrenada en labores de reconocimiento de palabras tenía influencia en un grupo distinto de gente a través de los efectos de la transferencia de pensamiento. Al principio, encontró un efecto significativo. Desafortunadamente, al realizar el estudio otras dos veces,

no hubo efecto. Dienes explica con detalle matemático por qué algunas teorías deberían ser puestas a prueba y por qué otras no. Y lo que es más importante, explica la relevancia y dificultad de establecer la verdad en su nuevo libro, *Understanding Psychology as a Science: An Introduction to Scientific and Statistical Inference* (Palgrave Macmillan, 2008).

28. G. Orwell, *1984* (traducido del inglés por Rafael Vásquez Zamora, Destino, 1999).

29. M. Milinski, D. Semmann y H. J. Krambeck, "Reputation Helps Solve 'Tragedy of the Commons'", *Nature* 415 (2002): 424-26.

30. M. Bateson, D. Nettle y G. Roberts, "Cues for Being Watched Enhance Cooperation in a Real World Setting", *Biology Letters* 2 (2006): 412-14.

31. J. M. Bering, K. A. McLeod y T. K. Schackelford, "Reasoning About Dead Agents Reveals Possible Adaptive Trends", *Human Nature* 16 (2005): 360-81.

32. J. M. Bering, "The Folk Psychology of Souls", *The Behavioral and Brain Sciences* 29 (2006): 453-98.

33. S. Guthrie, *Faces in the Clouds: A New Theory of Religion* (Oxford University Press, 1993).

34. K. Conrad, *La esquizofrenia incipiente: Ensayo de un análisis gestáltico del delirio* (traducido del alemán por Javier Morales Belda y Alberto Rábano, Fundación Archivos de Neurobiología, 1997).

35. T. C. Manschreck, B. A. Maher, J. J. Milavetz, D. Ames, C. C. Weisstein y M. L. Schneyer, "Semantic Priming in Thought Disorderd Schizophrenic Patients", *Schizophrenia Resarch* 1 (1988): 61-66.

36. M. Eckbald y L. J. Chapman, "Magical Ideation as an Indicator of Schizotypy", *Journal of Consulting and Clinical Psychology* 51 (1983): 215-25.

37. B. E. Brundage, "First-Person Account: What I Wanted to Know but Was Afraid to Ask", *Schizophrenia Bulletin* 9 (1983): 583-85, 584.

38. R. Montague, *Why Choose This Book? How We Make Decisions* (Dutton, 2007).

39. G. Fénelon, F. Mahieux, R. Huon y M. Ziégler, "Hallucinations in Parkinson's Disease", *Brain* 123 (2000): 733-45.

40. R. King, J. D. Barchas y B. A. Huberman, "Chaotic Behavior in Dopamine Neurodynamics", *Proceedings of the National Academy of Scien-*

ces 81 (1984): 1244-47; véase también A. Shaner, "Delusions, Superstitious Conditioning, and Chaotic Dopamine Neurodynamics", *Medical Hypothesis* 52 (1999): 119-23.

41. P. Brugger, "From Haunted Brain to Haunted Science: A Cognitive Neuroscience View of Paranormal and Pseudoscientific Thought", en *Hauntings and Poltergeists: Multidisciplinary Perspectives*, editado por J. Houran y R. Lange (McFarland & Co., 2001).

42. S. Blackmore y T. Troscianko, "Belief in the Paranormal: Probability Judgments, Illusory Control, and the Chance Baseline Shift", *British Journal of Psychology* 76 (1985): 459-468.

43. P. Krummenacher, P. Brugger, M. Fathi y C. Mohr, "Dopamine, Paranormal Ideation, and the Detection of Meaningful Stimuli", artículo presentado en el Zentrum für Neurowissenschaften, Zúrich (2002).

44. La pregunta por si los neandertales tenían lóbulos frontales relativamente menos desarrollados que los del hombre moderno sigue siendo cuestión de debate. En términos de tamaño, es probable que los lóbulos frontales de los neandertales fuesen igual de grandes (véase H. J. Jerison, "Evolution of the Frontal Lobes", en *The Human Frontal Lobes: Functions and Disorders*, 2da edición, editado por B. L. Miller y J. L. Cummings [Guilford Press, 2007]). No obstante, hay quienes sostienen que el tamaño no era lo suficientemente grande y que sus lóbulos frontales no soportaban las mismas operaciones mentales (p.ej. E. Massad y A. F. Rocha, "Meme-Gene Coevolution and Cognitive Mathematics", en *Advances in Logic, Artificial Intelligence and Robotics*, editado por J. M. Abe y J. J. da Silva Filho [IOS Press, 2002]).

45. P. Goldman-Rakic, "Working Memory and the Mind", en *Mind and Brain: Readings from Scientific American* (W. H. Freeman & Co., 1993).

46. A. Baddeley, *Working Memory* (Oxford University Press, 1986).

47. J. Emick y M. Welsh, "Association Between Formal Operational Thought and Executive Function as Measured by the Tower of Hanoi-Revised", *Learning and Individual Differences* 15 (2005): 177-88.

48. J. R. Stroop, "Studies of Interference in Serial Verbal Reactions", *Journal of Experimental Psychology* 18 (1935): 643-62. Esta prueba suele hacerse con palabras impresas en distintos colores, pero mis editores me advirtieron que el costo de imprimir solo unas pocas palabras a

color no podría justificarse. Afortunadamente para mí, Steve Pinker parece haberse encontrado con el mismo problema en su último libro, en el que también describe el efecto Stroop (*El mundo de las palabras: Una introducción a la naturaleza humana*, traducido del inglés por Roc Filella, Paidós, 2007), por lo que he recurrido a su solución de la cuestión del color para conseguir la misma demostración.

49. A. Diamond, *The Development and Neural Bases of Higher Cognitive Functions* (Academia de Ciencias de Nueva York, 1990).

50. K. Dunbar, J. Fugelsang y C. Stein, "Do Native Theories Ever Go Away?", en *Thinking with Data: Thirty-third Carnegie Symposium on Cognition*, editado por M. Lovett y P. Shah (Erlbaum, en prensa).

51. De hecho, es la corteza prefrontal dorsolateral derecha la que se activa cuando los adultos reprimen activamente el impulso de responder con la reacción intuitiva. Wim De Neys, Oshin Vartanian y Vinod Goel, "Smarter Than We Think: When Our Brains Detect That We Are Biased", *Psychological Science* 19 (2008): 483-489.

52. T. Lombrozo, D. Kelemen y D. Zaitchik, "Teleological Explanation in Alzheimer's Disease Patients", *Psychological Science* 18 (2007): 999-1006.

53. D. Zaitchik y G. Solomon, "Animist Thinking in the Elderly and in Patients with Alzheimer's Disease", *Cognitive Neuropsychology* (en prensa).

54. J. S. B. T. Evans, "In Two Minds: Dual Process Accounts of Reasoning", *Trends in Cognitive Science* 7 (2003): 454-59.

55. S. Epstein, R. Pacini, V. Denes-Raj y H. Heier, "Difference in Intuitive-Experiential and Analytical-Rational Thinking Styles", *Journal of Personality and Social Psychology* 71 (1996): 390-405.

56. L. A. King, C. M. Burton, J. A. Hicks y S. M. Drigotas, "Ghosts, UFOs and Magic: Positive Affect and the Experiential System", *Journal of Personality and Social Psychology* 92 (2007): 905-19.

57. M. Lindeman y K. Aarnio, "Superstitious, Magical, and Paranormal Beliefs: An Integrative Model", *Journal of Research in Personality* 41 (2007): 731-44; M. Lindeman y M. Saher, "Vitalism, Purpose, and Superstition", *British Journal of Psychology* 98, n. 1 (2007): 33-44; M. Lindeman y K. Aarnio, "Paranormal Beliefs: Their Dimensionality and Psychological Correlates", *European Journal of Personality* 20 (2006): 585-602.

CAPÍTULO DIEZ: ¿Dejaría que su esposa se acostara con Robert Redford?

1. P. E. Tetlock, "Thinking the Unthinkable: Sacred Values and Taboo Cognitions", *Trends in Cognitive Science 7* (2003): 320-24.
2. W. Styron, *La decisión de Sophie* (traducido del inglés por Antoni Pigrau, Editorial Norma, La Otra Orilla, 2007).